COMENZO
MANCOCAPAC
MAMA HVACO

MANESSE BIBLIOTHEK DER WELTGESCHICHTE

DIE INKAPRINZESSIN DOÑA BEATRIZ CLARA COYA
ALS BRAUT IM KREIS IHRER VERWANDTEN

LOUIS BAUDIN

Das Leben der Inka

Die Andenregion am Vorabend der spanischen Eroberung

Aus dem Französischen
von Curt Meyer-Clason

Bearbeitet und
unter herausgeberischer Mitarbeit
von Ferdinand Anders

MANESSE VERLAG
ZÜRICH

Einleitung

Glücklich der Verfasser eines Werkes über das Leben früherer Völkerschaften, dem das Schrifttum der Kultur, die er zu beschreiben versucht, zur Verfügung steht. Um den Alltag der Indianer zur Zeit der Inka darzustellen, fehlen uns leider derartige Quellen, da diese Zivilisation die Schrift nicht kannte. Infolgedessen müssen wir uns darauf beschränken, Archäologie, Folklore und Chronik zu Wort kommen zu lassen.

Welche Einblicke in die Vergangenheit uns die Altertumskunde gewährt, hängt vom Zufall ihrer Entdeckungen ab. Mythische Plastiken, stilisierte Zeichnungen, Hieroglyphen verführen uns eher zu Vermutungen, als daß sie uns Lösungen bringen; sie spornen eher unsere Neugierde an, als daß sie diese befriedigen.

Dem weittragenden Echo der noch reichen Folklore lauscht unser Ohr noch heute gern, verändert sich doch die Lebensweise der Indios wenig im Laufe der Jahrhunderte. Indessen muß auch hier von einer Entwicklung gesprochen werden, selbst wenn sie so geringfügig ist, daß wir sie nur unscharf erkennen können. Außerdem hat das Kulturgut der vorkolumbischen Gesellschaftsordnung Perus sich meist mit dem des Vizekönigtums und der Republik zu einem unentwirrbaren Ganzen vermengt.

So bleiben uns nur die gewiß zahlreichen, ja allzu zahlreichen Schriften der Spanier übrig: ein chaotisches Durcheinander politischer, ökonomischer, sozialer, militärischer, religiöser, anekdotischer, wissenschaftlicher Nachweise – im allgemeinen mangelhaft dargestellt, mitunter widersprüchlich, selten unparteiisch. Dabei darf nicht vergessen werden, wie schwer es selbst den berühmtesten Chronisten fallen mußte, sich bei der Wertung von Tatbeständen und Einrichtungen von ihren Erinnerungen an die klassische Antike und ihren mittelalterlichen Vorurteilen freizumachen. Garcilaso de la Vega lobt die Inka übertrieben; Sarmiento de Gamboa läßt kein gutes Haar an ihnen; die Sekretäre der Eroberer verlieren sich in militärischen Einzelheiten; die Missionare ergehen sich in Moralpredigten ohne Ende. Poma de Ayala, als Indianer bei den heutigen Geschichtsforschern in Mode, weil seine Handschrift erst kürzlich entdeckt wurde und mit naiven Zeichnungen abwechselt, läßt an Übersicht und Objektivität zu wünschen übrig[1].

Wenn wir also nur auf spärliche Quellen zurückgreifen können und uns bei der Auswertung der vorhandenen Schriftstücke Zurückhaltung auferlegen müssen, dürfen wir nicht einmal jenen Hauch von Größe und Schönheit zu Hilfe rufen, mit dem im Mittelmeerkreis die Dichter des klassischen Altertums ihre Zeit erfüllt haben. Kein einziger Meister von Rede und Reim hat die indianischen Helden besungen.

Unter diesen Umständen ist es nicht zu verwundern, daß wir Heutige von den Inka nicht allzuviel wissen. Unser einziger Ehrgeiz besteht darin, das Leben der Indios in einem der eigenartigsten und am wenigsten bekannten Zeitabschnitte der Weltgeschichte so genau wie möglich zum Leben zu erwekken. Wir schätzen uns glücklich, wenn es uns gelingt, dem Leser das großartige Andenhochland, ebenso erregend durch die Kulturreste, die es birgt, wie durch die Hoffnungen, die es wachruft, nahezubringen – gleich verheißungsvoll durch das Geheimnis seiner Vergangenheit wie durch seine vielversprechende Zukunft.

ERSTER TEIL

Mensch und Umwelt

1. Der Raum: die Beherrschung der Natur

Das Hochland zwischen den Anden, ein Land der Angst

Es ist unmöglich, vom südamerikanischen Menschen zu sprechen, ohne zuvor die Natur zu Worte kommen zu lassen, denn sie ist die große Herrscherin, sie war es und bleibt es. Sie erläßt uns nichts. Flüsse, Gebirge, Wälder: alles ist Hindernis und Feindseligkeit. Im Schöpfungsplan dieses Kontinents scheint der Mensch nicht vorgesehen, sondern nur zufällig entstanden zu sein.

Zunächst bestürzt uns dieses Mißverhältnis. Die Gestalt der Landschaft, die uns besonders beschäftigen wird, ein Wechsel von unbewohnten Hochebenen und wilden Klüften, begünstigt das Verharren in der «Urangst»[1]. Das Übermenschliche wird dabei zum Unmenschlichen. Es ist der Landstrich, den die Spanier einst «Hochperu» nannten; er lag zwischen den beiden Kordilleren, ging aber in nördlicher und südlicher Richtung bei weitem über die Grenzen des heutigen gleichnamigen Staates hinaus, denn er erstreckte sich über Ecuador, Bolivien und den Nordwesten Argentiniens. Dieses Gebiet wird von den Anden als uneingeschränktem und furchtgebietendem Herrscher überragt. Nach Aussagen der Geologen[2] ist es ein junges

Gebirge, von einfacher Struktur, ohne Spalten, eine regelrechte Mauer; Breschen treten erst in einer Höhe von viertausend Meter auf. Die Anden stehen da, wie sie zur Morgenröte der Zeit entstanden sind. Noch nicht angefressen, noch nicht abgeflacht, noch nicht ausgehöhlt von Wind und Wetter, stellen sie eine ungebrochene Folge dar, von der uns in Europa nur die Pyrenäen eine schwache Vorstellung zu geben vermögen. Auch sie leben, denn sie schreiten in ihrer langsamen Entwicklung fort und achten des Menschen nicht. Vulkane in Aufruhr stören mitunter ihre steinerne Ruhe, Erdbeben unterbrechen zuweilen ihr gefräßiges Schweigen.

Die Angst wächst durch die Abgeschiedenheit. Überschreitet man die Kordilleren in westlicher Richtung, stößt man fast unmittelbar auf den größten Ozean der Welt: Polynesien liegt achttausend, Australien zwölftausend Kilometer weit entfernt. Nach Osten zu hält jenseits der Berge der brasilianische Urwald noch abweisender und wehrender als das Meer strenge Wacht. Dieses Land hat Ewigkeiten in sich versunken gelebt. Welche Mühe hat es gekostet, den Zugang zu ihm zu erzwingen!

Das Gebiet zwischen den Anden, das uns angeht, ist einer jener Landstriche, die heute die Einheit der sogenannten Pazifikstaaten bilden; die beiden anderen sind die Küste und der Urwald. Für uns ist er der wichtigste, da er die Wiege des Inkareiches war. Daher wollen wir mit seiner Beschreibung beginnen.

Ein Blick auf die Landkarte zeigt, daß die Kordillere, die westliche Einfassung jenes langen und engen Gan-

DIE INKASTADT MACHU PICCHU

ges, nur Raum für den Durchfluß eines Stromes läßt: des Santa. Die anderen Wasseradern verlaufen ostwärts über die östliche Kordillere. Diese Eigenart verdichtete das Geheimnis: der Amazonasstrom und mehrere seiner hauptsächlichen Nebenflüsse entspringen auf dem peruanischen Hochland, so daß die Indios keine Ahnung hatten, welchem unzugänglichen Meer die Wasserläufe zustrebten, die ihr Land durchströmten.

Die beiden Parallelkordilleren sind durch Querketten oder Knotenpunkte verbunden, die, niederer als ihre Zinnen, auf diese Weise natürliche Grenzen zwischen ihren Becken bilden. Das größte unter ihnen wird vom Titicacasee ausgefüllt, den ein großartiges Amphitheater schneebedeckter Riesen einrahmt. Hier erreicht die Hochebene ihre größte Breite von mehr als neunhundert Kilometer.

Im Norden dieser in der Geschichte des alten Südamerikas berühmt gewordenen Gegend erstreckt sich ein anderer, nicht weniger erlauchter Landstrich, nämlich Cuzco, die Hauptstadt des Inkareiches: hier sind die beiden Ketten nicht mehr als dreihundert Kilometer voneinander getrennt; der Knoten von Vilcañota begrenzt ihre südliche Ausdehnung. In nördlicher Richtung läuft der Korridor, sich verjüngend, weiter, bis er nur noch eine Breite von einhundertachtzig Kilometer aufweist. Die Wechselreihe von Becken und Knoten zieht sich bis zu dem heutigen Gebiet der Republik Ecuador hin[3].

Die Landschaft, die sich dem Auge des Reisenden erschließt und ihn zunächst beeindruckt, ist die peruanische *puna,* gleichbedeutend mit dem ecuadorischen *páramo:* eine ungeheure, steppenhafte Einöde auf einer Höhe von dreitausend bis fünftausend Meter, die sich nach Norden und Süden endlos verliert. Kein Lebewesen, kein Baum, kein Geräusch; ein Land des Schweigens, der Eintönigkeit und der Trauer. Da und dort verstreute Felsen, ausgespien von Vulkanen, oder Risse, aufgespalten von Erdbeben, die im Zickzack durchs Gestein laufen. Ohne den wohltuenden Temperaturübergang von Morgen- und Abenddämmerung folgt in dieser Höhenlage das glutheiße Licht der Tropensonne auf die Eiseskälte der Nacht.

Indessen sinkt die Hochebene stellenweise bis auf ungefähr zweitausend Meter herab und entzückt den Reisenden mit dem Zauber von Tälern, denen ein mildes Klima einen fruchtbaren Boden geschenkt hat. Hier sind auf Ablagerungskegeln, gebildet aus der fruchtbaren Anschwemmung der aus den Kordilleren herabfließenden Wasserläufe, die Siedlungsmittelpunkte entstanden. Nach Weideland ist es Kulturland geworden.

Die Antwort des Europäers angesichts des Andenhochlands, das die Peruaner *sierra* nennen, fällt je nach der Gefühlslage des einzelnen sehr verschieden aus und verrät seine Geistesart. Der eine ist überwältigt von seiner wilden Allmacht, von seiner großartigen Ursprünglichkeit; er ahnt hier die Anfänge der Erdgeschichte und spürt die Nähe Gottes. Der andere empfindet nur Leere und Schwermut, Land- und Felsmassen, denen Grauen entsteigt. Tatsächlich muß man die engen Grenzen der Sinneswahrnehmungen sprengen können, um den Sinn dieser Landschaft zu erfassen. Die Sierra ist ein Ruf nach dem Übernatürlichen und heute wie einst ein Werkzeug, um im Menschen den Weizen von der Spreu zu trennen.

Die peruanische Küste, ein Land der Trockenheit

Das zweite peruanische Gebiet, die Küste, bildet einen schmalen Streifen, den der Ozean und der westliche, rauhe, kahle und von Regenfällen selten begünstigte Abhang der Anden einschließen. Sie hat zwei recht verschiedene Gesichter, das eine im Norden des Golfes von Guayaquil feucht und bewaldet, das andere im Süden trocken und sandig. Der Grund dafür sind die Meeresströmungen: aus der Antarktis kommend und in östlicher Richtung vordringend, einhundertfünfzig bis zweihundert Kilometer breit, durchschneidet der Humboldtstrom als graugrüne Schärpe mit einer Temperatur, die ungefähr drei Grad unter der Luftwärme liegt, das Meer und trifft auf die Gestade Chiles; von dort aus fließt er die Küste entlang nach Norden bis ungefähr auf die Höhe von Paita, wo er der Gegenströmung des Niño begegnet, der ihn mit seinen blauen und warmen Wassern aus den Tropenregionen nach Westen aufs Meer hinaustreibt. Seine verhältnismäßig niedere und gleichbleibende Temperatur entspricht einem geringen Salzgehalt und begünstigt somit die Entwicklung des Planktons. Daher ist er die Wohnstätte einer beträchtlichen Anzahl Fische von ausgezeichneter Beschaffenheit, die Scharen von Vögeln anlocken; ihr Mist bildet die stickstoffhaltigen Guanoberge.

Infolgedessen ist die peruanische Küste im Süden des Golfes von Guayaquil zwischen der Kordillere, welche die von Osten kommenden Wolken auffängt, und dem Humboldtstrom, der die Seebrise erfrischt und keine Feuchtigkeit mit sich bringt, trocken und öde. Kleines Gewölk, das die Sonne verdeckt, löst sich zuweilen in leichte Schauer auf; es ist die *garúa*, der die Einwohner von Lima den hochtrabenden Namen «Regen» geben. Doch kommt sie selten, und kommt sie wirklich einmal, dann ist ihre Wirkung verheerend, denn niemand ist auf sie vorbereitet. Sie nimmt die Saat, die Lehmhütten und sogar die Ziegelmauern der alten Städte mit, wie es im Jahre 1945 bei Chimu, der alten Hauptstadt des gleichnamigen Königreichs, zum Entsetzen der Archäologen und Vergnügungsreisenden geschah, erneut 1983.

Man begreift also, wie es kommt, daß der Humboldtstrom der Erde das Leben raubt und es dafür dem Wasser vielfältig wiedergibt.

Demnach ist die Küste wie die Hochebene von einer Scheidewand eingefaßt und gleichfalls jung, gradlinig, ohne Buchten und natürliche Häfen. Die menschlichen Niederlassungen liegen daher in einigem Abstand vom Meer an Flüssen inmitten von Ebenen, denen sie ihr Dasein verdanken, und sind durch Sandwüsten voneinander getrennt. Nur ein paar Fischerdörfer haben sich in Meeresnähe vorgewagt.

Mit einem Wort: nirgends in Peru hat das Wasser sich dem Menschen verdingt. Die Indianer waren

Ackerbauern und keine Seefahrer. Sicherlich muß es schon früher ein gewisses Maß an Schiffahrt gegeben haben, da die ersten Einwohner des Inkareiches, denen die Spanier längs der Küste der jetzigen Republik Ecuador begegnet sind, Kaufleute waren, die von Tumbez auf einem Floß[4] gesegelt kamen, doch bestanden die einzigen Verkehrswege im Innern Perus aus Straßen, und gerade eine davon lief der Küste entlang.

Es wäre denkbar, daß zwischen den Eingeborenen Südamerikas und denen Polynesiens Berührungspunkte bestanden. Wir werden sogar noch sehen, daß solche Völkerverschiebungen möglicherweise vorgekommen sind, doch dürfte ihre Ausdehnung beschränkt gewesen sein und sich vermutlich in beiden Richtungen, ost-westlich und west-östlich, vollzogen haben. Die sportliche Leistung, die vor nicht allzu langer Zeit vier Skandinavier auf einem Floß vorkolumbianischer Bauart vollbrachten, indem sie sich vom Humboldtstrom über den Pazifik treiben ließen, vermag uns in dieser Hinsicht keinerlei neue Aufschlüsse zu geben[5]. Tatsächlich berichtet der Chronist Sarmiento de Gamboa, daß der Inka Tupac Yupanqui nach seiner Eroberung der an der peruanischen Küste gelegenen Provinzen im 15. Jahrhundert von Gegenden hörte, die im Westen, weit hinter dem Horizont, liegen sollten, von deren Existenz Reisende, die auf dem Seeweg angekommen waren, erzählt hatten. Im fernen Westen, so hieß es, lägen bevölkerte reiche Inseln. Zunächst gab der Monarch nicht viel auf das Gerede, dann packte ihn aber doch die Neugierde dank der Genauigkeit und Beharrlichkeit, mit der von diesen Entdeckungen gesprochen wurde. Schließlich befragte er einen Zauberer, der ihm die Glaubwürdigkeit der Berichte bestätigte.

Seiner Abenteuerlust gehorchend und im Bewußtsein seiner Macht, ließ der Kaiser eine Flotte von Flößen ausrüsten, die in Tumbez die Segel setzte und mit einem regelrechten Heer auf das unbekannte Ziel lossteuerte. Von dem Chronisten erfahren wir Ziffern von zwanzigtausend Kriegsmännern und die Namen der Hauptleute. Die Reise dauerte nahezu ein Jahr; den Beweis, wie lange die Flotte ausblieb, liefern uns Ereignisse, die sich während dieser Zeit in der Hauptstadt abspielten, wo man an der Rückkehr der wagemutigen Seefahrer zweifelte. Darüber werden wir später noch hören. Im Augenblick sei uns mit der Mitteilung gedient, daß die peruanische Armada jedenfalls eine polynesische Insel erreichte, da Gegenstände von dort heimgebracht, in der Festung Cuzco aufbewahrt und dort von den Spaniern gesehen wurden. Ein Würdenträger von königlichem Blut war mit ihrer Bewachung betraut. Sarmiento gibt uns eine Beschreibung der Beute, die uns seltsam berührt, denn sie erwähnt Gold, einen Stuhl aus Messing, Fell und Gebiß eines Pferdes, und sogar Neger![6]

Das Erstaunlichste an dieser abenteuerlichen Fahrt ist aber nicht, daß der Herrscher ferne Länder erreicht, wie es seine Nacheiferer des zwanzigsten Jahrhunderts getan, und einen Ruhm verdient hat, der sich mit dem von Christoph Kolumbus messen kann, sondern daß er zurückgekehrt ist. Seine zerbrechlichen Seefahrzeuge sind an den Klippen der Marquesas-Inseln nicht zerschellt, vielmehr haben sie eine riesenhafte Umschiffung vollbracht.

Der östliche Urwald, Land der Geheimnisse

Das dritte Gebiet Perus, der Urwald, begünstigt die Entwicklung einer Zivilisation nicht. Sogar der Oberlauf großer Ströme, wie der des Amazonas, ist eingeengt, zu reißend, zu sehr unterbrochen von Stromschnellen, als daß er sich als Verkehrsader eignete.

Im großen ganzen stehen die natürlichen Gegebenheiten der Bildung eines Andenreichs feindlich gegenüber. Denn nicht nur sind gewaltige Landstriche unbebaubar, sondern auch die Höhenunterschiede machen es dem Bewohner der einen Gegend unmöglich, sich an das Klima einer anderen zu gewöhnen. Daher rasteten auch die Inkaheere auf ihrem Abstieg von der Hochebene zum Meer einige Zeit auf halber Höhe der Kordilleren, bevor sie ihren Marsch fortsetzten[7].

Noch heute tritt uns auf der Landkarte das besiedelte Land als eine Reihe von Inselchen entgegen, die durch weitgreifende Leerräume voneinander getrennt sind: ein menschlicher Archipel. Damals vermochten die Kräfte der Zersplitterung nur durch einen außergewöhnlichen Organisationswillen, nämlich den der Inka, in Schach gehalten zu werden; heute wird das Problem durch eine außergewöhnliche Erfindung, durch das Flugzeug, gelöst.

Die Einheit des Volkes in den Staaten des Pazifiks ist die Frucht menschlicher Willenskraft. Wenn der ausländische Beobachter sich durch die Feststellung der feindseligen Natur zunächst entmutigen läßt, so faßt er bei der Betrachtung menschlichen Eingriffswillens wieder Vertrauen. Denn die Geschichte hilft der Erdlage nach.

Der südamerikanische Mensch hat sich mit der Natur gemessen, und schon im 15. Jahrhundert ist ihm durch die Schaffung des Inkareiches der Sieg über sie beschieden gewesen.

Eine beschränkte Tierwelt

Wenn auch die Natur sich seit jener Zeit kaum verändert hat, so trifft dies nicht auf die Landschaft zu. Mit Ausnahme einiger bevorzugter Täler ist sie heutzutage keineswegs lieblich – und war es damals noch viel weniger. Seinerzeit sah man nur Lamas auf den Weiden, auf denen heute das Vieh in Scharen gedeiht, und der jetzt so häufige Eukalyptusbaum schenkte den Pfaden von einst keinen Schatten. Wenn der Reisende des zwanzigsten Jahrhunderts vor der gewaltigen Wildheit der Sierra staunend verstummt, mag man sich den Eindruck vorstellen, den die Spanier vor vierhundert Jahren bei ihrem Anblick empfanden.

Das *Lama* haben wir schon erwähnt, und in der Tat muß es auch zuerst genannt werden. Sein wildgebliebener Bruder, der *Guanaco,* anscheinend der älteste der Familie, und das *Vicuña,* mit Recht berühmt wegen seiner Schönheit, sind seit der spanischen Herrschaft selten geworden; dafür sind aber das Lama und das ihm nahe verwandte Alpaca noch immer die treuen Gefährten des Indios.

Das Lama ist Kindern, die gerne in den Zoo gehen, und auch den Markensammlern wohlbekannt, denn es ziert das Wappen Perus. Seinen Ruf hat es verdient. Es gibt nichts Eleganteres, nichts Vornehmeres als dieses Tier mit dem langen Hals und feinen Kopf, das leichte Lasten zu tragen bereit ist, sich aber lieber auf der Stelle töten ließe, als sich unter einer erdrückenden Bürde zu beugen, und zum Zeichen seiner Verachtung jedem, der es ärgert oder mißhandelt, einen hohen Speichelstrahl ins Gesicht spuckt[8]. Auch gibt es nichts Brauchbareres als diesen Asketen, der mehrere Tage ohne Nahrung und Flüssigkeit auskommt, sich mit Gras begnügt und Wolle und Dünger liefert; von seinem Fleisch wollen wir absehen, denn mit drei Jahren nimmt dieses infolge der Pflanzen, von denen es sich nährt, einen bitteren Beigeschmack an. Wir könnten uns im Landschaftsbild der Anden auch nichts Harmonischeres denken als den vertrauten Schattenriß des «indianischen Schafes» oder kleinen Kamels, wie es von den Spaniern getauft wurde.

Tier und Mensch sind hier wirklich eines für den anderen geschaffen; nüchtern, zuchtvoll, träumerisch, leben beide im grauen Einerlei der Landschaft und der Tage dahin und verbringen ihr ereignisloses Dasein wie in Zeitlupe. So wird die Legende verständlich, nach der ein Lama zu beten anhub und dadurch seinen verwunderten Herrn zum christlichen Glauben bekehrte[9].

Die einheimischen Hunde und die kleinen Meerschweine, die einst zu den Haustieren gehörten, kamen erst in zweiter Linie. Am Küstenstreifen hatten gewisse Volksgruppen auch den Falken gezähmt.

Die verstreute Pflanzenwelt

In der Pflanzenwelt nahm der Mais eine Vorrangstellung ein, die sich in der Tierwelt mit der des Lamas vergleichen läßt[10]. In beachtlicher Höhe und auf spärlichem Boden gedeihend, lieferte er zugleich Nahrung und Getränk.

Für uns Europäer ist das denkwürdigste vorkolumbische Gemüse die Kartoffel, denn sie stammt aus Peru. Mit ihr wetteiferte die Süßkartoffel, die *oca,* die *jiquama.*

Unter den Gemüsen war seinerzeit am verbreitetsten der *quinua* oder «kleine Reis» der Spanier, eine einjährige Pflanze, von der die Sierra drei Abarten gedeihen läßt, deren Körner eßbar sind. Getrocknet eignet sich sein Stengel als Brennmaterial; seine Asche wird für die Bereitung der *lipta* verwendet, die zum Genuß der Coca gehört. Gleichfalls wurden verzehrt die *cañahua,* die den Vorteil hat, über die Viertausend-Meter-Grenze hinaus zu gedeihen, die *achita* der gemäßigten Zone und alle Arten von Hülsenfrüchten, die besonders in den Zeichnungen der Töpfereien von Chimu auftreten, vor allem aber der *aji,* «der indianische Pfeffer», das übliche Gewürz, das man den meisten Gerichten ausgiebig beimischte. In den tropischen Tälern ist die Flora verschiedenartiger, sind die Früchte zahlreicher: Tomaten, die indianische Birne, der Flaschenbaum, *guabas, chirimoyas,* Ananas, *paltas* (Avocado oder «wilde Birne» mancher Chronisten), also eine ganze Auswahl von Köstlichkeiten, die sich dem Gaumen des Feinschmeckers anbieten. Dann wäre noch die *yuca* zu nennen, die wegen ihres Mehls berühmt ist, die *chicoma* oder *ajipa,* deren Wurzeln eßbar sind und die heute nicht mehr zu finden ist, sowie *mani,* die wegen ihres Samens angebaute Erdnuß, die zugleich als Stärkemehl und Gewürz dient und aus der man ein gelbliches Öl preßt.

Eine große Anzahl von Pflanzen hätte zu vorkolumbischer Zeit als industrielle Pflanzen angesprochen werden können. Selbst das Hochlandgras *(ichu)* diente nicht nur als Futter für die Lamas, sondern wurde auch als Baustoff zum Dachdecken und zur Herstellung von Ziegeln, deren Widerstandsfähigkeit es erhöhte, verwendet. Der *algarrobo* war geschätzt wegen seines Saftes, der Leim hergibt, und wegen seiner Äste, die brennbar sind; die *opuntia,* eine gewöhnliche Baumkaktee mit roten Früchten und gefährlichen Stacheln, lieferte Dornen, die als Nadeln verwendet wurden. Farben wurden aus der *artemisca* oder dem *malco* gewonnen, aus dem *achiote* mit seinen roten Kernen, aus dem schwarzen Saft der *jagua.* Die *totora,* das Rohr von den Ufern des Titicacasees, kennen alle Reisenden, da es zum Bau der malerischen Boote dient, deren Aufnahmen alle Werke über diese Gegenden zieren. Die wertvollste aller Pflanzenfasern ist der *maguey* oder die *cabuya,* noch heute verbreitet in mehreren Landstrichen der Hochebene[11].

Auf die Heilpflanzen kommen wir bei der Behandlung der Heilkunde zu sprechen.

Bäume waren auf dem Hochland eine Seltenheit: die schmucke Weide gab ihr weißes Holz her; der *ceyba,* der acht Meter hoch wird, war an den Ufern des Apurimac häufig zu finden und wurde wegen seines Holzes verwendet, da es im Wasser nicht fault; die Elsbeere oder Eberesche erreicht eine Höhe von fünfzehn Meter und diente zum Bau von Cuzco. Nähert man sich den tropischen Wäldern, werden die Baumsorten schöner: der Lucumo ist bei den Tischlern beliebt, die Zeder wird zuweilen mehr als zwanzig Meter hoch.

Angesichts des großen Artenreichtums des Tier- und Pflanzenreiches, über das wir Europäer verfügen, scheinen uns die Indianer Perus schlecht weggekommen zu sein. Jedoch hätten sie sich einen Überfluß wie den unsrigen kaum vorzustellen vermocht und waren ihren Göttern für das wenige, das sie ihnen schenkten, dankbar. Der Reichtum hat ebenso eine seelische wie eine wirtschaftliche Seite und besteht eher im Maßhalten der Wünsche als in der Anhäufung von Gütern.

2. Die Zeit:
Die Nachwirkung der Vergangenheit

Wir kennen die Umwelt, umreißen wir nun den Augenblick

Versetzen wir uns in die Regierungszeit von Huayna Capac, gegen Ende des 15. oder zu Beginn des 16. Jahrhunderts, jenen feierlichen Augenblick, da das Reich auf seinem Höhepunkt steht. Die Machthaber stellen fest, daß das Gesellschaftsgefüge über das menschliche Maß hinausgewachsen ist: zwölf bis fünfzehn Millionen Indianer sind auf ein Gebiet verteilt, dessen Oberfläche fünfmal so groß ist wie das heutige Frankreich, und unterstehen einer einheitlich-strengen Gesetzesordnung. Einen derartigen Staat zu regieren ist zwar nicht unmöglich, erscheint aber eher als unklug. Für Staaten wie für Unternehmungen gibt es eine ideale Größenordnung. Der Kaiser entschließt sich zur Teilung des Reiches unter zwei seiner Söhne, macht die beiden Brüder dadurch zu Todfeinden und sät damit den Keim zum Bürgerkrieg. Es ist der Augenblick, da die Kultur ihren Glanzpunkt erreicht hat, die Stunde, da das Schicksal seinen Lauf ändert, da die Götter, bis dahin günstig gesinnt, ihre Anbeter im Stich lassen.

Sicherlich ahnte der Mann aus dem Volk nichts von der Tragik des Augenblicks. Seine Landkenntnis beschränkte sich auf den schmalen Streifen Erde, auf dem er geboren war. Er wußte nur, daß das Reich gewaltig ist, ohne eine genaue Vorstellung von seiner Ausdehnung zu haben; er wußte, daß aus ihm die bekannte Welt bestand und daß in seinem Umkreis wilde Völkerschaften lebten, gegen die Kriege geführt wurden, an denen er selbst teilgenommen hatte oder teilnehmen würde. Seinem geschichtlichen Wissen fehlte es an Objektivität und Genauigkeit, denn seine einzige Kenntnis schöpfte er aus den Berichten der offiziellen Sprecher, denen er bei Festen zu lauschen gezwungen war. Auf diese Weise bekam er eine gereinigte, apologetische Geschichtsschreibung vorgesetzt, die dazu neigte, die vergangenen Herrscher in den Himmel zu heben, und sich mit Legenden paarte, in denen nicht selten Götter, Tiere und Menschen ineinander verschmolzen. Auch Volkssagen wurden von einer Generation zur anderen weitergetragen und mischten ihren Mißton in dies seltsame Tongemälde.

Was der Indianer aus dem Volk wußte:
Vor den Inka war das Nichts

Für solch eine Fülle von Variationen ein Grundthema zu finden ist nicht leicht, noch schwieriger aber, Tatbestände in der Landschaft der Vergangenheit zu bestimmen, von deren Mehrzahl gleichsam behauptet wird, sie gehe auf die Schöpfungsstunde der Welt zurück, und die infolgedessen untereinander nur geringe Zusammenhänge aufweisen. Eine Feststellung muß indessen hervorgehoben werden: Es scheint, daß alle

Mythen, die mit dem Ursprung der Inka im Zusammenhang stehen, im Hinblick auf einen offiziellen Ausgangspunkt ihrer Geschichtsschreibung ersonnen worden sind. Die Spanier sind diesem Täuschungsmanöver erlegen, das sie leicht zu durchschauen vermocht hätten, und haben geglaubt, daß auf der Hochebene vor den Inka nur vollkommene Anarchie geherrscht habe. Allein die Gegenwart der Ruinen von Tiahuanaco, die sie gekannt und bewundert haben, hätte sie darüber eines Besseren belehren müssen. Etliche der spanischen Chronisten haben behauptet, diese kulturgeschichtlichen Spuren hätten keine Erklärung gefunden, ohne sich auch nur auf Vermutungen einzulassen.

Verfolgen wir den Lauf der Geschichte rückwärts, indem wir von den angeblichen Anfängen der Inka, wie sie uns die offizielle Geschichtsschreibung überliefert, ausgehen, so finden wir, daß die ersten Einwohner Perus, und somit der ganzen Welt, wie Tiere in Rudeln lebten und ganz verschiedene «Götter» anbeteten: Bergspitzen, Pflanzen, wilde Tiere. Angst und Bewunderung bestimmten den Grundton ihres Kultes: der Puma wurde vergöttlicht dank seiner Stärke, der Kondor angesichts seiner eindrucksvollen Größe, die Fledermaus, weil sie in der Nacht sieht, die Eule, weil ihr Blick bannt. Kein Tier, das nicht irgendwo zur Gottheit wurde. Alles, was nützlich war, wurde zum Gegenstand der Verehrung: die Erde, das Feuer, sogar die Luft, der Mais, die Fische, die Lamas. Gleichzeitig waren Menschenopfer häufig und erlaubten den Wahrsagern, aus der Prüfung von Lunge und Herz der Geopferten die Zukunft vorauszubestimmen. Die

Anti, das heißt, die Bewohner der großen Urwälder des Ostens, standen im Ruf der Menschenfresserei, was vielleicht nicht aus der Luft gegriffen war, wenn man die Feststellungen moderner Forschung zu Rate zieht.

Die Menschen der Vorgeschichte lebten in den Tropen vollkommen nackt, ihre einzige Zierde war ein Gürtel; die Frauen trugen einen Schamschurz, eine in vielen Gegenden des Amazonasbeckens noch heute übliche Kleidung. Auf dem Hochland schützte man sich gewöhnlich mit Tierfellen und Decken aus wildem Hanf. Daher stellten die Geschichtsschreiber zur Zeit der Inka die Menschengattung, die für sie Ureinwohner waren, ihren erstaunten Zuhörern als ungewöhnlich zivilisiert dar. Damit übergingen sie nicht nur alle vorangegangenen Zivilisationen, sondern auch die Geschichte der von den Inka unterworfenen Völkerstämme. Außer der Inkadynastie gab es nichts, weil es nichts geben durfte.

Der göttliche Ursprung der Inka

Aber nun tauchen die Inka auf. Hierbei können wir unmöglich ganz den Ort übergehen, welcher der Schauplatz der ihnen vorausgehenden Kultur gewesen ist, nämlich den der Aymara: nach indianischen Berichten soll auf einer Insel des Titicacasees ein Menschenpaar aufgetaucht sein, das, Mann wie Frau, von der Sonne erschaffen wurde[1]. Das gütige Gestirn schenkt ihnen einen Stab, heißt sie nach dem Ort ziehen, der ihnen gefällt, und sich endgültig da festsetzen, wo der Stab verschwindet, sowie sie ihn auf die Erde schlagen. Es befiehlt ihnen außerdem, die wilden Menschen, welche die Erde bewohnen, zu lehren, die Sonne anzubeten, ihnen Gesetze zu geben, ihnen den Sonnenkult, die Viehzucht, den Haus- und Städtebau beizubringen. Es fordert sie auf, ihre Macht mit Gerechtigkeit und Güte auszuüben wie die Sonne, wenn sie Licht und Wärme schenkt, und setzt sie als Herrscher über das Erdenrund ein.

So zieht das Fürstenpaar vom Seeufer aus nordwärts. Täglich schlagen sie die Erde mit ihrem Stekken, allein vergeblich. Nun lassen sie sich für einige Zeit in Pacaritampu, unweit vom Cuzcotal, nieder. Und hier schließt sich eine zweite Legende an; denn es erhob sich Tampu Tocco, was «Haus mit den Fenstern» bedeutet.

Einige Autoren setzen es gleich mit den heutigen Ruinen einer der bedeutendsten Baustätten von Machu Picchu, die mit ihren drei Fenstern auf den Cañon von Urubamba sieht, eine großartige Aussicht gewährt und ein einzigartiges Beispiel dieser Art ist. Diesen Fenstern, heißt es, sind die vier «Urbrüder» entstiegen, welche die gesamte Umgegend erobert haben. Manchmal ist auch von ihren Gattinnen die Rede; zehn *ayllu* oder Sippen gehorchen ihnen und leisten ihnen Gefolgschaft[2].

Die erste Lesart berichtet, daß das Fürstenpaar seine Reise fortsetzte und daß bei seiner Ankunft am Hügel von Huanacauri im Cuzcotal der Stab beim ersten Aufschlagen im Boden verschwand. Zu jener Zeit war die Gegend von Wäldern bedeckt, und ihre Bevölkerung lebte in Elend und Laster. Fürst und Fürstin teilten die ihnen aufgetragene Aufgabe unter sich; der eine zog gen Norden, der andere nach Süden, rief die Einwohner zusammen und lehrte sie. Beeindruckt von den glänzenden Gewändern, mit denen die Sonne sie ausgestattet hatte, angezogen von den Versprechungen eines leichten und glücklichen Lebens, nahm das Volk die göttlichen Sendboten auf und gehorchte ihnen. Bald trat Ordnung ein, eine Zeit des Wohlstandes hielt Einzug im Tale, in dem die Stadt Cuzco gegründet wurde. Zur Erinnerung an das fürstliche Paar wurde diese in zwei Teile gegliedert, was als erstmalige mythische Erklärung einer Teilung angesehen werden darf, die bis zum heutigen Tage geheimnisvoll geblieben ist.

Dies ist die erste Lehrzeit der Indios: Die Männer lernten den Boden bebauen und bewässern, die Frauen weben und nähen. Ebenso wurden sie in die Kriegskunst eingeweiht und unterwarfen sich die Nachbarstämme mit Güte oder Gewalt.

Daraus wird klar ersichtlich, daß diese Sagen auf die Eroberung Hochperus durch die Inka schließen lassen und auf die Bebauung des Bodens durch die Ackerbauern. Die erste hat als Grundlage die zweite, und die kriegerischen Heldengedichte sind oftmals nichts anderes als die Erinnerung an technische und wirtschaftliche Entwicklungsstufen. Der goldene Stab, der im Boden versinkt, zeigt die fruchtbare Erde an, in die der erste Spaten mühelos eindringt, und die vier Brüder, die aus Tampu Tocco kommen, versinnbildlichen, so glaubt man, die Besitzergreifung des Erdreichs durch

DER «TEMPEL DER DREI FENSTER» IM SAKRALEN STADTTEIL VON MACHU PICCHU

die Nährpflanzen. Manchmal wird auch der Cocastrauch erwähnt und als pflanzliche Verkörperung einer Himmelsbotin dargestellt, die dem geplagten und leidenden Menschen Trost bringt[3].

Schon in den zahllosen Abwandlungen dieser Berichte fand der Indianer reichliche Nahrung für sein Gedächtnis und seine Einbildungskraft. Die Erinnerung an seine armseligen Ahnen, die im Cuzcotal einst auf der Suche nach ach so spärlicher Nahrung umherirrten, ließ ihn den Inka gegenüber eine Dankesschuld fühlen, und die verlassene Stätte, auf der die Ruinen von Tiahuanaco stehen, versetzte ihn in eine Welt der Sage und des Geheimnisses.

Erstaunlich, daß in diesem letzten Bild der Trockenheit und Hochlandschaft die Erscheinung des ersten Herrschers beim Morgenrot der Zeiten einer verheerenden Sintflut gefolgt sein soll, die zuweilen mit humoristischen Einzelheiten verbrämt ist: die auf die höchsten Gipfel geflüchteten Hirten stellen mit begreiflicher Freude fest, daß diese wachsen im Maße, wie das Wasser steigt! Alle diese Fabeln, welche sich auf eine Sintflut beziehen, deren Schauplatz das amerikanische «Weltendach» gewesen sein soll, scheinen uns von den Chronisten stark an die biblische Überlieferung angelehnt. Die Indianer haben nach der Eroberung die Erzählungen der Missionare auf ihre Weise zu einer Heilsgeschichte der Neuen Welt umgeformt. Sie haben sich nicht einmal gescheut, in ihrer Darstellung die vier Brüder und ihre Gattinnen der Sintflut entkommen zu lassen, und behauptet, die vier Fenster, denen sie entstiegen seien, seien die Arche Noah und der in Tiahuanaco aufgetauchte Fürst sei der Erzvater Noah. Garcilaso de la Vega legt sich bei der Wiedergabe dieser Geschichte, die er in seiner Jugend in Cuzco gehört hat, größte Zurückhaltung auf, entschuldigt sich dafür, daß er vor einer Stellungnahme zurückschreckt, und behauptet, nur zu wiederholen, was man ihm erzählt habe; er fordert den Leser auf, sich aus dem Gelesenen seinen eigenen Vers zu machen[4].

Um das Hauptthema der Erscheinung und Einsetzung des ersten Inka, der allgemein Manco Capac genannt wird, schlingen sich zahlreiche Arabesken. Eine der unterhaltendsten spielt auf eine derbe Kriegslist an: die Mutter dieses ersten Monarchen war eine Frau von bemerkenswerter Klugheit und besaß einen bei den Indianern seltenen, man könnte fast sagen, durchtriebenen Unternehmungsgeist. Geraume Zeit arbeitete sie an einem prunkvollen, mit Goldplättchen bedeckten Gewand und einem Kopfschmuck aus glänzenden Federn für ihren Sohn; dann lud sie ihn ein, sich in eine am Hang des Cuzco beherrschenden Hügels gelegene Grotte zu begeben. Als nun ein großer Festtag herankam, hieß sie den jungen Helden, schön wie ein Gott, im Feuerschein der Sonne, die sein Gewand erstrahlen ließ, vor das atemlos staunende Volk zu treten. Der wagemutige Betrüger erklärte, er sei der Sohn der Sonne, und wurde zum Kaiser ausgerufen[5].

Diese Legende ist merkwürdig, denn sie verträgt sich schlecht mit der Majestät der Inka und dem Glauben an ihren göttlichen Ursprung. Sie weist eher auf das kindliche und vertrauensselige Volksempfinden hin, das sich darin gefiel, sie immer wieder zu hören und zu wiederholen. In dem Vermächtnis ihrer Vergangenheit ist selten die Rede von düsteren Dramen, von Mord und Gewalttat; vielmehr erscheinen hier die Gottheiten oftmals traulich und lächelnd, ein dichterischer Hauch durchweht jedes Wort: zum Beispiel klettert der verliebte Fuchs an zwei festen Strikken zum Mond hinauf und bleibt an seiner schimmernden Scheibe hängen; die Kometen flüchten auf die schneeigen Gipfel, nachdem sie die Welt mit ihren Feuerschwingen bezaubert haben; die Sterne sind die Brosamen, die vom Tische himmlischer Feste fallen[6].

Ein Echo kommt von der Küste: Das polynesische Geheimnis

Betrachten wir nun den der Inkaherrschaft voraufgegangenen Zeitabschnitt im Lichte einiger seltener, von den Chronisten wiedergegebener Mythen. Hierbei stellen wir zu unserer Verwirrung fest, daß nun nicht mehr vom Titicacasee die Rede ist, wo indessen die Aymarakultur anscheinend als unversiegbare Quelle zuverlässiger und zweifelhafter Berichte gewirkt haben soll, sondern daß plötzlich von der See her die ersten indianischen Häuptlinge auf Flößen an Land kamen.

Die noch wilden Völkerschaften der peruanischen Nordküste zwischen Tumbez und Chimu erlebten die Ankunft einer großen Anzahl von Flößen, die von den Stammesfamilien unter Anführung ihres Häuptlings Naymlap gebaut worden waren[7]. Pater Cabello de

FRÜHE DARSTELLUNG EINES BALSA-FLOSSES
DARÜBER ZWEI FISCHER AUF IHREN «CABALLITOS»

Balboa bemerkt bei der Wiedergabe dieser Geschichte, dies Wandervolk sei vom äußersten Ende Perus gekommen, was uns unlogisch und unwahrscheinlich anmutet, weil seine Ausschiffung dann vermutlich in Tumbez vonstatten gegangen wäre, wie die von Francisco Pizarro: die Flöße hätten nämlich auf ihrer Küstenfahrt nach den unabsehbaren Urwäldern, die sich längs der Küste von Ecuador hinziehen, diesen einladenden Landepunkt kaum übersehen können. Die Flöße müssen also aus westlicher Richtung hergesegelt sein. Diese Schlußfolgerung wollen wir festhalten. Naymlap war der Herrscher eines bereits gegliederten Volkskörpers, denn er war von einer großen Zahl von Konkubinen, Dienern, Intendanten, Offizieren und ungenau beschriebenen Persönlichkeiten umgeben. Im Innern des Landes machte er halt, ließ sich mit seinem Volk nieder, baute Häuser und Paläste und erfreute sich einer langen und glücklichen Regierung, über die uns keinerlei Zeugnisse mehr vorliegen. Als er fühlte, daß seine Todesstunde herannahte, bat er seine Vertrauten, ihn in dem Gemach, in dem er gelebt, in aller Stille beizusetzen. Dies geschah; das Volk aber erfuhr durch Kundgebung, daß der Monarch beschlossen habe, seine Untertanen zu verlassen, daß ihm Schwingen gewachsen seien und er sich damit in die Lüfte aufgemacht habe. Auf diese Weise hoffte man, an das Haupt des Entschwundenen einen Heiligenschein zu heften. Die Bewohner dieses vorbildlichen Staates waren jedoch von der Nachricht so bestürzt, daß sie ihrerseits die Gegend verließen und auf der Suche nach ihrem Herrn in alle Winde zerstoben – die unvorhergesehene und tragische Folge einer Lüge. Zurück blieben nur diejenigen, die im Lande geboren waren, und die waren noch ziemlich jung.

Der Bericht gibt hernach die Namen einer Reihe von Naymlaps Nachfolgern an; Einzelheiten und Aufschlüsse fehlen jedoch gänzlich. Es hat den Anschein, als ob der Erzähler durch unnötige Angaben den völligen Mangel jeglicher Hinweise auf das Leben, die Umwelt und den Zeitabschnitt dieser Persönlichkeiten habe verdecken wollen. Leider müssen wir diese Feststellung nur zu oft machen. Die einheimischen Chronisten glaubten, alles gesagt zu haben, wenn sie Eigennamen nannten, die als Marksteine eines unbeschrittenen Pfades zurückbleiben.

Auf diese Weise gelangen wir zu einem gewissen Fempellec, von dem wir nichts wissen mit Ausnahme seines unglückseligen Einfalls, das von Naymlap mitgebrachte Götzenbild zu verlagern. Diese unbegründete Handlungsweise machte sich ein böser Geist zunutze, schlüpfte in den Körper einer schönen Frau und verführte Fempellec. Die Strafe folgte auf dem Fuße: Regen fiel und überschwemmte das Land, eine Sintflut trat ein, gefolgt von einer Zeit der Unfruchtbarkeit und Hungersnot. Das Volk machte den entarteten Herrscher für die Mißstände verantwortlich und warf ihn, an Händen und Füßen gefesselt, ins Meer. So endete die aus Naymlap hervorgegangene Dynastie.

Als Folge dieses Dramas eroberte der mächtige Herrscher von Chimu, dem südlichen Nachbarstaate, dessen Geschichte uns unbekannt ist, den gesamten Küstenstreifen. Wieder zieht in dem Bericht ein Aufgebot von Eigennamen an uns vorbei, kommt aber ziemlich rasch zum Stehen, denn wir nähern uns dem Augenblick, da die Inka vom Hochland aus die Küste bedrohen, die sie sich schließlich unterwerfen. Der rätselhafteste und für uns interessanteste Teil der Erzählung ist ihr Schluß: die Seelandung zivilisierter Menschen. Bestätigt wird sie von Pater Anello Oliva, der von einem Bewahrer der Knotenschnüre mit Namen Catari, bekannt wegen seines Wissens und auch von anderen Chronisten[8] erwähnt, Aufklärungen empfangen zu haben vorgibt: Die von der Sintflut Vertriebenen erreichten die Küste Ecuadors; eine ihrer Rotten unter dem Befehl eines Häuptlings namens Tumbe ließ sich am Südufer des Golfes von Guayaquil nieder und gründete die Stadt, die fortan seinen Namen tragen sollte. Einer der Söhne dieses Helden, Quitumbe, überschritt die Kordillere, um dem Einbruch von Riesen zu entgehen, die seinen Bruder gefangengenommen hatten, und erklomm das Hochland, auf dem er die Stadt gründete, die seither seinen Namen trägt: Quito.

Bei diesem Entweichen hatte Quitumbe vergessen, seine Gattin mitzunehmen, und ließ sie im Stich. Das verlassene Eheweib war darüber erbittert. Sie bat die Götter, den Treulosen zu bestrafen, und um ihre Gnade zu erlangen, beschloß sie, ihren Sohn zu opfern. Glücklicherweise überflog ein Kondor im Augenblick der verhängnisvollen Opferhandlung den unglückseligen Ort, packte das Kind mit seinen Krallen und entführte es auf eine Insel des Pazifik. Als der Knabe zu einem großen, starken und schönen Jüngling herangewachsen war, baute er sich ein Floß und erreichte das Festland, wo er von Wilden überwältigt und als Gefangener abgeführt wurde. Die Tochter des Barbarenhäuptlings verliebte sich in ihn und ließ ihm heimlich eine Axt zustellen. Mit dieser tötete er seine Wächter, entkam aus der Haft und floh an einen wundersamen Ort, an dem er mit seiner schönen Befreierin ein idyllisches Dasein führte.

Endlich wird die Legende von der Zerstörung durch das Wasser, welche die Chronisten unvermeidlich mit der Sintflut in Verbindung bringen, von F. Lopez de Gómara ergänzt, der die Veränderung der vertrockneten und verödeten peruanischen Küste erklärte. Der erste Gott, der an den Gestaden des Pazifischen Ozeans in Erscheinung tritt, war Kon. Er schuf Männer und Frauen und gab ihnen fruchtbares Land zu ihrem Unterhalt. Allein seine Geschöpfe befolgten seine Gesetze nicht, und um sie zu strafen, verbot der empörte Gott dem Regen zu fallen. Dann erschien ein neuer Gott mit Namen Pachacamac, der verjagte Kon und verwandelte die ersten Menschen in Tiere; hernach schuf er eine neue Menschheit. Diese erwies sich als dankbar und errichtete an der Küste Perus den berühmten Tempel, dessen Ruinen noch heute den Namen dieser Gottheit tragen[9]. Immerhin vergaß der göttliche Wohltäter, den Regen von neuem fließen zu lassen. Seither ist die Küste versandet.

Dennoch sind alle diese unvollständigen und mitunter eigenartigen Berichte, die sich untereinander schwer verbinden lassen, recht aufschlußreich, bestätigen sie doch in merkwürdigem Einklang die heutige

Vermutung von dem Einbruch eines zwischen der Neuen Welt und Australien gelegenen Gebietes. Dort soll sich bekanntlich eine Kultur entwickelt haben, von der die Standbilder der Osterinsel und der Monolith der Fidschiinsel Zeugnis ablegen[10]. Auch stimmt sie mit dem Gedanken an einen Abrutsch der Erdkruste überein, der die Anden aufgetürmt, einen Teil des peruanisch-bolivianischen Hochlands (Collao) kalt und unwirtlich gemacht und den Boden der Pazifikküste entlang unterhöhlt haben soll, wo das Meer tatsächlich sehr tief ist. Dies würde auch die am Gestade entlang verstreuten Totenstädte wie das gewaltige Paracas erklären; also die Friedhöfe der verschlungenen Städte, die zahlreichen stufenartigen Zeichen, die Denkmäler und Kunstgegenstände schmücken, wie zum Beispiel das im Hof des Museums von Cuzco ausgestellte – alles Sinnbilder für den Andenaufstieg eines fliehenden Volkes.

Heute erscheint es nicht mehr zweifelhaft, daß in vorkolumbischer Zeit zwischen den Eingeborenen von Polynesien und Südamerika Verbindung bestanden hat. An Beweisen dafür besteht kein Mangel, auf beiden Seiten des Pazifik sprechen gefundene Gegenstände eine beredte Sprache: die Speerschleuder, die Panflöte, das Blasrohr, die Knotenschnur. Verblüffend ist die Ähnlichkeit zwischen der Maori- und der Quechua-Sprache. Manche Wörter haben denselben Sinn: *apay* bedeutet «tragen», *makay* «schlagen», *muku* «befleckt», *mutu* «verstümmelt», *pucara* «Festung», *tunu* «erschreckt». Eine größere Anzahl von Wörtern geht offensichtlich auf einen gemeinsamen Ursprung zurück und hat nur leichte Abwandlungen erfahren. So heißen auf Quitchua und Maori: *ajsu* und *ahu* Kleidung; *curaca* und *cura* Häuptling; *chuki* Lanze und *kuki* spitzer Pfahl; *illa* Licht und *ira* glänzen; *inca* Herrscher und Krieger; *ipu* feiner Regen und Wolke; *kaka* Bastard und Nachkommenschaft; *kara* und *kiri* Haut; *karu* und *koroa* Entfernung; *kuru* und *kutu* Wurm; *papi* feucht und schmutzig; *raku* Schnee und helle Farbe; *tipa* Nadel und Tätowierung; *unu* Wasser und Wasser trinken.

Auch die Pflanzen liefern uns sprechende Beweise: die Süßkartoffel amerikanischer Herkunft kommt auch in Polynesien vor, die in Amerika angepflanzte Baumwolle mit 26 Chromosomen scheint aus einer Kreuzung zwischen der asiatischen Baumwolle von 13 Chromosomen und der wilden peruanischen Baumwolle mit ebenfalls 13 Chromosomen zu stammen. Mehrere hawaianische Pflanzen scheinen in frühen Zeiten in Amerika eingeführt worden zu sein[11].

Schließlich haben die Archäologen kürzlich in den nördlichen Gegenden Perus Totendörfer entdeckt, die, an die Hänge hoher Klippen geschmiegt, aus Häusern bestehen, in denen kleine Figuren vorgefunden wurden; diese erinnerten Fachkenner an Bräuche, die sie in Celebes beobachtet haben.

Übrigens können diese letztgenannten Übereinstimmungen ebensogut von Völkerwanderungen in west-östlicher wie in ost-westlicher Richtung herrühren, da die Reise der peruanischen Flotte zur Zeit von Tupac Yupanqui auf diese Möglichkeit hingewiesen hat.

In dieser Unmenge von Berichten zwischen Wirklichkeit und Wahn zu unterscheiden, ist um so schwieriger, als der Indianer es liebt, die Vergangenheit wiederaufleben zu lassen. Seine Abscheu vor Veränderung, sein unendliches Beharrungsvermögen, das Fehlen jeglicher Schrift – all das macht ihn zugänglich für Erzählungen, gleichgültig ob echt oder gefälscht. Ein moderner Geschichtsforscher hat beobachtet, daß die Quechua-Sprache eine große Anzahl von Ausdrücken enthält, die das Erzählen betreffen; verschiedene Wörter bezeichnen die Umstände eines Ereignisses, einer Fabel, erfundener und wunderbarer Begebenheiten, eines Gesanges und so fort[12].

Was dem Indianer des Kaiserreiches unbekannt war: Der Glanz Chimus

Nach diesem Sagenbericht wollen wir uns der vernachlässigten Geschichte zuwenden, der Historie der unterworfenen Völker, von denen die Eroberer kein Andenken bewahrt haben, blieb diese Erinnerung doch nur noch im Gedächtnis der Besiegten wach, versiegte aber bald und vermischte sich ihrerseits mit Sagenhaftem. Die Inka haben sich die unterworfenen Gebiete so vollständig einverleibt, daß sie sie sogar ihrer Vergangenheit entblößten. Daher finden wir Hinweise auf diese Themen nur bei denjenigen Chronisten, die klug genug waren, die Landesgeschichte unter Befragung von Indios, die keinem Inkastamm angehörten, zu studieren.

Die älteste Kultur, die von Chavin, findet sich indessen nicht in den Chroniken und tritt uns lediglich aus den Überresten der Sierra und an dem mittleren Küstenstreifen Perus entgegen.

Ihre zyklopischen Mauern und in Stein gehauenen Darstellungen geometrischer Ungeheuer liefern uns keinerlei Aufschlüsse über das Leben der Menschen, die sie geschaffen haben. Die Fachgelehrten setzen diese Kultur ungefähr zu Beginn unserer Zeitrechnung, vom 4. bis zum 7. Jahrhundert an.

Nicht einmal für die Manabikultur an der Küste der heutigen Republik Ecuador vermögen wir Jahreszahlen anzugeben. Ihre einzigen Zeugen von Bedeutung sind Reliefs und Sessel in U-Form, alle in Stein gehauen.

Dagegen wissen wir, daß die Herrscher von Chimu die Nordküste Perus bis zur Grenze der heutigen Republik Ecuador unterworfen hatte. Aus den offiziellen Berichten der Inkazeit erfahren wir von langen und schwierigen Kämpfen, die mit der Unterjochung dieses Volkes und seiner Einverleibung ins Kaiserreich endeten. Jedoch klafft zwischen der legendären Zeit, von der wir gesprochen haben, und der geschichtlichen Epoche eine Kluft, die heutige Forscher mühsam zu schließen suchen, indem sie sich auf die modernen Entdeckungen der Archäologen, Ethnologen, Anthropologen und Sprachforscher stützen.

Die Chimu sprachen eine Mundart, von der einige Wörter auf uns gekommen sind, namentlich im Dialekt des Hafens von Eten, und die eine bislang ungelöste Frage erhebt: war sie geschrieben? Pater Montesinos, dessen gewagte Behauptungen sich oftmals als zutreffend erwiesen haben, will wissen, daß es im einstigen Peru eine Schrift gegeben habe, die von den Inkaherrschern verboten worden sei[13]. Dieses Verbot, das der Leser je nach Lebensauffassung und persönlicher Erfahrung als Beweis von Weisheit oder Wahnsinn auffassen mag, lasse sich durch die Tatsache erhärten, daß die Schrift nicht auf dem Hochland entstanden, sondern ein Geschenk der Chimu gewesen sei, und daß die Herren von Cuzco mit der Unterwerfung dieses lange Zeit feindlichen Volksstammes auch seine Geschichte haben auslöschen wollen. Diese Erklärung erscheint uns im übrigen wenig überzeugend, denn die Inka zögerten nie, von den unterworfenen Stämmen Einrichtungen zu übernehmen, die sie zur Vervollkommnung ihres eigenen Staatsgefüges oder zur Erhöhung ihres Ansehens für dienlich erachteten. So scheint es, daß sie von den Chimu den Gedanken der Stafettenpost für die Übermittlung offizieller Urkunden entlehnt haben.

Auf einer großen Anzahl von Töpferarbeiten, die man für Erzeugnisse der Chimu hält, sind Indianer dargestellt, die in einer von Kakteen besäten Dünenwüste, einem Merkmal der Küste, dahinlaufen. In der Hand halten sie einen Sack aus Lamafell, der Bohnen enthält, ein Stück Quarz zum Zeichnen von Linien auf diese Kerne und ein weißes Pulver, um die eingegrabenen Linien zu verdeutlichen. Oftmals sind die Bohnen als Ziermotiv gesondert dargestellt; sie tragen Zeichnungen, die keine Wiedergabe jener Linien sind, welche die Natur ihnen mitunter verleiht, und die häufig wie Flecken oder Punkte aussehen. Die Beziehung zwischen Bohnen und Boten wird durch die sonderbare Ähnlichkeit unterstrichen, die wir zuweilen bei zweibeinigen Bohnen entdecken, die auf ihre Weise über den Sand der Wüste laufen[14].

Zuweilen haben die Boten die Schnauze eines Fuchses, eines Tieres mithin, das in der Neuen wie der Alten Welt wegen seiner Schlauheit bekannt ist. Wollte man damit auf die Geschicklichkeit anspielen, die der Botengänger entwickeln mußte, um seinen Auftrag zufriedenstellend auszuführen, oder vielleicht auf jene, die der mit der Enträtselung beauftragte Fachmann zwangsläufig an den Tag legen mußte? Auch dieser erscheint auf alten Vasen; er hält ein spitzes Werkzeug in der Hand, von dem wir nicht wissen, ob es zum Nachfahren der Linien und zur Ordnung der Bohnen diente. Noch heute zählen in gewissen Küstenstreifen die Herdenwächter ihre Tiere mittels Bohnen, die sie in einem kleinen Sack bei sich tragen; die Farben der Kerne entsprechen den einzelnen Tierarten, etwa zur Unterscheidung von Kühen, Kälbern und so fort.

Ausnahmsweise werden die Sendboten auch mit einem Gegenstand in der Hand dargestellt, der einer Fischgräte ähnelt und wahrscheinlich aus Schnürchen gebildet ist, die an einer Hauptschnur befestigt sind. Zweifellos ist es der Vorfahre der Knotenschnur, von der wir noch sehen werden, zu welcher Vollendung des Gebrauchs die Inka es gebracht haben.

Königreiche, die der Vergessenheit anheimgefallen sind

Ein anderer großer Staat, den die in Cuzco gelehrte Geschichtsschreibung in der Versenkung verschwinden ließ, war das Königtum der Cara im Norden des Reiches.

Nach einem ecuadorianischen Geschichtsschreiber[15] stammt der Name Cara von einem Häuptling mit Namen Caran, der zu einem Zeitpunkt, der sich nicht bestimmen läßt, an der Nordküste des heutigen Ecuador an einer Stelle gelandet sein soll, die seither Bahia von Carques heißt. Dort finden wir nämlich noch einen Hinweis auf eine Ausschiffung mittels Flößen. Auch erzählt man sich eine ziemlich wirre Fassung von einer Sturmlandung von Riesen, die an einem südlicheren Strandstreifen derselben Küste vor sich gegangen sein soll. Im übrigen herrscht kaum Zweifel darüber, daß in diesen Breitengraden ehemals eine Kultur bestanden hat.

Die Cara erklommen das Hochland und stießen auf ungegliederte Stämme, die sie sich unterwarfen. Quito wählten sie als Hauptstadt, die sie mit zwei Tempeln einrahmten: dem Sonnentempel und dem Mondtempel. Eine Gesellschaftsordnung wurde geschaffen mit einem König als Oberhaupt und einer Adelsschicht an seiner Seite. Sie hatten weder Boten noch Knotenschnüre, verfügten aber über Zählhilfen, die ihnen als Gedächtnisstützen dienten. Dies Zählinstrument bestand aus einer rechteckigen Steinfliese, die in Felder eingeteilt war; die an den Enden einer Diagonale befindlichen Felder ragten heraus, mitunter sogar zweistöckig. Die Steinchen hatten einen verschiedenen Wert je nach dem Fach, in das sie gelegt wurden, und wie bei jedem mnemotechnischen Apparat zeigte ihre Farbe den Gegenstand an.

Die Cara waren gute Weber, gute Gerber und besonders geschickte Steinschleifer, denn sie verfügten über Smaragde, denen Esmeraldas, eine der Küstenprovinzen Ecuadors, ihren Namen verdankt. Ihre Kultur gleicht eher der kolumbianischen als der peruanischen. Als angriffslustigem Volk war ihnen zunächst ein Vorstoß nach Norden gelungen; als sie sich jedoch hernach in südlicher Richtung auszudehnen suchten, stießen sie mit den Puruha, einem kriegerischen Stamm zusammen, der mit Lanze und Schleuder kämpfte. Da erreichten sie durch Bündnisse und Heiraten jene Ausdehnung ihres Königreiches, die sie mit Waffengewalt ohne einen langen Krieg nicht zuwege gebracht hätten. Im übrigen drohte eine größere Gefahr als alle anderen und zwang sie, unter Schonung aller Kräfte diese im Auge zu behalten. Das Inkareich rückte nämlich langsam in ihre Richtung vor, und tatsächlich ließ der Zusammenstoß nicht lange auf sich warten.

Noch andere Königreiche waren aufgeblüht, bevor auch sie dem Machtbereich der Eroberer von Cuzco anheimfielen, und zwar im 13. und 14. Jahrhundert unserer Zeitrechnung. Das Königreich von Cuismancu beherrschte die Küstentäler von Lurin und Rimac; sein religiöses Leben war ausgeprägt, denn es besaß zahlreiche Tempel, darunter das überregional bedeutende Wallfahrtszentrum Pachacamac. Die in der Nähe dieses Heiligtums gelegene Stadt umfaßte zwei Teile, wovon der eine der Unterbringung der Pilger diente. Im Rimactal, dem Tal des heutigen Lima, dem es seinen Namen verdankt, war das Götterbild von Rimac Tampu – heute der Flugplatz von Limatambo – wegen seiner Orakel berühmt.

Ungefähr zwanzig Kilometer von der heutigen Hauptstadt entfernt lag Cajamarquilla, eine von einem zusammengewürfelten Völkchen minderbemittelter Ackerbauern, Hirten und Fischer bewohnte Stadt. Von einer Festung verteidigt, beherbergte sie nach der heutigen Ausdrucksweise eine große Anzahl «Grabwohnungen», das heißt, sie verfügte über einen großen Keller, der keineswegs zu Grablegungen, sondern ausschließlich zur Aufbewahrung von Lebensmitteln diente. Die Mauern bestanden aus Luftziegeln, Strohziegeln oder Lehm, und jedes Haus hatte seinen kleinen Weideplatz für Lamas. Die Türen waren so eng, daß die Ein- und Ausgehenden durch das dauernde Streifen ihrer Gewänder die Seitenpfosten abnützten[16].

In derselben Gegend liegt auch der Ort Ancon, heute der beliebteste Strand der Einwohner von Lima, einst ein bedeutender Mittelpunkt: die zahlreichen dort gefundenen Gegenstände belaufen sich auf nahezu dreißigtausend und gehören drei verschiedenen Kulturepochen an, der von Chavin, von Chimu und der Inka. Die Anwesenheit von Waren aus dem Hochland deutet auf einen schwunghaften Austausch zwischen Küste und Landesinnerem hin[17].

Im Süden der Landgebiete, die Cuismancu beherrschte, schlossen sich die Täler von Chilca, Mala und Huarcu an, deren Herrscher Chuquimancu hieß; trotz völligen Mangels an Regenfällen waren sie dank intensiver Bodenbearbeitung reich. Die Bauern verwendeten ein besonderes Düngemittel: die Köpfe von Sardinen, die sie mit Maiskörnern in die Pflanzlöcher eingruben. Außerdem war die Bewässerung durch Kanäle sichergestellt. Garcilaso gesteht, daß er beim Durchstreifen des Landes über deren kunstvolle Anlage höchst erstaunt gewesen sei.

Um das Tal Huarcu – heute Cañete – zu verteidigen, wurde eine bedeutende Festung errichtet, die den Einfall der Völkerschaften aus dem Küstenhinterland und später auch den Angriff der Inka abhalten sollte.

Wenn wir die Küste weiter hinunterfahren, stoßen wir auf die kriegerischen Chincha, die sich mit ihren Nachbarn unablässig in den Haaren lagen. In ihrem Gebiet liegt mit Ica und Nazca einer der größten Fundplätze von Keramik im vorkolumbischen Amerika. Auch hier sind noch Baureste zu sehen. Die von Tambo Colorado bestehen aus den Überresten eines Inkapalastes und -forts, in dem die Hochlandtruppen eine Ruhepause einlegten, um sich vor dem Abstieg an das tropische Klima der Meereshöhe zu gewöhnen. Die Chincha leisteten den Inka solch tapferen Widerstand, daß diese mehrere Jahre benötigten, um ihrer hartnäckigen Gegner Herr zu werden, wenn auch durch ein Hilfsmittel, das nichts mit der Kriegstauglichkeit der Leute von Cuzco zu tun hatte: sie zerstörten nämlich die Bewässerungskanäle, die das Wasser von der Sierra herableiteten, und zwangen sie dadurch in die Knie[18].

Weiter südlich lebende Fischervölker konnten sich kaum wirksam zur Wehr setzen.

Nun wollen wir uns aber dem Hochland zuwenden. Dort taucht gegen das zehnte Jahrhundert unserer Zeitrechnung eine Kultur auf, deren Mittelpunkt in Tiahuanaco liegt und deshalb auch diesen Namen trägt. An diesem hochgelegenen Ort, einer der seltsamsten und geheimnisvollsten Stätten der Anden, befinden sich Ruinen, deren Ausdehnung auf eine Stadt hinweist. Die sehenswerten unter ihnen gehören zu Acapana, einem Heiligtum, von dem aufrechte Steine vorhanden sind, sicherlich Reste einer Umfriedung, ein flaches Standbild, das die heutigen Einheimischen den «Bruder» nennen, eine großartige, aus Fliesen gefügte Treppe, und besonders das Sonnentor; auf dem Monolithensturz des Bauwerks ist ein Gott dargestellt, der in seinen vierfingrigen Händen eine Art Wurfgeschoß und etwas wie einen Köcher mit zwei Pfeilen hält. Auf beiden Seiten dieser Mittelgestalt scheinen vierundzwanzig Figuren auf ihn zuzustreben. Dieses Tor ist verhältnismäßig niedrig und hätte mit einer Sänfte nie durchschritten werden können. Daher muß man in ihm einen Zierportikus sehen, der zur Krönung eines Gebäudes bestimmt war. Daraus ergibt sich, daß man zur Freilegung der Tempelruinen nur den Dammwall, der diese Baureste trägt, abzutragen braucht. Da und dort liegen in der Ebene Mauerreste verstreut, die manchmal von kleinen Löchern durchbohrt sind, in die man Nadeln mit Goldköpfen steckte.

Diese Kultur hat uns außer ihren Baudenkmälern ihre Sprache hinterlassen; in einem späteren Kapitel werden wir ihre wunderbaren Ausdrucksmöglichkeiten zu rühmen haben.

Die Aymara haben auf dem Hochland vom 10. bis zum 12. Jahrhundert geherrscht. Ihre Spuren sind an vielen Stellen zu finden, doch fehlt uns jede Kenntnis ihrer Geschichte.

Nach der Ära von Tiahuanaco tritt eine Zwischenperiode ein, von der uns nichts bekannt ist. In dieser tauchen die ersten Inka sagenumwoben auf. Wir werden auf sie zurückkommen, wenn wir von dem Leben ihrer Herrscher sprechen – im ersten Kapitel des zweiten Teiles.

Die indianische Gesellschaftszelle

Der Indianer haftete im allgemeinen viel zu sehr am Räumlichen und war zu wenig zeitgebunden, als daß er sich an den Taten ferner Ahnen zu begeistern vermocht hätte. Seine Welt war seine eigene Sippe, der er und seine Eltern angehörten oder seit dem Anbeginn der Zeiten anzugehören glaubten: dem *ayllu*.

Zweifellos wurde aus diesem Namen die Artbestimmung eines indianischen Gesellschaftskerns, der sich im Lauf der Geschichte veränderte, doch hat dieses Gruppenwesen als hervorstechendes Merkmal stets den Zusammenhalt seiner Glieder durch wirkliche und gewünschte Verwandtschaft oder durch den gemeinsamen Anbau des Bodens bewahrt. Dieses letzte Element setzt offensichtlich voraus, daß die Eingeborenen seßhaft geworden sind.

Die Ayllu unterschieden sich voneinander je nach der Bedeutung, welche diese beiden Faktoren bei ihnen einnahmen. Auch ihre soziale Ausdrucksform wich voneinander ab, je nachdem sie sich mit den Dorfgemeinden vermischten oder nicht. Es versteht sich, daß größere Siedlungen mehrere Ayllu umschlossen.

Bis zur Zeit der letzten Inka bewahrte der Ayllu seinen dreifachen Ursprungscharakter: nämlich in religiöser, familiärer und wirtschaftlicher Hinsicht[19].

Der Ayllu besaß einen wirklichen oder eingebildeten Ahnen, das Totem, *guarqui,* das die Form eines Tieres, eines unbelebten Wesens oder einer Naturerscheinung annahm: des Puma, eines Felsens, des Blitzes. Die Vermischung der Reiche geht aus den Darstellungen deutlich hervor: Der Vogel oder der stilisierte Vierfüßler nehmen auf Töpferarbeiten und Geweben ein menschliches Aussehen an. Dies darf uns nicht überraschen, wir werden noch mehrmals auf diese einheitliche Auffassung stoßen, die nichts weiß von elementarer und augenscheinlicher Klasseneinteilung.

Neben dem ersten Sippengrundsatz traten die verschiedenartigsten intimeren Hausgottheiten, die *conopas,* in Erscheinung; meist waren sie durch Statuetten menschlicher oder tierischer Gestalt aus Ton oder sogar in Form von Steinen ungewöhnlicher Prägung dargestellt. Ihr Platz war in den Wandnischen der Häuser[20].

Wenn man vom Familiensinn der Ayllu spricht, muß dies in weitem Sinn verstanden werden. In den

Anfängen löste der Indio sich nicht von seiner Umwelt, seine Person verschmolz mit der Sippe, die über den Rahmen der Familie hinausging und sich auf eine blutsverwandte Gruppe erstreckte. Diese bildete den Ayllu. Dieser wiederum war ein Teil einer Phratrie oder *parcialidad – suyu* oder *saya –,* im allgemeinen verbunden als *hanan* und *hurin,* das heißt als das Hohe und das Tiefe.

Die Hanan galten den Hurin als überlegen, ohne daß der Grund hierfür genau bekannt wäre. Vielleicht handelt es sich bei den letzteren um die Neuankömmlinge, die Einwanderer, oder vielleicht im Gegenteil um die Erstansässigen, die von den Hanan als Eroberern unterworfen wurden[21].

Ein bis zum heutigen Tag fast unzugänglich gebliebenes bolivianisches Dorf, das den Weißen feindselig gesinnt ist und die eigenen Überlieferungen bewahrt, bietet uns ein ausgezeichnetes Beispiel einer alten indianischen Siedlungsgruppe. Es heißt Collana und liegt fünfzig Kilometer von La Paz entfernt, in dreitausendachthundert Meter Höhe, dem Illimani gegenüber. Bis zum Jahre 1946 besaßen sie das Recht, ihre eigenen Lebensformen und ihre eigene Gerichtsbarkeit zu behalten. Spanier konnten dort nicht wohnen, geschweige denn Missionare. Ein Priester von La Paz pflegte alle drei Monate vierundzwanzig Stunden in Collana zu verbringen, wo nur der Dorfälteste spanisch sprach[22].

Der Hauptplatz ist durch eine breite Querlinie in zwei ungleiche Hälften geteilt: es sind die Standorte der *saya,* die noch heute *manan* – oben – und *aran* –

unten – genannt werden. Die erste dieser «Teileinheiten» hat den Vorsitz, und jeder der Standorte ist wiederum in zwei Abschnitte, die je einem Ayllu angehören, gegliedert. Somit gibt es vier Ayllu, während früher zehn bestanden. Sie tragen die Ortsnamen, von denen sie stammen: Tiahuanaco, Viacha, Huaque, Pukarani. Dadurch haben bei den Hauptversammlungen alle Einwohner ihren vorgegebenen Platz. Das Dorf selbst ist in gleicher Weise aufgeteilt; aufrecht befestigte Lamaknochen zeigen die Grenzen der Ayllu an.

Andere lebendig gebliebene Beispiele finden sich in Sechura an der Küste. Dort bestehen noch vier «Teileinheiten», die den auf dem Stammesgebiet geborenen Einwohnern und den auswärts Geborenen, den Fremdlingen des Sippenbodens, entsprechen. Jede Gruppe nimmt bei Festtagen eine Ecke des Platzes ein.

In Chincheros auf der Hochebene, fünfundzwanzig Kilometer von Cuzco entfernt, leben die Einwohner noch heute in Ayllu[23].

Zelle und Kern der Familie war einst die Mutter, denn nur die Mutterschaft stand seit der Feststellung der Abkunft zur Zeit der anfänglichen Promiskuität einwandfrei fest. Erst als der Ayllu der Nomaden sich in eine seßhafte Sippe von Ackerbauern verwandelte und die Kinder zu Werkzeugen der Arbeit wurden, was sich in Peru bis zum heutigen Tag nicht geändert hat, hat der Vater seine Autorität durchzusetzen vermocht und ist das Oberhaupt der Sippe geworden. Damit hat das Patriarchat das Matriarchat abgelöst, dessen Spuren noch zur Zeit der Inka spürbar waren[24].

BÜRGERMEISTER IN DER TRACHT SEINES DORFES
MIT SILBERBESCHLAGENEM ALKALDENSTAB

Seither hat die männliche Linie die Bildung des Ayllu bestimmt[25], die Frau ist aber zum Besitz des Mannes herabgesunken, wie es in den Anden noch heute der Fall ist.

Zur selben Zeit haben sich die Tabus des Geschlechtes durchgesetzt. Die Heirat innerhalb der Sippe ist verboten, die Frau muß von auswärts geholt werden, entweder im Kampf oder durch gemeinsame Abmachung. Indessen scheint der oberste Inka darin eine Ausnahme zu machen, denn er pflegte die Schwester zu heiraten. Doch muß man sich fragen, ob hier nicht ein terminologischer Irrtum vorliegt, denn das Wort Schwester hat bei den Indianern Perus nicht den gleichen Sinn wie bei uns: Das männliche Ich nennt Vater nicht nur seinen Erzeuger, sondern auch dessen Bruder, mithin seinen Onkel; als Brüder sieht er nicht nur die an, welche bei uns diesen Namen verdienen, sondern auch die Söhne des Bruders seines Vaters, das heißt also seine Vettern. Infolgedessen herrscht bei den verschiedenen Verfassern eine gewisse Uneinheitlichkeit der Auffassung[26]. Die Tabus verwischen sich nur durch den Tatbestand der Umstände und, ohne daß der Grundsatz darunter litte, an Festtagen, die mehrere Tage andauern und in allgemeine Trunkenheit und Zügellosigkeit ausarten[27].

Endlich hat die wirtschaftliche Seite des Ayllu eine Wandlung erfahren, seit die Blutsbande der Bindung an den Boden wich; das heißt, seitdem die Sippe, die sich auf einem Stück Land festsetzte, eine Bauerngemeinschaft wurde. Diese Einrichtung, die aus der Zeit vor den Inka stammt, hat sich bis in unsere Tage hinein erhalten und ist nach wie vor die bodenständigste aller Einrichtungen, die im Andengebiet geblüht haben. Sie hält die Eigengesetzlichkeit der Familie hoch, indem sie sie dank einer Dreiteilung in eine Gruppe bindet: Wald und Weide gemeinsam auswertet, Häuschen und Garten ausschließlich der Familie überläßt, die Anbaufläche periodisch unter die Familien verteilt. Ein höchst einfaches System, das wohl einer notwendigen Stufe der Menschheitsentwicklung entsprechen muß, weil es auf allen Kontinenten wiederkehrt[28].

Der Zusammenhalt der Gemeinde bleibt nach wie vor stark. Die Beziehungen zu den anderen Sippen spielen sich friedlich ab mittels Geschenken, die dem Schenkenden einen magischen Einfluß auf den Beschenkten verleihen. Um diesen Einfluß abzuschütteln, wartet der Beschenkte mit einem Gegengeschenk auf. In diesem Verfahren darf man wohl den Ursprung des Tauschhandels erkennen. Mit den gleichen Mitteln gewinnt der einzelne Ansehen, besonders wenn das Geschenk so bedeutend ist, daß der Schuldner seine Wirkung nicht auszugleichen vermag. Durch den auf diese Weise erzielten Prestigegewinn setzt sich ein Häuptling durch[29].

Den Indio des 15. Jahrhunderts müssen wir uns in Abhängigkeit von seiner Landgemeinde, aber eng verbunden mit seiner Familie vorstellen. Sich zu fragen, über welche Art von Besitz er verfügte, ist wohl unnötig. Er besaß eine Frau, Kleider, gewisse persönliche Gegenstände. Gehörte der Rest der Gemeinschaft, dem Monarchen oder etwa den Göttern? Wir wissen es nicht. Darüber verfügte der Inka auf Herrscherweise, und die gesetzlichen Fragen, welche die Spanier sich stellten, standen nicht zur Erörterung.

Wir haben festgestellt, daß in Collana jeder Ayllu in einem abgegrenzten Teil des Dorfes wohnte. So war es überall. Oft hauste der Ayllu gemeinsam in einer Siedlungsgemeinschaft aus mehreren Hütten, die eine Mauer umschloß. In Machu Picchu wichen die Häusergruppen durch die Aufteilung der Räume oder durch bauliche Merkmale, zum Beispiel durch die Bearbeitung des Steins, voneinander ab[30]. In Cuzco kam auf einen Ayllu, nicht auf eine Familie, eine derartige Baugruppe. Der Ayllu bildet also im besten Sinne die Gesellschaftszelle des vorkolumbischen Peru.

3. Die Gesellschaft: Das dualistische Prinzip

Die vier Arten von Indianern

Unter den Völkergruppen, aus denen der Kern des Inkareiches besteht, unterscheiden wir die Chimu, die Uru, die Quechua und die Aymara; sie alle sprachen verschiedene Sprachen.

Die Chimu, die wir bereits besprochen haben, wurden im 15. Jahrhundert von den Inka unterjocht; ihre fortgeschrittene Kultur spricht zu uns aus den Ruinen ihrer Hauptstadt wie aus den Zeichnungen der Töpfereien und den Mustern der Gewebe in den Grabstätten[1].

Die Uru treten unter den ersten Langköpfen des südamerikanischen Kontinents auf und scheinen uralten Ursprungs zu sein. Man vermutet auf Grund ihrer Vorliebe fürs Fischen, daß sie aus dem Amazonenbekken stammen. Die *totora,* das hohe Schilfrohr des Titicacasees, dient zum Bau ihrer einfachen Häuser auf Schilfinseln wie auch zur Fertigung ihrer anmutigen Boote. Sie sind primitiv geblieben, hausen heute an den Ufern des Desaguadero, des Abflußkanals des Titicacasees, und sind auf dem besten Wege, vollkommen zu verschwinden. Das Absinken des Seespiegels hat das Schilf vernichtet und sie ihrer Nahrung beraubt. Das Ansteigen des Wassers seit 1946 kommt zu spät. Jedoch waren die Uru zu der Zeit, die uns hier beschäftigt, noch zahlreich genug, um die Hänge der Anden vom See bis zum Pazifik zu bevölkern[2].

Die Quitchua und Aymara leben auf dem Hochland und weisen gemeinsame Züge auf. Ihre Hautfarbe ist ein olivenfarbenes Braun, infolge der hohen Lage ihrer Wohnstätte sind sie klein und stämmig, ihre weißen Zähne heben sich vom Blauschwarz ihrer Haare und ihren dunklen, eng zusammenstehenden Augen ab. Der Europäer findet sie wegen ihres dicken Schädels, ihrer breitgedrückten Nase, ihrer gewölbten Stirn und ihrer hervorstehenden Backenknochen wenig anziehend, erkennt jedoch ihre Eigenart an und vergleicht sie mit den Mongolen altaischer Prägung.

Die Quechua sind bei weitem am zahlreichsten, ihnen verdankt das Inkareich den Großteil seiner Untertanen. Die Aymara, die das Gebiet südlich und östlich des Titicacasees bewohnen, sind die Gründer des vor der Inkazeit in Blüte stehenden Tiahuanacoreiches gewesen[3]. Beide haben die gleichen physischen und physiologischen[4] Merkmale, aber die letzteren sind rauher und verschlossener als die ersten, ihre Gesichtszüge sind edler, ihre Erscheinung wirkt energischer.

Der Indianer, dessen Lebensweise wir beschreiben wollen, ist der Quechua. Aber waren die Inkaherrscher etwa selbst Quechua? Die Legende will uns einreden, daß sie einer anderen Rasse angehörten, doch berechtigt nichts zu dieser Annahme[5]. Zweifellos entspringt die Andeutung dem Wunsch, sich von der Menge abzuheben, eine Neigung, die es zu unterstreichen gilt, äußert sie sich doch in einem grundlegenden Dualismus.

Elite und Masse

Es ist wahrscheinlich, daß die erste Unterscheidung zwischen den Bevölkerungsschichten einfach die gewesen ist, die uns jede Geschichtsschreibung vermittelt: nämlich Sieger und Besiegte, Herrscher und Beherrschte. Doch tritt sie uns in Peru dadurch in einem eigenartigen Licht entgegen, daß sie hier einen ausgesprochen vernunftgemäßen Charakter annimmt. Die Beziehungen zwischen den beiden auf diese Weise gebildeten Klassen verdanken ihre Entstehung logischen Erwägungen und nicht einer blinden Willenskraft; zwischen ihnen erhebt sich keine unüberbrückbare Kluft, weshalb wir uns hier vor jedem Vergleich mit einem Kastensystem hüten und eher von Elite und Masse sprechen müssen[6].

Dieser Dualismus erstreckte sich ausnahmslos auf alle Ausdrucksformen, sowohl auf die materiellen wie die spirituellen. Eigentümlicherweise erfaßte er auch die Vergangenheit. Wir wissen ja, daß der Indio aus dem Volk nur eine revidierte Geschichtsüberlieferung kannte, aber die Mitglieder der Oberschicht wußten über die dergestalt verborgenen Schattenseiten früherer Herkunft dennoch Bescheid. Sofort nach seinem Einzug wählte der Kaiser einige Indianer, die ein geschultes Gedächtnis besaßen, und ernannte sie zu Geschichtsschreibern der Regierung; auf Quechua gab es dafür eine besondere Bezeichnung: *Pacariscap Villa.* Diese Fachgelehrten hatten den Auftrag, alle Ereignisse mittels Knotenschnüren festzuhalten und Berichte auszuarbeiten, die nur für die Oberschicht bestimmt waren[7]. Außerdem zog der Inka Pachacutec, ein großer Reformator, von dessen Erneuerungsplänen wir noch oft sprechen werden, Indianer in die Hauptstadt, denen eine umfassende Kenntnis der Vergangenheit nachgesagt wurde. Er ließ ihre Aussagen auf gemalten Täfelchen festhalten und diese in einem besonderen Gebäude in der Nähe von Cuzco aufbewahren, zu dem niemand ohne Genehmigung Zutritt erhielt. Aufschlußreich ist, daß diese vom Monarchen eingeführte Forschungsmethode im 16. Jahrhundert vom Vizekönig Francisco de Toledo übernommen wurde.

Das auf diese Weise gegründete kaiserliche Archiv war somit besonders ausgewählten Wächtern und Deutern anvertraut[8]. Die für die Masse ausersehene Geschichtsdarstellung wurde beim Tode eines jeden Monarchen von einem Ausschuß hoher Staatsbeamter und Weiser ausgearbeitet, der die während der abgelaufenen Regierungszeit eingetretenen Ereignisse prüfte und entschied, welche der Erinnerung erhalten bleiben sollten. Sprecher und Sänger wurden über die Themen aufgeklärt, die als Text zu ihren Erzählungen und Gedichten verwendet werden durften. Zum Beispiel wurde die Niederlage des Inka Urco durch die Chanca stillschweigend übergangen[9].

Können wir unter diesen Umständen überhaupt erfahren, wie die wirkliche Geschichte der Inka verlaufen ist? Wir wollen versuchen, die Ereignisse der Herrscherreihe zusammenzustellen, trotz der absichtlichen und unabsichtlichen Auslassungen und Veränderungen der einheimischen Traditionsbewahrer und trotz Unzulänglichkeit und mangelnder Einsicht der Chronisten. Um uns das Leben des Indianers in seiner ganzen Lebendigkeit vorzustellen, ist es unerläßlich zu wissen, wie er als Glied der Oberschicht, dem die wahre Kenntnis der Vergangenheit zugänglich war, über seine Vorgeschichte dachte[10].

Was der Indianer der Elite wußte: Die wirkliche Geschichte der Inka

Die offizielle Geschichtsfassung beginnt bei Manco Capac, der sich angeblich als erster im Tal von Cuzco niederließ, in Wirklichkeit aber die vorigen Besitzer enteignete, denn ihre totemistischen Namen wurden für die Viertel der entstehenden Stadt beibehalten. Sie hießen das Viertel der Kolibri, der Weber, des Tabaks, das gemischte Viertel. Der Herrscher bewohnte den Sonnentempel, gehörte also zur Unterstadt – Hurin – und sicherte somit diesem Viertel den Vorrang.

Manco Capac ist sehr wahrscheinlich ein mythologischer Name, der eine gesamte Dynastie bezeichnet und nicht eine Einzelpersönlichkeit. In der Zeitrechnung der Indianer folgt ihm Sinchi Roca nach, auf den dieselbe Behauptung zutrifft, und zwar mit um so größerer Sicherheit, als die Bezeichnung Sinchi ein zur Kriegführung bestimmtes Oberhaupt bedeutet. Die

DER STAMMBAUM DER INKA

Notwendigkeit der Befehlseinheit ist der erste Keim zur Einigung der zerstreuten Stämme gewesen, denn es ist leichter, sich «gegen» etwas als «für» etwas zu einigen. Die Vereinigungen der Ahnengemeinden, das heißt die Ayllu, sind möglicherweise aus diesem Gebot zur Verteidigung heraus entstanden. Hauptleute haben somit ihre Macht kundgetan und werden unter dieser Bezeichnung zusammengefaßt. Nach Manco Capac, der einen Stamm befehligte, somit eine beschränkte Einheit, gehen wir zu Sinchi Roca über, der bereits einem Bund vorsteht.

Normalerweise wird in solch einem Fall der Häuptling von den Verbündeten gemeinsam gewählt. Dies geht aus dem Hinweis des Chronisten hervor, daß der älteste Sohn von Sinchi Roca keineswegs auf seinen Vater folgte. Mit anderen Worten: es gab im Bereich der Macht noch keine Erbfolge der Kinder.

Zur Zeit der Sinchi umschloß das unterworfene Gebiet nur einige dem Cuzcotal benachbarte Täler und ging in südlicher Richtung nicht über den Knoten von Vilcañota hinaus.

Nach Sinchi Roca begegnen wir Lloque Yupanqui, der ein Mensch von echtem Schrot und Korn gewesen sein muß, denn er tritt uns mit höchster Eigenart entgegen, was ihn von seinen Vorfahren und Nachfolgern unterscheidet: er ist friedliebend und hält den Stammesbund durch Bündnisse aufrecht. Immerhin muß er Kriege führen, doch überträgt er seinem Sohn den Oberbefehl über die Streitkräfte. Im ganzen dürfen wir seine Regierung eher eine Zeit der Konsolidierung als der Ausdehnung nennen.

Maita Capac, der vierte Sohn von Lloque Yupanqui, ist dagegen von früher Jugend an zum Kampf bestimmt. Obschon eine Frühgeburt, verfügt er dennoch über fürchterliche Kräfte. Er vernichtet den Bund der Alcabiza, fällt ins Collao-Gebiet ein und dringt bis zu den Ufern des Titicacasees vor, den er auf Booten überquert. Im Westen steigen die Hochlandtruppen zum ersten Mal die Andenhänge hinab und stoßen bis nach Arequipa vor. Die Machtergreifung von Capac Yupanqui ist von Geheimnis erfüllt. Die Chronisten vermuten, daß er seine Brüder getötet oder sie zum mindesten gezwungen habe, zu seinen Gunsten abzudanken. Er hat die große Hängebrücke über den Apurimac, das Ausfalltor zu neuen Eroberungen, bauen lassen. Er knüpft Beziehungen an mit den Andahuaila – oder Andahnayla –, die ihm freundlich entgegenkommen. Dieses reiche Volk ist leider ein Nachbar der mächtigen und kriegerischen Chanca und bekennt sich daher gerne zu einem Schutz- und Trutzbündnis mit Cuzco.

Dank einer zweiten, ebenfalls berühmt gewordenen Brücke, der Floßbrücke über den *Desaguadero,* den Abflußkanal des Titicacasees, dringt das Heer südlich des Sees in Gegenden vor, die heute zu Bolivien gehören: zum Pooposee und dem Tal von Cochabamba.

Dieser Herrscher scheint der erste große Eroberungstechniker gewesen zu sein, dank seines Organisationstalents im Beförderungswesen, Straßen- und Brückenbau und des Einsatzes der *mitimaes,* die in der Aussiedlung von ganzen Völkerschaften zur

GNADE UND GROSSZÜGIGKEIT
EINES INKAHERRSCHERS GEGENÜBER BESIEGTEN

Erreichung höherer Ziele bestanden und auf deren Wesen und Funktion wir später noch zurückkommen werden.

Die Dynastie des Hoch-Cuzco

Mit dem Inka Roca setzt ein neuer Geschichtsabschnitt der Inka ein. In der Tat gehört dieser Monarch zu den Hanan Cuzco, also zur Phratrie von Hoch-Cuzco. Woher kommt diese Veränderung? Darüber mit Sicherheit auszusagen, ist nicht leicht, denn die Hofdramen haben verständlicherweise in der Geschichtsschreibung für Volksaufklärung keinen Platz, und die Wächter der Knotenschnüre – der wirklichen Urkunden des Staatsarchivs, deren Wesen und Rolle wir später ausführlich beschreiben werden – haben den spanischen Chronisten nur unklar Auskunft gegeben. Vielleicht ist die Hauptstadt der Schauplatz eines düsteren Familiendramas gewesen, denn eine Frau, die als Konkubine von Capac Yupanqui Erwähnung findet, tritt später als Gattin des Inka Roca auf. Ist es ihr etwa gelungen, durch Vergiftung des Kaisers von Hurin Cuzco einen aus Hanan Cuzco auf den Thron zu heben, wie Pater M. de Morua behauptet? Hier sind wir auf Vermutungen angewiesen.

Wie dem auch sei, von nun an trägt der Herrscher den Titel Inka. Dieser darf nun nicht mehr in der Unterstadt wohnen und läßt sich einen Palast in der Oberstadt errichten; fortan baut jeder Inka seine eigene Residenz. Der Sonnentempel dient nur noch dem Gottesdienst. Auch ist es möglich, daß in diesem

Augenblick sich die Trennung zwischen dem religiösen und dem staatlichen Element der Hierarchie, zwischen Hohepriester und Herrscher, vollzog, während früher eine und dieselbe Persönlichkeit die beiden Titel auf ihrem Haupte vereinigte.

In derselben Gedankenordnung darf Inka Roca als der erste Kaiser betrachtet werden, der sich um die Ausdehnung und Verschönerung der Hauptstadt bemüht hat. Ihm sind die Schulen zu verdanken, in denen die Weisen lehrten.

Dieser unternehmungslustige Souverän, der durch einen Staatsstreich zur Macht gelangte, muß zunächst seine Machtbefugnis untermauern, indem er die Partisanen der Hurin Cuzco und eine Reihe von Ayllu-Führern aufs Haupt schlägt, die die Gelegenheit nutzen wollten, um ihre Unabhängigkeit zu erlangen. Hernach sieht er sich gezwungen, die Chanca zu bekriegen, die gleichfalls geglaubt hatten, der Augenblick sei gekommen, sich gegen ihre Nebenbuhler aus Cuzco aufzulehnen, nachdem sie die Andahuailas unterworfen hatten. Er drängt Chanca nach Westen zurück und befreit die letzteren, die in die gefährliche Lage eines Pufferstaates zwischen den beiden mächtigsten Stammesbünden des Andenhochlandes geraten waren: der Chanca (aus Ayacucho) und der Inka (aus Cuzco).

Diese Kriegstaten hindern den Herrscher nicht, der Siegesfeier einen Anflug von Pracht zu verleihen, der später beibehalten wurde: Tanz und Festschmaus inmitten von Blumen und Gesang gesellen zum Waffenruhm auch das Ansehen des Gepränges, was vom Glück der Stunde wie vom Vertrauen auf die Zukunft zeugen soll, welche keineswegs so sicher scheint; denn der Bund stützt sich auf Bande, deren Zuverlässigkeit nicht erprobt ist. Im Verfolg undurchsichtiger Liebeshändel und einer gewaltsamen Entführung wird ein Sohn des Inka Roca mit dem Tode bedroht. Bei dieser Nachricht bricht er angeblich in Tränen aus, aber die Mörder stellen mit Entsetzen fest, daß es blutige Tränen sind. Man läßt ihm das Leben, und der junge Mann entflieht mit der Konkubine seines Entführers, trifft wieder in Cuzco ein und wird brauchgemäß Nebenherrscher des Monarchen unter dem Titel Yahuar Huacac: der, welcher blutige Tränen weint.

Auf diese Weise vom Schicksal gezeichnet, scheint der Herrscher schwach und zur eigenen Verteidigung unfähig geworden zu sein. Die Volksgeschichte übergeht ihn stillschweigend, und sein Tod bleibt unaufgeklärt. Indessen sind zwei Lesarten bekannt: nach der einen soll er bei einem Fest von einem der Stammeshäupter erschlagen worden sein in dem Augenblick, als er gegen die Colla in den Krieg ziehen wollte. Aus diesem Grunde sollen die Wächter der Knotenschnüre, die Bewahrer der wahren Geschichtsurkunden, die Tatsachen schamhaft zu verbergen gesucht haben, als sie von den Spaniern verhört wurden. Nach der anderen Deutung hätten die Chanca die Inka angegriffen; Panik sei in dem gänzlich unvorbereiteten Cuzco ausgebrochen, sogar der Kaiser habe die Stadt verlassen. Da sei der Sohn mit eiligst angesammelten Truppen gegen den Eindringling angetreten, den er zurückgeschlagen habe. Nach dem Sieg sei eine heftige Auseinandersetzung zwischen Vater und Sohn entstanden, wobei der erste zum freiwilligen Exil gezwungen worden und dort im Elend gestorben sei, während der zweite unter dem Namen Viracocha den Thron bestiegen habe.

Das Hauptereignis im Augenblick des Regierungswechsels ist der Einfall der Chanca. Dieser gefährliche Stammesbund, der die Indianer der Gebiete von Ayacucho, Vilcas, Cangallo, Huanta, Huamanca, Huancavelica umfaßte, unterschied sich kaum von dem des Cuzco. Auch sie behaupteten, von einem See, dem von Choclococha – dem See der Maiskolben, ein Name, der auf eine Ortslegende zurückgeht – herzustammen. Vielleicht waren sie ein weniger geeinter Bund als jener der Inka, denn ihre Phratrien gingen unter dem Befehl ihrer eigenen Häuptlinge in die Schlacht. Sie waren auch rauher und grausamer als ihre Nebenbuhler und standen ihnen in Prachtliebe nicht nach. Ihre Würdenträger trugen reiche Gewänder aus Vicuña- oder Lamawolle, die mit Zeichnungen von Tieren oder Ungeheuern geschmückt waren. Von den Leuten von Cuzco unterschieden sie sich besonders durch Gesicht und Haartracht. Mit dem aus Huancavelica-Quecksilber gewonnenen Zinnober zogen sie ockerfarbene Linien unter die Augen. Sie trugen Mützen und Turbane oder gingen barhäuptig, zuweilen ließen sie sich eine Tonsur schneiden oder den Bart wachsen.

Der Mißerfolg ihres Versuches, Cuzco zu besiegen, hielt eine Zeitlang den Ausdehnungsdrang der Chanca in Schach, untergrub aber keineswegs ihren Machtwillen. Dank seines Erfolges hatte Viracocha allen Spielraum, um der Palaststreitigkeiten, die bei seiner

Machtergreifung einsetzten, Herr zu werden. Natürlich suchten die Hurin Cuzco den Regierungswechsel auszunützen, um wieder an die Macht zu gelangen. Da sie die religiösen Amtsbefugnisse ausübten und den Sonnentempel in ihrer Gewalt hatten, drohte der Zusammenstoß bedrohliche Ausmaße anzunehmen. Viracocha bemühte sich um die Beruhigung der Gemüter, aber erst sein Nachfolger erreichte die Lösung der heiklen Frage, indem er eine Reform des Gottesdienstes einführte.

In der Folge hütete er sich, die Chanca anzugreifen, und suchte seine Unternehmungslust auf anderen Gebieten zu befriedigen. So ersann er neue Musterungsmethoden und trachtete danach, seine Machtstellung zu befestigen, bevor er sich in neue Abenteuer stürzte. Jeder Inka begann nämlich seine Thronbesteigung mit einer durchgreifenden Inspektionsreise des gesamten Hoheitsgebietes, um die bestehenden Bande mit den verschiedenen Stämmen zu festigen und den einen oder anderen daran zu hindern, sich zu erheben und seine Unabhängigkeit wiederzuerlangen. Hernach wandte sich Viracocha dem Collao-Land zu, wo seine bevorstehende Ankunft schon ausreichte, um die Hauptführer zur Übergabe zu veranlassen, bevor sie sich noch zu einem ungleichen Kampf herausgewagt hätten.

Der von Viracocha zur Mitregierung ausgewählte Sohn hieß gewohnheitsgemäß Inka Urco. Als der alte Souverän sich in sein Landhaus zurückzog, begann Urco, Vergnügungen und Lastern zu frönen. Der besonders glaubwürdige Cieza de Leon zeichnet ihn als zügellosen Trunkenbold und hebt sogar Einzelheiten von erschreckender Roheit hervor. Zu allem Unheil war dieser Eingeborenenhäuptling auch noch feige. Die Chanca aber wußten über die Lage Bescheid und hielten den Augenblick zum Handeln für gekommen.

Der Mann der Vorsehung

Der altersschwache Viracocha beschloß, mit seinem Hofstaat abzuziehen. Wieder einmal erschien der Mann der Vorsehung in der Gestalt eines Sohnes dieses Monarchen, Cusi Yupanqui, bekannter unter dem Namen Pachacutec, den er hernach tragen sollte. Dieser setzte sich an die Spitze der Truppen, teilte den Widerstand ein und brachte mehrere benachbarte Stämme dazu, sich auf seine Seite zu schlagen. Infolgedessen wiederholte die Geschichte sich seltsamerweise zu Beginn und am Ende der Regierung von Viracocha: Angriff der Chanca, Flucht des Monarchen, Auftauchen des Helden, der den Eindringling aufs Haupt schlägt und seinerseits das Szepter ergreift. Aber dieses Mal wird der Fall wegen der Anwesenheit Urcos, des rechtmäßigen, von seinem Vater ernannten Herrschers, schwierig, weil der greise Souverän im Bewußtsein seiner Macht und seiner Unfehlbarkeit nicht zugeben will, daß er sich in seiner Wahl getäuscht hat.

Die Chanca vertrauten ihrer Kraft aber allzusehr und ließen sich von Viracocha hinters Licht führen, der ihre Abgesandten empfing, sich zur Unterwerfung bereit erklärte und die Vorbereitungen seines Sohnes zum Widerstand in Abrede stellte. Mit der jugendlichen Vermessenheit eines von seiner Familie Verleugneten glaubten sie, leichtes Spiel zu haben. Aber der künftige Pachacutec hatte ein Spionagenetz ausgelegt, das ihn über die Schachzüge des Gegners aufklärte. Er verteilte seine Soldaten auf die günstigsten Stellungen, brachte Opfer dar und wußte seine Truppen durch die Bekanntgabe eines Gesichtes zu begeistern, das ihm geworden war: die Sonne habe höchstpersönlich ihre Hilfe zur Erlangung des Sieges zugesagt.

Die Chanca stoben den Hügel von Carmenca, der Cuzco beherrscht, herab, griffen in ungeordneten Haufen an, legten ihre Lanzen ein und stießen bei dem Gedanken an die reiche Beute, welche die zu ihren Füßen liegende Stadt verhieß, ein Freudengeschrei aus. Ihre Gesichter waren rot und schwarz bemalt, ihr Haupthaar geölt und in Zöpfe geflochten. Aber die Angreifer fanden den Gegner zu ihrem Empfang bereit, er erwiderte ihre Pfeile mit Schleudersteinen, ihre Lanzenstiche mit Keulenschlägen. Viele stürzten in tiefe, im voraus ausgehobene und sorgfältig verdeckte Gruben. Und während sie in den Vorständen kämpften, warf sich Fürst Cusi, das Haupt mit einem Pumafell bedeckt, an der Spitze seiner Kriegerelite gegen die hinter ihrem Götterbild voranstürmende Flanke. Dies Idol führten die Chanca mit, um ihre Krieger anzufeuern und es hernach im Triumphzug vor sich herzutragen. Die Indianer der benachbarten Stämme, die seit langem auf diesen Zusammenstoß brannten, hatten sich auf den Hügelketten massiert und warteten nur darauf, daß der Kriegsgott den Sieg entschied, um ihrerseits bequem und gefahrlos auf der Seite des Siegers auf der Walstatt zu erscheinen.

Nach stundenlang ungewissem Kriegsglück gelang es Fürst Cusi endlich, sich des Götterbildes zu bemächtigen, während die Verteidiger von Cuzco sich noch immer in den Außenbezirken der Stadt herumschlugen. Dem Kriegsgeheul der Inka antwortete das Geschrei der Zuschauer, die glaubten, die Sache der Chanca stehe schlecht, da ihr Gott sie verlasse, und sie begannen, sich auf die Seite der Cuzcoleute zu schlagen. Unter den Angreifern entstand ein entsetzliches Gemetzel.

Nach altem Brauch begab der Fürst sich unverzüglich vor das Antlitz seines Vaters Viracocha, um ihm mit seiner Beute, dem feindlichen Götterbild, den Gewändern und Kostbarkeiten wie dem Kopfschmuck der Feinde seine Huldigung darzubringen. Mit unglaublichem Eigensinn forderte der Souverän, daß diese Ehrung seinem Sohne Urco, den er nach wie vor als Herrscher verehrt wissen wollte, zuteil werde. Allein der junge Fürst weigerte sich, dies zu tun. Ein Chronist behauptet sogar, daß dem Sieger von seinen eigenen Landsleuten auf dem Rückmarsch in die Hauptstadt ein Hinterhalt gelegt worden sei, der jedoch dank der Wachsamkeit seiner Gefolgsleute fehlgeschlagen sei.

Die Nachricht eines Siegers, der über ein im gesamten Andengebiet gefürchtetes Volk erfochten wurde, verbreitete sich bald über das ganze Hochland, worauf ein großer Teil der Gebirgsstämme sich freiwillig der Inkaherrschaft beugte.

Indessen waren die Chanca noch lange nicht vernichtet. Doch ließ Fürst Cusi ihnen keine Zeit, eine neue Armee aufzustellen. Auf dem Flachland griff er sie von neuem an, warf sie zurück und hetzte sie ohne Rast noch Ruh bis in die Gegend der Andahuailas zurück.

Nach seiner Rückkehr begab er sich abermals zu seinem Vater, der ihn diesesmal traditionsgemäß empfing, hinter der Kriegsbeute einherschritt und seinen Entschluß kundtat, den zum Erben anzunehmen, der so viele Beweise von Klugheit und Tapferkeit gegeben hatte.

Die ersten Würdenträger des Reiches beschlossen ihrerseits, den unfähigen Urco abzusetzen und ihm den Eintritt in die Stadt zu versagen. Die Frau dieser traurigen Gestalt verließ sogar die Mauern und ging nach Cuzco. Urco bemühte sich zwar, im Tal von Yucay ein paar Partisanen zusammenzutreiben und eine Verschwörung anzuzetteln, doch starb er kurz darauf eines grausamen Todes, sei es bei dem Versuch, seinen Plan durchzuführen, sei es in der Schlacht bei Collao.

Endlich stand das Reich festgefügt da, und sein Gründer Pachacutec, bestrahlt vom Glanz seines Ruhmes, wurde von der Masse seines Volkes wie ein Gott verehrt. Auf dem Hügel von Carmenca, auf dem sich die ersten, soeben geschilderten Kämpfe abgespielt hatten, wurden die Köpfe der Chanca-Häuptlinge auf Pfählen aufgespießt, darunter baumelten ihre mit Stroh und Asche ausgestopften Häute. Dies Siegeszeichen des Monarchen sollte allen denen, die die Stadt zum erstenmal betraten, besser als jeder Kriegsbericht begreiflich machen, daß dem Inka gegenüber nichts anderes übrigbleibe als vollständige Unterwerfung.

Der Reformator des Weltbilds

Pachacutecs Aufstieg zur Macht vollzog sich vor der Mitte des 15. Jahrhunderts. Zu jener Zeit kannte der Indianer dank der Erzähler in großen Zügen den soeben wiedergegebenen Geschichtsabschnitt, das heißt, seinen ruhmreichen Teil. Kriegführer und Staatsbeamte der kaiserlichen Hierarchie zogen daraus Stolz und Begeisterung. Selbst der Herrscher traute sich nun alles zu und trachtete nach dem Äußersten. Das gewaltige Bauwerk verwaltungstechnischer, militärischer und religiöser Dienste, das wir auf den folgenden Seiten zu untersuchen haben, ist unter seiner Regierung mit dem von seinen Vorfahren im Lauf der Zeit überlieferten Werkzeug und in Zusammenarbeit mit dem gesamten Volk errichtet worden. Die Geschichte der Ereignisse tritt nun an die zweite Stelle.

Dennoch hörten die Kriege nicht auf. Vom Schwung seines Erfolges getragen, warf sich das erwählte Volk auf die Eroberung aller Nachbargebiete, ging jedoch mit Vorsicht und einer bis ins kleinste durchdachten Kriegsmaschine zu Werke, um jedes Gefahrenmoment möglichst auszuschalten. Auf allen Gebieten ging die Planung weiter. Im Norden fielen die schon oft erwähnten Andahuaila, die Sora, die Rucana unter sein Zepter, und die Leute aus Cuzco, die

Chinca verdrängend, erreichten den Ozean. Wir wissen bereits, wie die Hochlandindios sich durch die Errichtung von Rastlagern auf halber Höhe der Kordilleren nach und nach an das Küstenklima gewöhnten und wie sie durch Ableitung der Bewässerungskanäle und Vernichtung der Ernten mit dem feindlichen Widerstand fertig wurden.

Chuquimancu hielt im Schutze seiner Festungen lange aus. Cuismancu ergab sich kampflos, und der Tempel von Pachacamac fiel in die Hände der Inka.

Indessen stellten die Völkerschaften der Hochebene nach wie vor eine Bedrohung dar. Die Colla am Ufer des Titicacasees waren in reiche, unter der Herrschaft von Fürsten stehende Stämme unterteilt, die über ihre Unabhängigkeit eifersüchtig wachten; einige von ihnen, namentlich Hatun Colla und Chucuito, konnten ansehnliche Truppen auf die Beine bringen und sich sogar mit den Inka messen, wenn es galt, ein gemeinsames Heer aufzustellen. Ihre Soldaten gehörten zum größten Teil der überaus rauhen und kriegstüchtigen Rasse der Aymara an.

Diese Gebiete waren schon früher unterworfen worden, jedoch blieben die Bande der Lehensherrschaft auf Grund der großen Entfernungen und mangels entsprechender Organisation locker, so daß die Fürsten bei jedem Regierungswechsel in Cuzco ihre Freiheit von neuem zurückgewannen. Da vernichtete Pachacutec die Armee des Herrn von Hatun Colla in zwei Feldschlachten. Der Sieg gestattete es ihm, die feindliche Hauptstadt zu besetzen; der Herr von Chucito aber beugte freiwillig das Knie.

Sodann wandte der Kaiser seinen unerbittlichen Schritt gegen die Völker des Nordens. Der Geschichtsschreiber gewinnt den Eindruck, daß er wild um sich schlägt, hier einen Prankenhieb austeilt, dort energisch zupackt, wie um sich den ihm zukommenden Platz zu sichern. Meist waren es harte und gefahrvolle Unternehmungen, denn die Widersacher lebten nicht selten in einem Zustand, der den Inka wild und primitiv erschien und auf jeden Fall nicht der Verschlagenheit und Grausamkeit entbehrte. So verbrannten die Huanca-Stämme der Jauja-Gegend ihre Gefangenen und behielten nur Hautfetzen als Siegestrophäen zurück; sie liebten den Hund, aßen mit Vorliebe sein Fleisch und machten aus seinem Schädel Trompeten, die sie zur Begleitmusik ihrer Tänze oder zur Anfeuerung ihrer Krieger in der Schlacht verwendeten.

Bei den niedergerungenen Huanca ließ Pachacutec das Gesetz der Klugheit walten, das ihm einen größeren und vor allem dauerhafteren Erfolg sicherte als der bewaffnete Einfall. Seine Gefangenen brachte er nicht um, sondern schenkte ihnen die Freiheit; die Dörfer verwüstete er nicht, begann vielmehr sofort mit der Durchführung von Verbesserungsarbeiten, auf die wir noch zurückkommen werden. Auf diese Weise gewann er die Treue seiner ehemaligen Feinde.

Der General Capac Yupanqui, ein Bruder Pachacutecs, der das kaiserliche Heer befehligte, rückte bis zum Bombon- oder Junín-See vor, beging aber zwei grobe Fehler: er weihte eine Konkubine in ein Staatsgeheimnis ein und überschritt seine Vollmachten, indem er das Land der Conchuco unterwarf, ohne dazu den ausdrücklichen Befehl zu haben. Daher entging er trotz seines Sieges nicht der Strenge des Gesetzes und wurde zum Tode verurteilt. Dieser Richterspruch wirft ein grelles Licht auf den festen Schutzwall der kaiserlichen Militärmacht; wir müssen diesen Punkt näher ins Auge fassen, um den Geist des Staatsgefüges und die Herrscher besser zu verstehen.

Nach Süden, Norden und Westen ausgedehnt, war das Reich jedoch im Osten von einer Kraft in Schach gehalten, die zu überwinden bislang keiner Waffe gelungen war, nämlich dem Urwald. Pachacutec versuchte einen ersten Vorstoß in die grüne Finsternis. Aber kein menschlicher Gegner ist so gefährlich wie der Dschungel, und die kaiserlichen Truppen, vom Klima und den wilden Tieren dezimiert, wichen beschämt auf das Hochland zurück.

Nun setzte der Kaiser sich selbst an die Spitze seines Heeres. Er hatte soeben die Schwelle des Urwalds erreicht, als ihn ein Ruf aus Cuzco erreichte: Colla-Gefangene waren entwichen, in ihr Land zurückgekehrt und im Aufstand.

Nach altem Brauch wählte Pachacutec einen seiner Söhne aus, um die Macht mit ihm zu teilen; die Wahl fiel auf Amaru, den ältesten Sohn seiner rechtmäßigen Gattin. Beide traten zum Vormarsch nach dem Süden an und wiesen die Colla in die Schranken. Dann kehrte der Kaiser in die Hauptstadt zurück und überließ seinem Sohn die Beendigung des Feldzuges. Dieser Fürst war furchtsam und unfähig, daher mußten seine Brüder und seine Generale die Truppen zum Siege führen. Pachacutec, davon in Kenntnis gesetzt, berichtigte seine Wahl und ersetzte Amaru durch Tupac Yupanqui.

Im Lauf dieser Unternehmung drang ein Teil des Heeres von neuem in die unberührte Wildnis ein in der Hoffnung, auch in dieser Himmelsrichtung die Grenzen des Reiches vorzutreiben. Jedoch hörte man nie mehr davon, und der Kaiser erfuhr, der große Pachacamac habe seinem Volk endgültig untersagt, das grüne Geheimnis zu entschleiern – jenes Geheimnis, das die feuchtheiße Welt von Wachstum und Schlamm, endlos ausgreifend in Richtung auf das heilige Land, aus dem die Sonne jeden Morgen zu ihrem Besuch bei den Menschen aufbrach, eifersüchtig barg.

Es geschah auch während der Gemeinschaftsregierung Pachacutecs und Tupac Yupanquis, daß der letztere das Königreich der Chimu bekriegte. Dabei leisteten ihm die Untertanen von Cuismancu und Chuquimancu wertvolle Hilfe, waren sie doch mit ihren mächtigen Nachbarn aus dem Norden, mit denen sie früher zahlreiche Kämpfe ausgefochten hatten, aus alter Gewohnheit verfeindet und überdies an das Küstenklima gewöhnt. Die Chimu verfügten ihrerseits über eindrucksvolle Verteidigungsstellungen, doch hatten ihre Führer, verweichlicht von einem Leben des Luxus und der Vergnügungen, den Kampfgeist ihrer Ahnen eingebüßt. Der König war entschlossen, zu den Waffen zu greifen, aber seine Ratgeber überzeugten ihn von der guten Gelegenheit, mit einem Gegner zu verhandeln, dessen Truppen kampfgeschult waren und der bei früheren Siegen seine Milde bereits bewiesen hatte. Tatsächlich behandelte der Inka seinen neuen Lehensmann hochherzig, ließ ihn in seiner Machtstellung und berief eingedenk der Grundsätze, die ihn die altbewährte Politik der Klugheit beachten hießen, dessen Söhne zur Ausbildung nach Cuzco.

Die letzten Inka: Der Höhepunkt des Reiches

Nach dem Tode Pachacutecs und dank seiner zahlreichen Reformen steht das Reich nunmehr geeint da. Rufe zum Aufstand bei jedem Regierungswechsel werden nicht mehr laut. Straßen verbinden die einzelnen Städte, Boten eilen mit Befehlen und Berichten von Stützpunkt zu Stützpunkt. Die Statistik beginnt zu arbeiten, Inspektoren stellen die genaue Durchführung der Gesetzesmaßnahmen sicher, die Führerschaft bedient die Hebel des gewaltigen Wirtschafts- und Verwaltungsräderwerks mit erprobter Sicherheit. In den Augen des Beobachters bildet die Nation von nun an einen einheitlichen, mehr und mehr zentralisierten und gegliederten Block, dessen Grenzen ein militärischer Zonengürtel umschließt.

Auch die Geisteshaltung des Indianers aus dem Volk, die ihn hinfort nicht mehr verlassen soll, tritt deutlich zutage. Er wird zu einem Herdentier, das dem Ruf eines unsichtbaren Hirten gehorcht. Je mehr das Reich an Ausdehnung und Macht zunimmt, desto unsichtbarer geht der einzelne in der Masse unter.

Nun spielen die Kriege sich an den Grenzen der zivilisierten Welt ab, und der Krieger braucht viele

Tagemärsche, um die Kampfzone zu erreichen. Übrigens leben außerhalb der Reichsgrenzen, von Ausnahmen abgesehen, nur noch zurückgebliebene und arme Völkerschaften. Diese gilt es im Laufe der Zeit zu erkunden und zu unterwerfen, damit der Friede des Inka endlich über die Welt herrschen kann.

Jenseits des eingeschlossenen und malerischen Tals von Urubamba, unweit von Cuzco, erstreckte sich jener bedrohliche, beunruhigende Urwald, der den unbezwinglichen Pachacutec bezwungen hatte. Von Zeit zu Zeit tauchten aus ihren grünen Schlupfwinkeln wilde Indianerhorden auf und stießen behende auf das Hochland vor, wo sie lohnende Beutezüge durchführten, wenn sie einmal zwischen den auf ihrer Anmarschstraße verstreuten kleinen Forts durchgeschlüpft waren. Tupac Yupanqui traf sorgfältige Vorbereitungen für Feldzüge, die den großen Fluß Amaru – den heutigen Madre de Dios – erreichten; dort fuhren sie in Richtung auf den Beni flußabwärts. Die Einwohner dieser ungeheuren Waldwüste zu unterwerfen war freilich unmöglich; immerhin erweckte der Durchzug von Truppen, die eine große Anzahl von Wilden dieser Gegend, die sich zu einem Widerstand aufgeschwungen hatten, töteten, Angst vor dem mächtigen Gegner und minderte die Zahl der Feindeinfälle aus dem Land der Wälder in die Andentäler beträchtlich herab.

Jedoch rieb der Kaiser sich an einem anderen Widerstandsblock wund, als er sich in den äußersten Süden vorwagte. Er mußte nämlich die gefährlichste Wüste von Atacama durcheilen und stieß danach auf gutgeordnete und auf ihre Unabhängigkeit besonders eifersüchtige Kriegerstämme: die Araucan. Er warf sie zurück, merkte aber bald, daß er nicht imstande sein würde, sie niederzuringen, da ihr Widerstand bei weiterem Vormarsch nur noch heftiger wurde. Auch war er von den Grenzen seines Reiches schon weit entfernt und beschloß daher, die Südgrenze des Reiches am Fluß Maule festzulegen.

Nun wandte der Kaiser den Blick gen Norden. Das Königreich der Cara, das auf dem Hochland blühte, bildete die natürliche Verlängerung des peruanischen Gebiets; der Ruf seines Reichtums erregte den Neid des Herrschers von Cuzco. Vom Inkareich war es durch das von den Cañari besetzte Land getrennt, einem wegen seiner Tapferkeit, seiner Geschicklichkeit und Wildheit berühmten Stamme.

Tupac Yupanqui sicherte sich Ausgangsstellungen: zuerst im Hochtal des Amazonas und in Cajamarca, sodann durch Unterwerfung der Völkerschaften in östlicher Richtung auf Chachapoyas zu, wo der Urwald seiner Expedition wieder einmal Einhalt gebot, und schließlich im Westen in Richtung auf Piura, wo er Tumbez erreichte und am Golf von Guayaquil innehielt. Erst dann schritt er zur Eroberung des Cañar-Randes. In harten Kämpfen wurden die feindlichen Häuptlinge getötet oder gefangengenommen, doch erwies der Inka sich als großherzig und verstand, sich die Neigung des besiegten Volkes zu erwerben. Er ließ Straßen, Tempel, Paläste und öffentliche Kaufhäuser bauen und gründete in ihrer Hauptstadt Tomebamba, die er groß und reich machte, sogar eine Residenz. Auf diese Weise wurden die Cañari die treuesten Untertanen des Inka, um so mehr, als sie hinfort die Leibgarde des Monarchen stellten.

Diese Stadt wurde nun die Operationsbasis gegen das Königreich der Cara. Der Krieg war einer der längsten und blutigsten, den die Inka zu bestehen hatten, und die Männer von Cuzco sahen manchmal das Kriegsglück schwanken: so versagten sie vor Mocha und verloren die gesamte Provinz Puruha mit der Stadt Latecunga. Endlich winkte ihnen die Siegespalme: sie marschierten in die Hauptstadt Quito ein, die einmal die große Nebenbuhlerin Cuzcos werden sollte.

Noch weiter nördlich rückte der Inka vor und machte endlich am Flusse Ancasmayo halt, der die nördliche Grenze des Reiches wurde.

Dann stieg er die Hänge der östlichen Kordillere hinab, gelangte an die grüne, von den wilden Jivaro verteidigte Urwaldschranke und erreichte mit einer Schwenkung westlich der Kordillere das Meer, fand aber nur spärliche Stämme, die keinen Aufenthalt lohnten.

In einigen Gegenden des Carareiches erschien die Bevölkerung den Abgesandten des Inka so jämmerlich, daß ein einziger Tribut von ihnen erhoben wurde: eine Anzahl Läuse, an denen augenscheinlich kein Mangel herrschte.

Auf seinen Reisen an der Nordküste Perus faßte der Kaiser den Entschluß zu dem großen Seeunternehmen, das wir zu Beginn dieses Buches gestreift haben. Es vermittelt uns eine genaue Vorstellung von der Kühnheit, ja von der Tollkühnheit dieser Männer, die nicht zauderten, sich ohne die Kenntnisse oder Hilfsmittel, mit denen jene jungen Nordländer um die Mitte unseres Jahrhunderts zum Erstaunen der ganzen Welt nur die Hälfte der Umseglung durchgeführt haben, auf ein unbekanntes Meer hinauszuwagen.

Es darf uns nicht wundernehmen, daß eine derartige Reise nahezu ein Jahr gedauert hat und daß die Bevölkerung der Hauptstadt sich über das Schicksal ihres Herrschers und seiner Soldaten – man nimmt an, daß ungefähr zwanzigtausend Mann ihn begleiteten – schließlich Sorgen machte. Es wird berichtet, ein General habe zur Beruhigung der Gemüter bekanntgegeben, daß günstige Nachrichten von dem Forscherheer vorlägen. Dieser zur Stunde ratsame Betrug mißfiel jedoch dem Kaiser, als er davon Kenntnis erhielt, und sein Urheber wurde dafür mit dem Tode bestraft.

Die Rückreise von Tupac Yupanqui vollzog sich in langsamen Etappen der Küste entlang und ermöglichte dadurch eine eingehende Besichtigung der abgefahrenen Landstriche. Vierzig Tage fastete der Monarch, um sich auf seinen Triumphzug vorzubereiten. Sein Vater zog ihm mit dreißigtausend Mann Kriegstruppen entgegen. Die beiden Heere lieferten sich Scheinkämpfe, und die Kaiser zogen in Cuzco ein, um bei den Zeremonien und Siegesfeierlichkeiten den Vorsitz zu führen.

Kurz darauf starb Pachacutec auf dem Höhepunkt seiner Macht. Tupac Yupanqui führte das Werk des Vaters in der begonnenen Weise getreulich fort und brachte die Befriedung des Reiches und seinen Ausbau zum Abschluß. Sowie er die ersten Anzeichen der Krankheit spürte, die ihn hinwegraffen sollte, zog er sich auf einen von Gärten umgebenen Landsitz zurück.

Sein Nachfolger Huayna Capac begann seine Regierungstätigkeit mit einer Reise durch das gesamte Hoheitsgebiet und kam zu der Überzeugung, daß ein noch so genialer Staatsmann ein Reich, das tatsächlich so groß war wie das heutige Frankreich, Italien, die Schweiz, Belgien und Holland zusammengenommen, allein nicht mehr übersehen könne. Er ließ sich in Tomebamba nieder und schritt von dort aus zur Unterwerfung der Aufständischen von Quito. Die gefährlichen Gegner brachten ihm jedoch manche Schlappe bei. Indessen erreichte er Quito, stieß aber im Norden der Hauptstadt auf die Caranqui, die ihn schlugen und zum Rückzug zwangen. Der Bruder des Kaisers wurde bei der Belagerung von Otavalo niedergerungen und getötet. Der Friede trat erst ein, nachdem der Herrscher von Cuzco sich mit einer Tochter des Kaisers von Quito mit Namen Paccha Duchisela vermählt hatte.

Ebensosehr aus Not wie aus eigenem Triebe ließ Huayna Capac sich in Quito und Tomebamba nieder und gab Cuzco auf, das er seinem Sohn Huascar überließ. Duchisela schenkte ihm einen zweiten Sohn mit Namen Atahualpa. Als es ans Sterben ging, teilte er das Reich, dessen Ausdehnung ihn beunruhigte, unter seine zwei Söhne – eine zugleich logische wie unkluge Entscheidung. Auf diese Weise machte er die Brüder zu Feinden und schuf eine Rivalität zwischen Quito und Cuzco, die beiden zum Verhängnis werden sollte. Tatsächlich hatten schon zu jener Zeit Botenläufer auf das seltsame Auftauchen bärtiger Männer und Kentauren an der Nordküste aufmerksam gemacht, ja, sie wußten von Gestalten zu berichten, denen der Blitz untertan sei.

Doch damit berühren wir bereits einen Zeitabschnitt, der dem Alltag unserer Inka-Epoche folgt. Nun wissen wir, was der Mensch der Masse und das Mitglied der Oberschicht von ihrer Geschichte wußten, und wir begreifen, daß auch die Kenntnis der für den Volksgebrauch nicht gereinigten geschichtlichen Tatbestände sie zu Recht mit Stolz erfüllte.

4. Die Geistesart der Indianer

Die Unterscheidung der beiden Bevölkerungsschichten geht so weit, daß die Glieder der Oberschicht von der Masse als Sprecher oder Vertreter der Gottheiten angesehen wurden. Um diese weitgespannte Anwendung des dualistischen Prinzips zu verstehen, müssen wir tiefer in die seelische Landschaft des Eingeborenen eindringen.

Die fließende und überfüllte Welt des Indio

Das ganze Leben des Indianers schwimmt in einer Atmosphäre der Unwirklichkeit. Die allmächtige Natur herrscht nur dadurch, daß sie sich vergeistigt. In Peru lebt alles. Der kleinste Gegenstand hat eine Seele: das Lama wie die Kartoffel, der Fels wie der einzelne Mensch[1]. Doch kann diese Seele gemeinsam sein, eine unsichtbare Essenz, die eine Vielfalt von Ausdrucksformen beseelt – die Seele der Gattung, würden wir heute sagen –, das schöpferische Urprinzip. Selbst die Welt hat ihr Prinzip, das Ei, dargestellt in Form einer goldenen Scheibe über dem Altar des Sonnentempels zu Cuzco.

Wir glaubten, das Hochland sei unbelebt. Unwissenheit des blinden und tauben weißen Mannes! Diese

Einöde ist voller Da-Sein und Aufruhr. Millionen seltsamer, scheinbar lebloser Wesen belauschen uns, denken und fühlen wie wir, sind gut oder böse und offenbaren ihre Wünsche und Leidenschaften. Wenn wir uns dieser Lebensfülle bewußt werden, so kann es nicht mehr die Einsamkeit sein, die wir in den Anden fürchten, sondern das Bedrohliche einer entfesselten Vielheit.

Unsere Aufgabe ist es, uns die Gunst dieser unsichtbaren Geschöpfe zu erwerben, deren Verhalten den gleichen Beweggründen gehorcht wie wir. Die Einheit des Kosmos ist vollkommen. Räume und Zeiten trennen keine Schranken, auch zwischen dem Reich der Tiere und der Pflanzen erhebt sich keine Trennungswand. Das weiß der Zauberer nur zu gut, vermag er sich doch nach Belieben von einem Ort zum anderen zu bewegen, den Strom der Zeiten hinauf- und hinabzufahren, und er kann sich in Stein, Pflanze und Tier verwandeln. Selbst sein Leib hat keine festen Umrisse und kann sich aufteilen. Haare und Nägel gehören noch zu ihm, auch wenn sie schon geschnitten sind; daher bewahrt man sie sorgfältig auf, denn wer sich ihrer in böser Absicht bemächtigt, kann damit Einfluß auf den alten Besitzer ausüben. Der Zauberer ist imstande, seine Glieder vom Körper und seinen Kopf von seinem Leib zu lösen. Bei den religiösen Vorstellungen und ihren Bräuchen werden wir erneut auf diesen Grundzug der indianischen Geisteshaltung stoßen.

In dieser fließenden und übervölkerten Welt des Indianers[2] kann jedes Wort, jede Gebärde in jeder

Sphäre des Sichtbaren und Unsichtbaren ungeahnte Folgen hervorrufen. Das Einzelne und das Gemeinsame, das Stoffliche und das Ethische sind eng miteinander verknüpft. Eine Krankheit bedeutet Unordnung und Sünde.

Hinter der Passivität des Bauern, des Hirten, des Kunsthandwerkers verbirgt sich eine unablässige geistige Spannung: Freund und Feind wirken allerwärts; es gilt, auf die kleinsten Einzelheiten zu achten, die unbeachtet bleiben und Gegenwirkungen hervorrufen könnten. Die Klugheit fordert, die bestehende Ordnung nicht zu stören und allem zu mißtrauen, was nicht normal ist. Hier entspringt der Kult der *huaca,* die Verehrung aller Gegenstände, die durch ihre Größe, ihre Kraft, ihre Schönheit und durch ihre Seltsamkeit beeindrucken: das wilde Tier aus dem Dschungel, die Schneekuppe, der launisch geformte Felsblock[3].

Es ist begreiflich, daß der Sinn dieses Wortes maßlos übertrieben wurde und schließlich die Gegenstände der indianischen Anbetung selbst bezeichnete: das Idol, das Heiligtum, das Grabmal[4]. Ebenso ist klar, daß die Vielfalt dieser Einheiten den Indianer dazu zwang, den zahlreichen und stets unerbittlichen Riten zu gehorchen, die ihn daran gewöhnten, sich dem vom Inka aufgestellten Zwang der Gesellschaftsordnung zu beugen[5].

Die beiden Religionen

Auf diese alten Begriffe wurden die Dogmen aufgepfropft, welche die aus Cuzco stammenden Eroberer eingeführt haben. Nun eröffnet sich uns ein vollkommen neues Blickfeld. Nicht nur sind die religiösen Vorstellungen der Masse nicht die der Elite, sondern sie werden von ihr obendrein zu politischen Zwecken ausgenützt. In den Händen der Führerschicht werden sie zu einem Werkzeug. Um das Reich zu einen, achten die Inka die Religionen der unterworfenen Völker, nehmen ihre Götter auf und beschränken sich darauf, einen unangefochtenen obersten Gott an die Spitze zu stellen: die Sonne. Gleichzeitig vergöttlichen sie den Kaiser, der dieses Gestirn, dessen Sohn er sich nennt, auf Erden verkörpert, und schmieden daraus ein gewaltiges Zepter. Der Gottmensch von Cuzco wirkt also unmittelbar auf das Bewußtsein seiner Untertanen ein.

Der Monarch und die Angehörigen der Oberschicht haben eine von der Masse recht verschiedene Gottesvorstellung. Auch hier tritt der Dualismus wieder zutage. Auf dieser neuen geistigen Ebene erlischt die Göttlichkeit des Herrschers; ein neuer Gott erscheint, ein abstrakter, unaussprechlicher, einziger Gott – eine dem Christengott so ähnliche Gottheit, daß zwei in der Materie so bewanderte Verfasser wie Garcilaso de la Vega und Bartolomeo de las Casas nicht anstehen zu erklären, die Indianer seien der Wahrheit sehr nahe[6].

Auf dem Wege der Transzendenz sind die Inka sogar noch weiter gegangen als die Spanier, da sie ihrem obersten Gott nur zwei Tempel weihten, den einen in Cuzco, den anderen in Racche, und zwar mit der Begründung, daß diese Gottheit allerorten gleichzeitig gegenwärtig sei, weshalb es keinen Sinn habe, ihr Wirken örtlich zu beschränken. Sogar auf Opfergaben verzichteten sie unter dem Vorwand, daß man Gott nichts schenken könne, das er nicht schon besäße –, da er alles besitzt. Von dem besonderen Kult, der diesem Gott galt, wissen wir nichts, denn die beiden Tempel sind zerstört, die Bräuche waren geheim, und die Spanier haben in der Mehrzahl nicht begriffen, wie wichtig Untersuchungen auf diesem Gebiet gewesen wären[7].

Der Gott der Elite trägt verschiedene Namen, insbesondere Pachacamac und Viracocha; der erste stammt von der Religion der Küstenstämme, der zweite wurde der der Aymara entlehnt. Den Ursprung dieser Doppelbezeichnung verdanken wir den Chronisten: Der Inka Tupac Yupanqui stand nach dem Einfall in das Gebiet des heutigen Lima plötzlich vor einem berühmten, einer mächtigen Gottheit geweihten Tempel, den er nicht anzugreifen wagte; er verständigte sich mit den Priestern und bekannte, ihr Gott Pachacamac müsse eine Form des unsichtbaren höchsten Gottes sein[8]. Nun trug dieser auf dem Hochland schon den Namen Viracocha, seit er die Welt in Tiahuanaco gegründet, seit er hernach die Zeichen der Macht dem ersten Kaiser Manco Capac übergeben habe und im Himmel verschwunden sei[9].

Auch in verschiedenen Chroniken finden wir eine seltsame Angabe: Der berühmte Inka Pachacutec soll bei einer Versammlung von Priestern und Wahrsagern gefragt haben, wer der höchste Gott sei, worauf man ihm erwidert habe: die Sonne. Nun soll der Herrscher einen langen Vortrag gehalten haben, in dem er auseinandersetzte, daß die Sonne, die, gleichsam wie ein Arbeiter zum täglichen Wärmen und Erhellen der Erde gezwungen, mitansehen müsse, wie ihr Bemühen von Wolken und Regen gehemmt oder vereitelt werde, unmöglich «der Herr der Schöpfung» sein könne. Er soll seine Rede mit der Behauptung geendet haben, daß das oberste Schöpferwesen Viracocha sei[10].

Vielleicht müssen wir hierin einen Versuch des großen Herrschers erblicken, die Sonnenpriester in gewisse, der Führerschicht vertraute esoterische Glaubensinhalte einzuweihen.

Nach dieser Versammlung soll Pachacutec befohlen haben, daß zwei Standbilder von Viracocha aus massivem Gold gegossen und in den beiden bereits erwähnten Tempeln aufgestellt werden[11].

Überdies wissen wir, daß der Kaiser mit der Sonne wie mit einem Glied der Familie sprach, während er sich an Viracocha mit dem Ausdruck tiefster Ehrerbietung wandte.

Massenmensch und Elite

Diese im wesentlichen mystische Veranlagung des indianischen Charakters übte ohne Rücksicht auf die Gesellschaftsklasse, der er angehörte, auf den Massenmenschen und das Mitglied der Führerschicht einen ganz verschiedenen Einfluß aus.

Die beständige Gegenwart von Wesenseinheiten, die wir als übernatürlich bezeichnen, die Anforderungen einer im allgemeinen harten Umwelt – all das brachte den Indianer dazu, sich ohne Widerstreben und auch aus lebensgebundener Notwendigkeit heraus mit seinesgleichen zusammenzurotten, um zu überleben. Unter diesen Umständen neigte der Mensch, der ein schweres und stets bedrohtes Dasein führte, natürlicherweise dazu, Mensch und Ding vom Standpunkt ihrer unmittelbaren Nützlichkeit aus anzusehen. Daher berühren menschliche Passivität und die glückliche Gabe der Schmerzfähigkeit einander. Zugleich mündet der Gemeinschaftsgeist in der Vorstellung, daß die Handlungen des einzelnen in der Gemeinschaft ihren Widerhall finden. Auf diese Vorstellung müssen wir zurückgreifen, wenn wir den Brauch der «Beichte» verstehen wollen, von der wir noch zu sprechen haben. Kurzum: noch heute ist der Familiensinn weniger gefühlsbetont als auf Nützlichkeit ausgerichtet. Freilich fehlt das Gefühl nicht vollkommen, nur spielt es eine äußerst geringe Rolle[12].

Im allgemeinen stellt der heutige Beobachter sich den Menschen aus dem Volk, *Ilacta runa,* so vor, als lebe er unter der Knute einer harten Zucht, als gehe seine Zeit in Feldarbeit und Waffenhandwerk auf, als vegetiere er traurig und lebensmüde dahin. Diese Auffassung ist gewiß übertrieben. Sicherlich liegt der Grundton seines Wesens in der Schwermut, die noch heute den Reisenden beeindruckt, ja seine Sprache, das Quechua, enthält eine ganze Reihe von Worten, welche die Schattierungen dieser Herzensnot auszudrükken vermögen. Auch dürfen wir annehmen, daß er äußerst traditionsgebunden war, also Ordnung, Harmonie und Ausgeglichenheit liebte. Daher die Merkmale seiner Kunst: geometrische Linien, Wiederholung derselben Motive, Gleichmaß der Zeichnungen. Daher auch seine Abscheu vor der ausschweifenden, maßlosen, unendlichen Natur. Daher endlich der große, gleichfalls geometrische Aufbau der Gesellschaftsordnung. Sie werden wir noch näher zu betrachten haben. Hier mag nur soviel gesagt sein, daß die Proportionen ihres Gefüges genau und endgültig sind, denn sie haben die Gleichheit des auf eine gemeinsame Grundlage gestellten Einzelwesens, die Rangordnung der Führerschicht und die Dauerhaftigkeit des Gesamtbaues sicherzustellen.

Im Innern dieser Struktur bewahrt der Indianer jedoch kein unveränderlich starres Antlitz; er ist vielmehr Fatalist und ergibt sich den Launen der unzähligen übernatürlichen und sonstigen Kräfte seiner Umwelt: *as!* ruft er bei jedem Schicksalsschlag aus «so hat es sein sollen!» Darum verzichtet er aber noch nicht auf jedes Werturteil, vielmehr schätzt er ab, bewundert, verachtet und bewahrt sich gar einen gewissen Geschmack an Spötteleien, der dem klugen Gesicht von heute einen rätselhaften und scherzhaften Ausdruck verleiht. Moderne Maler haben diesen Zug zuweilen einzufangen gewußt.

Im Gegensatz zum Massenmenschen war der Mensch der Elite im Bewußtsein seiner göttlichen Sendung und als Träger einer Geisteshaltung, die voll von Tatendrang und Umsicht war, vorwiegend han-

MÄNNERKOPF
IN FORM EINES STANDGEFÄSSES

delnd und berechnend. Da er für die Ordnung eines ungeheuren Reichs verantwortlich war, trat er dem, der ihm Widerstand leistete, hart, ja grausam entgegen. Nach wie vor haftete etwas Wildes an ihm. Noch im Augenblick der spanischen Eroberung läßt Atahualpa längs der Kampfstraßen Indios aufhängen, mit der Haut seines Bruders eine Trommel bespannen und aus dessen Schädel eine Schale machen. Es besteht kein Zweifel darüber, daß Francisco Pizarro, wäre er unterlegen, das gleiche Schicksal ereilt hätte[13].

Geschichte und Volkslied beweisen uns jedoch, daß in dieser Gesellschaftsschicht das Gefühl nicht ausgestorben war: das einzige auf uns gekommene Inkadrama mit Namen *Ollantay* hat als Thema die leidenschaftliche und durchkreuzte Liebe eines Häuptlings zu einer Prinzessin, und die düstere Eroberungszeit wird von der reizenden Liebesgeschichte Quilacus und seinem *Goldenen Stern* ein wenig erhellt[14].

Schließlich verlieh die nahezu unbegrenzte Macht, die ein Mitglied der Elite über seine Untergebenen ausstattete, ihm einen Hochmut, der ihm schadete, und eine adelige Gesinnung, die den Spaniern Bewunderung abrang. Eben weil er sich als unbezwinglicher Herrscher der Welt wähnte, ließ der oberste Inka unvorsichtigerweise die Truppen Pizarros die Kordillere überschreiten und bis zu ihm vordringen, während es ihm ein leichtes gewesen wäre, ihn im Vormarsch aufzuhalten; eben weil er das Bewußtsein seiner Überlegenheit so stark empfand, erschien er selbst seinen Besiegern so groß[15].

ZWEITER TEIL

Vom Leben der Elite

DER INKA UND SEINE GEMAHLIN

1. Das Leben des obersten Inka

Der Gott-Mensch

Bei einem Planungsstaat liegt es nahe, eine Analyse der Gesellschaftsordnung mit dem Gipfel der Rangordnung, das heißt, in Peru mit der Elite, deren oberster Inka das Haupt des Reiches ist, zu beginnen.

Jeder, der einen Blick auf den Gott-Menschen zu werfen wagte, mußte eine unauslöschliche Erinnerung an das geschaute Bild bewahren. Der Herrscher trug eine ärmellose, bis auf die Knie herabfallende Tunika und eine gewundene Stoffbinde als Hose. Dazu einen langen und weiten, mit geometrischen Motiven geschmückten Mantel, der über die Schultern geworfen, auf der Brust geknotet oder unter dem linken Arm durchgeschlungen und auf der rechten Schulter geknüpft wurde, um beide Arme frei zu lassen. Seine Gewänder waren aus feiner Vicuñawolle gewebt, seine Füße staken in Sandalen aus weißer Wolle. Ein Band war um beide Beine oberhalb des Knies gewickelt, ein zweites um jeden Knöchel. Das Zeichen der Macht, die *mascapacha,* bestand aus einer bunten Tresse, die oberhalb der Stirn mehrere Male um den Kopf gewunden war, daran baumelte der *llautu,* eine Franse, die aus roten, an kleinen Goldhülsen befestigten Troddeln gefertigt war. Eine große, auf der Tresse in die Luft ragende Quaste zierten drei kleine schwarzweiße Federn des heiligen Vogels Corequenque. Das Haar war kurz geschoren, die Ohren wurden vom Gewicht riesiger Scheiben aus Edelmetall langgezogen[1]. Die Angehörigen der Elite hatten das Recht, ein Stirnband, den *llautu,* zu tragen, jedoch nicht aus roter Farbe, und Zierscheiben kleineren Umfangs. Endlich hing eine schön gearbeitete Tasche, die Coca enthielt, um den Hals des Monarchen.

Bei feierlichen Zeremonien hielt der oberste Inka je nach den Umständen ein goldenes Zepter, groß wie eine Hellebarde, in der Hand. Entweder war es an der Spitze mit kleinen Federn oder ausnahmsweise mit der *mascapacha,* einem Diadem, verziert, wenn er selbst einen Kriegsschmuck trug, das heißt, eine Keule mit sternförmigem Goldknauf und einen mit dem kaiserlichen Wappen geschmückten Lederschild.

Auf diesem Schild war zu sehen: bei Sinchi Roca ein Falke; bei Loque Yupanqui geometrische Motive wie bei Maita Capac; bei Capac Yupanqui oben ein Vierfüßler, in der Mitte ein Vogel, unten eine Schlange; bei Inca Roca ein Vogel; bei Yahuar Huaca geometrische Figuren; bei Pachacutec der Regenbogen und zwei Schlangen. Tupac Inca Yupanqui und Huayna Capac wiederum trugen geometrische Figuren. Bei Atahualpa haben wir dagegen Kunde von einer Menge von Zeichnungen: ein Falke zwischen zwei Bäumen, zwei Schlangen und ein Puma unter einem Regenbogen.

Der Name des Kaisers war stets schmeichelhaft, daher finden wir zur Bezeichnung der Monarchen

TÚPAC AMARU,
DER «INKA VON VILCABAMBA»

immer dieselben Namen, aber unterschiedlich zusammengestellt: *Capac* bedeutet «Herr», *Yupanqui* «denkwürdig», *Huayna* «jung».

Bei bestimmten Zeremonien befestigte der Herrscher die goldene Sonnenscheibe auf der Brust. Er setzte sich auf einen niederen, mit feinem Stoff bedeckten holzgeschnitzten Sessel oder auf einen Thron aus massivem Gold. Er aß von goldenem und silbernem Geschirr und schlief auf einer mit Wolldecken überzogenen Baumwollunterlage.

Wer eine Audienz erhielt, und sei es ein triumphierender General, trat mit niedergeschlagenen Augen und nackten Füßen vor den Monarchen und trug dabei zum Zeichen seiner Unterwürfigkeit ein Gewicht auf dem Kopf.

Zwei große Persönlichkeiten: Die Schwester-Gattin und der Thronerbe

Die Kaiserin trug eine blaue, rosafarbene, gelbe oder orangefarbene, bis zu den Füßen herabfallende, von zwei verzierten Stoffschärpen gehaltene Tunika; die eine Schärpe, meist rot, umspannte die Taille, die andere, bunt, faßte den unteren Teil ein. Ein Mantel wurde über die Schultern geworfen, auf der Brust gekreuzt und von einer Nadel mit einem dicken ziselierten Kopf zusammengehalten. Sandalen aus weißer Vicuñawolle bedeckten ihre Füße, ein feines Stofftuch, das auf ihrem Haupthaar befestigt war, fiel im Rücken lose über ihr offenes Haar herab. Eine

MAMA OCLLO,
DIE GEMAHLIN DES ERSTEN INKA

Dienerin trug einen Sonnenschirm aus Federn hinter ihr her.

Der oberste Inka heiratete seine älteste Schwester, lesen wir in den Chroniken, und unterhielt eine Unzahl von Konkubinen. Sein Ayllu konnte nicht auf einen Landstrich beschränkt sein, da sein Land aus dem Reich selbst bestand; es stammte blutsmäßig von demselben Vater ab, uferte jedoch infolge der beträchtlichen Zahl von polygamen Nachkommen fast unübersehbar aus. Jeder neue Inka gründete bei seiner Machtübernahme ein neues Ayllu. Aus diesem Grunde war er Thronerbe, aber nicht Erbe der Güter, da diese im Besitz der Ayllu-Angehörigen des verblichenen Monarchen verblieben. Zu Beginn des 16. Jahrhunderts gab es in Cuzco elf kaiserliche Sippen.

Der Kaiser ernannte seinen Nachfolger, der gewöhnlich unter den Söhnen der rechtmäßigen Frau ausgewählt wurde. Die Forscher werfen der sonst so vollkommenen Gesetzgebung der Inka vor, keine Regel für die Thronfolge ausgearbeitet zu haben. Der Herrscher wollte eben die ganze Freiheit der Wahl in Händen behalten, doch liegt hier bestimmt eine Unklugheit vor, denn im Fall eines unerwarteten Todes traten unweigerlich Schwierigkeiten auf[2].

Eine sehr weise Maßnahme hat die Geschlechterkunde aufs äußerste aus dem Konzept gebracht, ehe sie von den heutigen Geschichtsforschern vollkommen verstanden wurde: bevor der vorausbestimmte Nachfolger die Macht allein ausüben durfte, mußte er sie eine Zeitlang mit dem regierenden Herrscher teilen. Die Regierungszeiten sind somit von Perioden der

Gemeinschaftsherrschaft eingerahmt, wobei jeder Monarch bei seinem Vater eine Lehrzeit durchmachte und später einen seiner Söhne aufforderte, bei ihm desgleichen zu tun. Wie wir gesehen haben, wird die Angelegenheit noch verwickelter durch die Tatsache, daß der Kaiser den als unfähig betrachteten Erben durch einen anderen seiner Söhne ersetzte, wenn er es für notwendig hielt oder von den Umständen dazu gezwungen wurde; jedenfalls hat sich diese Lage zu Beginn des 15. Jahrhunderts zu wiederholten Malen ergeben. Der Inka Viracocha berief seinen Sohn Urco, den wir bereits kennen, zum Mitregenten und ließ ihn nachher durch einen anderen Sohn, Cusi, ersetzen. Als dieser unter dem Namen Pachacutec Kaiser geworden, bestimmte er zum Nachfolger seinen Sohn Amaru, der seinen Platz seinerseits an einen anderen Sohn, Tupac, abtreten mußte.

Die großen Ereignisse einer Regierungszeit

Die Machtergreifung des Kaisers wurde mit einer Zeremonie begangen, die eine große Volksmenge herbeirief. Aus verschiedenen Provinzen langten die Oberhäupter an und brachten Geschenke mit: Muschelschalen für die Opfer, bunte Töpferwaren und Baumwollgewebe kamen von der Küste; Wollgewänder, Waffen, Sandalen aus Agavenfasern sandten die Hochländer; Gewirktes aus Vogelfedern, Coca und aromatische Pflanzen schickten die Waldbewohner. Diese bunte Menge füllte den Hauptplatz von Cuzco.

Dort waren auf einem Podium die Standbilder der Gottheiten und die Mumien der verblichenen Kaiser aufgestellt. Der Erbprinz, der zehn Tage fastend und betend in seinem Palast verbracht hatte, ließ sich inmitten der erlauchten Versammlung nieder, die das Erhabene von Ort und Anlaß ernst und schweigsam stimmte. Dann betrat der regierende Herrscher den Versammlungsort, nahm seinen Kopfschmuck mit dem *llautu* ab und setzte ihn dem Prinzen aufs Haupt, wobei er ihm den für ihn bestimmten Namen gab. Sodann kniete er vor ihm nieder und trank zu seinen Ehren eine Schale *Chicha,* das gegorene Maisbier[3].

Vor und nach der Krönungsfeier wurden im Sonnentempel zahlreiche Opfer dargebracht: Muscheln, Coca, Lamas und sogar einige der schönsten Knaben. Alle Götterbilder, alle heiligen Stätten, alle Huacas empfingen Opferblut. Ein Quentchen dieses geronnenen Blutes wurde sogar mit den Schleudern auf die Hänge der benachbarten Bergkuppen geschnellt.

Die Hochzeit des Inka, will sagen: seine «Vereinigung» mit der Schwester, fand am Tage seiner Machtübernahme im Sonnentempel statt. Sowie diese beschlossen war, galt die Verlobte als Tochter der Sonne, bei welcher der junge Kaiser um ihre Hand anhielt. Je nach den Umständen fiel die Feier mehr oder weniger üppig aus. Als der Inka Pachacutec zum Beispiel seine Brautwerbung im Sonnentempel ausgesprochen hatte, begab er sich mit großem Gefolge in die Wohnung des jungen Mädchens; die Straßen, die er durchschritt, waren mit Teppichen und Vorhängen ausgelegt. Dort erwartete ihn sein Vater, der Inka Viracocha, mit der

Braut, die sich bei seinem Anblick vor ihm niederwarf. Der zukünftige Gatte hob sie vom Boden auf, schenkte ihr reiche Gewänder, bat sie, sie anzulegen; dann nahm er eine goldgestickte Sandale und streifte sie ihr eigenhändig an den rechten Fuß. Nun erhob sich auch der alte Kaiser und umarmte die neue Coya oder Kaiserin. Pachacutec folgte seinem Beispiel, bot der Prinzessin hundert Frauen als Dienerinnen an, reichte ihr die Hand und forderte sie auf, sich in den Sonnentempel zu begeben. Dort erwartete sie der Hohepriester mit zwei Schalen Chicha, deren Inhalt der Inka als Opfer verschüttete, hernach wurden zwei weiße Lamas geopfert. Im übrigen dauerten die Festlichkeiten drei Monate, worauf die Stammeshäupter reich beschenkt in ihre Provinzen abzogen[4].

Die Leichenfeier für den Kaiser war nicht weniger eindrucksvoll als die Krönung, wenn man die Übergabe des *llautu* so nennen darf. Als der Inka Viracocha starb, wurde sein Leichnam unter Bedeckung von Kriegern in Rüstung auf einer Sänfte durch die Straßen von Cuzco getragen. Der Sohn des Verstorbenen führte als Thronerbe in grau-weißem Vicuñagewand den Trauerzug an. Dahinter schritten die Frauen mit abgeschnittenem Haar und rußgeschwärztem Gesicht, die klagten und jammerten, sich mit Ruten peitschten und auf Tamburine einschlugen.

Der Leib des Monarchen wurde einbalsamiert, dann die Mumie mit den schönsten Mänteln umhüllt und der *llautu* ihr aufs Haupt gesetzt. Inzwischen liefen die Opferriten im Tempel ab: hauptsächlich Lamas, aber auch Frauen, Diener oder Freunde, die dem Kaiser ins

Jenseits folgen wollten, wurden geschlachtet, selbst einige Kinder fielen dem Opfermesser anheim. Ein ganzes Jahr hindurch wurde an gewissen günstigen Tagen die Mumie besuchsweise an der Spitze einer langen Kette von Klageweibern und hohen Würdenträgern in die Hauptstadt getragen. Dumpfe Trommelwirbel begleiteten den Zug, der schwermütige Laut der Flöten und ein Chor, der die Taten des Toten besang, mischten sich darein.

Die Nachfolge des obersten Inka richtete sich nach dem Grundsatz der Unterscheidung zwischen Macht und Besitz. Die Macht ging auf den Sohn der rechtmäßigen Gattin über, den der Vater vor seinem Tod bestimmte – eine weise Maßnahme, die wir bereits erwähnt haben. Indessen rief sie mitunter den Groll der ausgeschiedenen Söhne hervor, die wenig Neigung bezeigten, sich ihm unterzuordnen. Eine Tochter konnte den Thron nicht besteigen[5].

Was die Besitztümer betrifft, so blieben sie Eigentum des Verblichenen. Die Mumie, umgeben von ihren Waffen, von ihren Kunstgegenständen und von ihren Dienern, bewohnte weiterhin den Palast. Der Thronerbe ließ sich eine neue Wohnstätte errichten, weshalb es in Cuzco Überreste von ebenso vielen Palästen gibt, als Herrscher regierten; ein jeder trug den Namen eines Kaisers. Der Gott-Mensch galt als ewig lebend[6].

Die Arbeitsleistung des Herrschers

Um uns von dem Dasein des Monarchen ein vollständiges Bild machen zu können, müssen wir außer diesen Ereignissen die unablässigen Kriege, die er nicht selten persönlich zu führen gezwungen war, und die umfangreichen Arbeitsbereiche der politischen und wirtschaftlichen Verwaltung in Augenschein nehmen. Was Pachacutec zum Beispiel während seiner Regierung alles zu bewältigen vermochte, ist erstaunlich: Wiederaufbau der Städte, Reform von Heer und Gottesdienst, Vereinheitlichung der Sprache, Einsetzung eines planmäßigen, bis ins kleinste durchdachten Wirtschaftsgefüges, Umwandlung des Staatenbundes in ein Kaiserreich und Durchführung einer Reihe von langen und schwierigen Eroberungen. Selbst wenn man annimmt, daß sein Werk von den Chronisten ein wenig «angereichert» wurde durch Taten, die nach Fug und Recht seinen Vorgängern zuzuschreiben gewesen wären, so kann man sich einer rückhaltlosen Bewunderung nicht erwehren[7]. Auch dürfen wir die Jagdausflüge und Reisen des Herrschers nicht vergessen.

An Wild war kein Mangel, denn der Inka und die hohen Beamten konnten in nur ihnen vorbehaltenen Gegenden jagen, in einer Art von Wildreservaten, zum Beispiel in der Provinz Huamachuco. Außerdem durften in einer und derselben Gegend Jagden nur in Mindestabständen von je vier Jahren stattfinden. Diese gingen folgendermaßen vor sich: einige tausend Indianer umstellten ein bestimmtes Gebiet und drangen konzentrisch auf einen bestimmten Punkt vor. Gleichzeitig vollführten sie einen Höllenlärm und trieben auf diese Weise schließlich die geängstigten Tiere in einem Kessel zusammen[8]. Die als schädlich geltenden Tiere wurden getötet, die Vicuñas und Guanacos geschoren und die Weibchen wieder in Freiheit gesetzt. Alles wurde in genauen Statistiken erfaßt. Hernach verteilten die Beamten die erlegten Tiere. Für die Indianer aus dem Volk war dies eine der seltenen Gelegenheiten, bei denen sie Fleisch zu essen bekamen.

In der Gegend von Nazca an der Küste gingen die Häuptlinge auf Falkenjagd. Zeichnungen auf Töpfereien zeigen uns Eingeborene, die in der einen Hand Pfeile, in der anderen eine *estólica,* die Speerschleuder, halten, auf der der Falke sitzt; mitunter spähen sie zum Himmel hinauf, wie um dem Flug dieser Raubvögel zu folgen[9].

Die Reisen des Herrschers dauerten oftmals mehrere Monate, mitunter sogar über ein Jahr. Der Inka wurde auf einer Sänfte getragen, in der er seiner Gattin gegenübersaß, wenn diese ihn begleitete. Ein leichtes Gerüst über den Sitzen trug ein Dach, durchlöcherte Vorhänge hingen an den Seiten herunter, um den erlauchten Reisenden einen Ausblick zu gewähren, ohne daß sie selbst gesehen wurden.

Nach alter Überlieferung wurden die Träger von dem Stamm der Rucana, der westlich von Cuzco lebte, gestellt. Wenn sie hügelan strebten, machten sie auf Plattformen halt, die zu diesem Zweck an den Hängen angebaut waren. Die Träger gaben sich große Mühe, nicht zu straucheln; dies wurde nämlich als böses

Vorzeichen angesehen. Daher ließen die Gebietshäupter zur Vermeidung dieser Gefahrenmomente die Marschstraßen ihres Hoheitslandes vor dem Durchmarsch des kaiserlichen Zuges sorgfältig einebnen und fegen. Stets begleiteten viele tausend Krieger die kaiserliche Reisegesellschaft[10].

Das Reich der Frau

Die Kaiserin war nicht ohne Einfluß auf ihren Gatten. Während mehrerer längerer Reisen Pachacutecs leitete seine rechtmäßige Gattin bei einem der heftigsten Erdbeben, denen die Stadt Arequipa zum Opfer fiel, die Bergungs- und Unterstützungsarbeiten für die Geschädigten. Dennoch blieb die Stellung der Frauen jener des Kaisers untergeordnet, zum Beispiel warf sich die Coya Pachacutecs vor ihrem Gatten nieder, sowie er gereizt war, und verharrte in dieser Stellung, bis er sie aufstehen hieß[11].

Die Herrscherin und die Damen des hohen Adels nähten, wirkten Gewebe und beschäftigten sich mit ihrer Toilette. Sie zupften die Augenbrauen aus, schminkten sich mit dem Zinnober der Minen von Huancavelica oder mit der roten Beere der *achiote*. Auf die Haartracht scheint in allen Bevölkerungsschichten großer Wert gelegt und sie selbst als Wertmesser der Schönheit angesehen worden zu sein: die Indiofrau trug es lang und in der Mitte gescheitelt, mit Ausnahme von einigen Gegenden, in denen das Haar zu Zöpfen geflochten, und bei Trauer, wo es abgeschnitten wurde. Man kämmte es mit einer Anzahl Dornen, die zwischen zwei Stäbchen aufgereiht wurden, man wusch es mit einem Wasser, in dem Rindenstücke und Bohnen aufgeweicht waren; mit gewissen Kräutern färbte man es «schwärzer als Pech»[12].

Der indianische Chronist Poma de Ayala hat das Portrait der Kaiserinnen entworfen, die einander auf den Thron von Cuzco gefolgt sind. Diese Galerie ermangelt nicht des Malerischen. Es sind Schöne und Häßliche, Fröhliche und Traurige, Gesunde und Kränkliche darunter; die einen lieben die Blumen, die anderen die Vögel, mehrere sind gefällig und mildtätig, viele lieben Fest- und Tischfreuden, die eine neigt zur Trunksucht, und eine andere hat etwas von einer Zauberin an sich[13].

Die Kaiserstadt

Der Inka und seine Familie residierten in Cuzco, was auf Quechua «Nabel» bedeutet: eine geometrisch angelegte Stadt in dreitausendfünfhundert Meter Höhe. Pachacutec hatte sie nach einem durchdachten Plan vollkommen neu aufgebaut, damit sie Mittelpunkt und Inbegriff des Reiches darstelle. Darin war alles planvoll geregelt von dem Hauptplatz aus, auf dem die öffentlichen Feste stattfanden. Die Bedeutung der Wohnstätten nahm von den Steinpalästen bis zu den Strohlehmhütten in dem Maße ab, wie man sich aus dem Mittelpunkt der Stadt entfernte. Die Rangordnung der Einwohner stimmte mit der der Wohngegend überein; an diesen Häusern wurde die gesamte

Stufenleiter der gesellschaftlichen Stellungen von dem großen Würdenträger hinunter bis zum bescheidensten Handwerker sichtbar. Außerdem war die Stadt in vier Abschnitte gegliedert: Nord, Süd, Ost und West. Die aus den Provinzen kommenden Indianer mußten zwangsweise in dem Stadtviertel wohnen, das der geographischen Lage ihres Heimatortes entsprach – die aus dem Osten im Ostsektor, die aus westlichen Gegenden im Westabschnitt. Nie trat das Planwesen außer Kraft[14].

Fünfzigtausend Indianer, hieß es, hätten zwanzig Jahre zum Wiederaufbau dieser «Hauptstadt der vier Teile der Welt» gebraucht; zweihunderttausend Einwohner lebten dort zur Zeit, als das Reich auf seinem Höhepunkt stand. Ihr Ansehen war so groß, daß der Indianer, der nach Cuzco ging, den, der aus der Weltstadt kam, zuerst vorbeiließ, als ob an dem, der das Tor durchschritt, etwas von der Erhabenheit dieser hoheitsvollen Metropole hafte.

Der allgemeine Stadtplan bildete ein Schachbrett; die Straßen, eng und gepflastert, kreuzten einander in einem rechten Winkel; ihr größter Nachteil war, daß eine Gosse sie der Länge nach in zwei Bahnen teilte[15]. Selbst der Hauptplatz war von einem dieser, allerdings überdachten Bäche durchzogen, die durch die Stadt flossen.

Die kaiserlichen Ayllus lagen im Mittelpunkt der Stadt und waren der Überlieferung gemäß in die zwei «Teilbereiche», Hanan und Hurin, gegliedert. Die Stadtviertel der Außenbezirke trugen bildhafte oder poetische Namen: *cantut*-Blumen – kleine Nelken –,

Pumaschwanz, Salzschober, sprechender Platz – auf dem die Anweisungen des Kaisers ausgerufen wurden –, Silberschlange – als Anspielung auf zwei kristallklare Wasserfäden, die sich durch jenen Ort schlängelten –, Tor des Heiligtums und so weiter[16].

Paläste wie Stadt waren nach Tonmodellen angelegt. Sobald man von ihnen spricht, gerät man unweigerlich in Verzückung über die Mauern, deren Anblick dem Reisenden noch heute den Atem raubt. Das Fügen der Steine wurde mit solcher Vollkommenheit durchgeführt, daß die einspringenden und ausspringenden Winkel auf den Millimeter genau ineinanderpaßten. Einer der Blöcke hatte nicht weniger als zwölf Winkel, als habe der Baumeister es darauf angelegt zu zeigen, wie spielend er solche Dinge bewältige[17].

Im Innern der Mauerumfriedung befanden sich die verschiedenen Säle, alle zum Innenhof hin geöffnet, der mit Blumenvasen geschmückt war. Wandbehänge dienten als Türen, Tierfelle bedeckten den Fußboden, Wandnischen boten dem Blick harmonisch getönte Töpfereien in Ocker, Braun und Schwarz, unterbrochen von dem Gold der Kunstgegenstände und dem Grau der magischen Gebilde[18].

Ein Palast unter vielen anderen

Laßt uns zum Beispiel das schöne Schloß in Augenschein nehmen, das während der Regierung von Pachacutec am Eingang des Cañete-Tals zum Empfang des Hofstaates errichtet wurde[19]. Den Hochlandindia-

DER BERÜHMTE ZWÖLFECKIGE STEIN
IN DER AUSSENWAND
DES PALASTES DES INKA ROCA

nern gelang es nämlich nicht, die Truppen von Chuquimancu zurückzuweisen und zur Küste vorzustoßen. Mißgestimmt und eigensinnig beschloß der Inka, sich genau an jenem Ort niederzulassen und die Hügel zu diesem Zweck abzutragen. Ein Cuzco in Miniatur mit seinen Wohnhäusern, seinen Heiligtümern, seinen Lagerhäusern und seinen Villen für die Lieblingsfrauen wurde aus dem Boden gestampft. Das Hauptgebäude war die Residenz des Inka. Vor ihr erstreckte sich ein großer Vorplatz von einhundertundsechzig Meter Länge auf eine Breite zwischen fünfundachtzig und einhundertundfünfzig Meter, in seiner Mitte erhob sich auf einer Plattform, die durch Stufen erreichbar war, ein Opferaltar aus Stein und Erde.

Die Palastfassade war in zwei, von einer kleinen Treppe getrennte und über den Vorplatz erhöhte symmetrische Flügel unterteilt. Die Säle des einen Flügels dienten zur Unterbringung der Leibwache und der Priester, die gerade keinen Dienst hatten, auf der anderen Seite befand sich eine Terrasse. Zwischen den rechteckigen Pilastern, welche der Terrassenmauer entlangliefen, und Holzpfosten, die in die Erde eingerammt und mit Edelmetall verkleidet waren, war ein Plandach aus Vicuñawolle gespannt. Dies ergab eine lange Galerie, in deren Schutz der Monarch und seine Familie den Feierlichkeiten beiwohnten, die sich auf dem Vorplatz abspielten.

Jenseits der Galerie waren die Garderoben, Aufbewahrungsräume und Gemächer der kaiserlichen Familie untergebracht: die Räume des Inka, der Konkubinen, der Diener, der Hauptleute, der Wachen.

Ein benachbartes Gebäude beherbergte die Boten mit ihren Scheiterhaufen, um allzeit Feuerzeichen abgeben zu können. In der Ferne konnte man der nach Cuzco führenden Straße entlang die Reihe der Bergspitzen erkennen, auf denen die Boten der folgenden Stafetten ebenfalls neben ihren Scheiterhaufen wachten. Ihre Posten waren befestigt.

Einen Kilometer vom Palast entfernt lag ein Gebäudekomplex von vier Abteilungen: in der einen bewahrte man die Wolle der Lamas auf, in der zweiten Nahrungsmittel, in der dritten die Chicha. Die vierte diente als Wohnung für die Wächter dieser Reichtümer.

Auch die Höfe dieses Gebäudes hatten ihren bestimmten Verwendungszweck: im ersten wurde die Chicha verteilt; der zweite diente als Auslauf für die Lamas, ein schmaler Gang, der die Tiere nur hintereinander durchließ, führte zu ihm. An seinem Ende stand ein Beamter, der die Tiere zählte und an Hand von Knotenschnüren statistisch erfaßte. Die Mauern dieses ganzen Teils waren höher als die der anderen: bekanntlich vermag das Lama hohe Hindernisse mit einem Sprung zu nehmen.

Ein anderer großer Hof enthielt rechteckige, gleichmäßig aufgereihte und von niederen Mauern umgebene Kastenfächer. Darin wurden diejenigen Lebensmittel ausgebreitet, die in Sonnenhitze oder Nachtkälte trocknen sollten. In der Mitte und am Eingang dieser Anlage standen Bänke an den Mauern, in die Vertiefungen eingelassen waren; darin wurden die *conopa*-Statuetten, häusliche Schutzgottheiten, aufbewahrt.

Das Wärterhäuschen stand in nächster Nähe, seine Terrasse diente den Wächtern als Beobachtungsposten. Die einzige Tür des Lebensmittellagers ging nach dieser Seite auf, um die Überwachung zu erleichtern.

Die Angestellten nahmen die Landesprodukte, ließen sich auf den Bänken nieder und bereiteten sie singend zu: sie entkörnten den Mais oder wuschen die Cocablätter; dann schafften sie die Ware in Silos, welche die Trockenfächer umstanden. Waren die Silos voll, wurden sie bis zum Zeitpunkt der Verteilung mit Wollbahnen und Stroh zugedeckt.

Endlich war auch der Eingang zum «Haus der Erwählten» leicht zu verteidigen. Die Behausungen liefen in einem Halbkreis um einen Hof, dessen Mittelpunkt ein Altar einnahm. Die «Äbtissinnen» nahmen die ersten Wohnungen ein, dahinter kamen die anderen Frauen; dies erleichterte die Überwachung.

Der Alltag des Kaisers spielte sich nicht nur in seinem Cuzco-Palast, sondern auch in einem Lustschlößchen ab, das in Tampumachay, in einem Tal unweit der Hauptstadt, lag. Dort widmete er sich mit Frau und Kindern dem Familienleben.

Die Nahrung

Die Ernährung der kaiserlichen Familie war natürlich reichlicher und abwechslungsreicher als die des Mannes aus dem Volk. Der Mais wurde geröstet, gekocht oder zu Mehl zerrieben. Die Körner von Quinua, Achita, Cañahua wurden ebenfalls in Mehl verwandelt und dienten mit Gemüsen oder stärkemehlhaltigen Nahrungsmitteln zur Verfeinerung von Suppen. Hülsenfrüchte und rote Bohnen aß man gekocht, geröstet und mit Salz und Pfeffer gewürzt. Die Kartoffel wurde als *chuño* zubereitet: zu diesem Zweck wurde sie abwechslungsweise Sonnenhitze und Nachtfrost ausgesetzt, um sie vollkommen auszutrocknen; nun genügte es, sie zu zermahlen, mit Wasser anzurühren, Pfeffer und Salz zuzusetzen, um eine in den Anden recht beliebte Brühe zu gewinnen. Yuca und Oca wurden auf dieselbe Art und Weise behandelt. Jeder Indianer sprach getrockneten Gewürzen wie Aji und Mani unmäßig zu. Zu diesem Mahl aßen die hohen Würdenträger noch Früchte der Tropentäler und, im Unterschied zum niederen Volk, Fleisch: Lamas unter drei Jahren und Vicuñaschafe unter zwei Jahren. Wir wissen ja, daß das Fleisch dieser Tiere bei höherem Alter bitter wird.

Die Tafel des Kaisers und seiner Familie wartete noch mit anderen Leckerbissen auf, die dank der kaiserlichen Stafettenpost mit Windeseile zur Residenz gelangten: Wildenten und Rebhühner der Puna; Pilze und Frösche vom Chinachaycocha-See; Schnecken, Fische und Schaltiere aus dem Pazifik, die trotz der Entfernung frisch und schmackhaft eintrafen. Das gesamte Kaiserreich trug zur Verköstigung seines Landesherrn bei.

Was Getränke betrifft, so wurde die Chicha von allen Bevölkerungsschichten vom Monarchen bis hinunter zum bescheidensten Untertan gebührend und auch über die Gebühr genossen.

Zu den Mahlzeiten, die dreimal am Tage stattfanden, wurden die Gerichte auf einer geflochtenen Binsenmatte auf dem Boden ausgebreitet. Der Kaiser nahm auf einem Holzsitz, der mit einem feinen Wollstoff überzogen war, Platz und deutete auf die Speise, die ihm zusagte. Eine der anwesenden Hofdamen reichte ihm die ausgewählten Gerichte auf einer Platte aus Edelmetall oder Ton und blieb mit dem Teller in der Hand aufrecht vor dem speisenden Monarchen stehen. Alles, was der Herrscher berührt oder übriggelassen hatte, wurde in eine Kiste gelegt und verbrannt; die Asche wurde verstreut.

Der Dienst am Inka wurde von seinen Frauen, die im Palast wohnten und ihrerseits über eine große Anzahl von Dienerinnen verfügten, abwechselnd versehen[20].

Vielleicht war ein Hofnarr zur Stelle, um den Gott-Menschen zuweilen aufzuheitern, der jedoch in Gegenwart seines Volkes vollkommene Gleichgültigkeit bewahrte. Ein besonderes Wort, *Canichu,* bedeutet auf Quitchua diesen Gesellen, der zum Lachen reizt; wir wissen, daß der Indianer für Scherze, ja für Possen keineswegs unempfänglich war[21].

Was für eine Sprache sprachen die Inka?

Hier tappen wir im Dunkeln. Besaßen die Inka eine eigene Sprache, wie es Garcilaso behauptet? Hat der berühmte Chronist – dessen Mutter eine Inka-Prinzessin war – aus dem verständlichen Ehrgeiz, seine Ahnen herauszustreichen, nicht vielleicht übertrieben? Das dualistische Prinzip steht hier nicht zur Erörterung, denn es handelt sich ja nicht um eine Sondersprache der Oberschicht. Es wäre verständlich, wenn die Familie des Monarchen die Ausdrucksweise des Stammes bewahrt hätte, aus dem sie hervorgegangen war und der ihr die Herrschaft über die Hochfläche gesichert hatte. Es ist recht bedauerlich, daß wir von dieser Sprache nichts wissen. Wäre es das Aymara gewesen, so würde dies genügen, um die Frage zu beleuchten. So aber beschränkt Garcilaso sich darauf, ein Dutzend Worte zu zitieren, erklärt, ihre Bedeutung nicht zu kennen, und läßt uns in völligem Dunkel[22].

Die Vermutung liegt nahe, daß Garcilaso sich nicht allein auf seine Einbildungskraft gestützt hat und daß die Angehörigen der großen Inkafamilie im häuslichen Kreise die Mundart ihres Heimatstammes sprachen, die zwar mit der Zunge der anderen Stämme verwandt, aber dennoch abweichend genug war, um auf das Vorhandensein einer Originalsprache schließen zu lassen. Wahrscheinlich hatte es mit den Inka eine ähnliche Bewandtnis wie mit Napoleon und seinen Brüdern, wenn diese Korsisch sprachen.

2. Das Leben der Oberschicht

Die Elite bestand aus drei Kategorien. Die erste setzte sich aus Mitgliedern der kaiserlichen Ayllu zusammen, allerdings nicht von Rechts wegen, denn es gab gewisse Bedingungen, die wir näher umschreiben müssen.

Die zweite Kategorie umfaßte die *curaca,* freiwillig oder unfreiwillig unterworfene Hauptleute, die sich der kaiserlichen Hierarchie einfügten je nach der Rangstufe, die der zahlenmäßigen Bedeutung ihres Stammes entsprach. Ihre Bindung an die Zentralmacht wurde nicht nur durch das übliche Mittel der Stafettenpost aufrechterhalten, sondern noch durch die Verpflichtung, sich je nach der Entfernung ihres Standorts von der Hauptstadt alle ein bis zwei Jahre in Cuzco einzufinden, ihre Söhne im Alter von fünfzehn Jahren zur Ausbildung dorthin zu entsenden und endlich aus der Hand des Herrschers eine Frau aus kaiserlichem Geblüt zu empfangen. Das Zeichen ihres Vorranges war ihr traditionsgemäßes Kleid und die Erlaubnis, bei feierlichen Versammlungen einen niederen Stuhl einzunehmen.

Die dritte Kategorie setzte sich aus Indios aus dem Volk zusammen, die sich durch eine besondere Leistung, ein Bravourstück oder Ähnliches, hervorgetan hatten. Aufnahme in die Oberschicht war ihre Belohnung. Garcilaso de la Vega nennt sie die «Inka aus Vorrecht».

Wie wurde man «Langohr»?

Die erste dieser Kategorien war weitaus die bedeutendste. Für die jungen Angehörigen der kaiserlichen Ayllu und für die Söhne der Curaca bestand die Zulassungsbedingung zur Elite in einer Art Prüfung, die den Abschluß eines Lehrkurses bildete. Dieser dauerte vier Jahre und wurde in den Schulen von Cuzco abgehalten. Während des ersten Jahres erlernten die Schüler die Quechua-Sprache, die den Söhnen von Stammeshäuptern entlegener Provinzen, in denen ein Dialekt gesprochen wurde, häufig vollkommen fremd war. Das zweite Jahr gehörte der religiösen Unterweisung, das dritte dem Unterricht in der Handhabung der Knotenschnüre *(quipu)*, das vierte der Geschichte. Diese Kenntnisse wurden ergänzt durch Vorlesungen in weniger entwickelten Wissenschaften: so bestand die Geometrie in der Feldmessung, die Geographie in der Verfertigung von Reliefkarten, die Astronomie in der Beobachtung der Tag- und Nachtgleiche und der Sonnenwende.

Die Lehrer waren jene berühmten Weisen, deren Lehren der oberste Inka zuweilen selbst lauschte. Man nannte sie *amauta*, was «weise, sinnreich, arglistig» bedeutet, obschon es für den, der lehrte, noch eine besondere Bezeichnung gab: *yachapa*. Der Grund hierfür ist, daß sie nicht nur Lehrer waren. Ihr Wissen war umfassend; sie waren ebenso imstande, den Bau eines Palastes zu leiten wie das Gesetz auszulegen, Kultverzierungen herzustellen wie ein Trauerspiel zu dichten. Indessen stand ihnen trotz der Machtbefugnis, der sie sich erfreuten, nicht zu, faule oder aufsässige Schüler mehr als einmal am Tage zu züchtigen, was übrigens auf die Fußsohlen geschah[1].

An dem für die Prüfung ausersehenen Tag mit Namen *huaracu* versammelten sich die Anwärter auf dem großen Platz; weißgekleidet, mit geschnittenem Haar und mit dem schwarzen, gleichfalls von schwarzen Federn verzierten *llautu* auf dem Kopf beteten sie zur Sonne, zum Mond und zum Donner. Sodann erklommen sie den Nachbarhügel von Huanacauri und beobachteten – bei Wasser und rohem Mais – eine strenge Fastenzeit, der sich ihre Familien anschlossen. Dabei unterzogen sie sich streng-rituellen Zeremonien und Tänzen; aus Priesterhand empfingen sie ihre Schleudern. Einige Tage später wurden ihnen rotweiße Tuniken überreicht; in diesen verbrachten sie die Nacht in Gesellschaft ihrer Familien in einem Zelt in der Nähe der Hauptstadt; hernach brachten sie Opfer dar, tanzten und nahmen in Anwesenheit einer großen Zahl von Indios, die sie laut rufend anfeuerten, an einem Wettlauf teil.

Dieser Lauf stellte die Hauptprobe dar. Das zu erreichende Ziel war derselbe Hügel Huanacauri, der als eine der von der gesamten Gegend am meisten verehrten Stätten des Heils galt, weil der Legende zufolge nämlich einer der Brüder des ersten Inka auf jenem Gipfel zur Steinsäule geworden war. Doch war ihm kurz vor dieser sonderbaren Verwandlung ein Flügelpaar zugewachsen, dank dem er die Rolle des Mittlers zwischen seinen Brüdern und den himmlischen Gottheiten gespielt hatte. Nun ist der Lieblingsvogel des Indio der Falke. Der Wettlauf stand tatsächlich im Zeichen dieses Raubvogels, dessen Fluggeschwindigkeit stets die Bewunderung der Eingeborenen erregt hatte. Sogar die Sprache legte davon Zeugnis ab, das Wort *huaman* bedeutet Falke und gleichzeitig Geschwindigkeit. Eine Reihe von Ableitungen haben sich aus dieser Wurzel entwickelt: *huaminca* – mutig, alterprobt, Hauptmann; oder *huamincachani* – jemand zum Häuptling ernennen.

Aus demselben Leitgedanken heraus finden wir das Wort huaman in Verbindung mit einer großen Anzahl von Häuptlingen und Orten wie die Festung Sacsahuaman, die Stadt Huamanca. Daher hat auch der indianische Chronist Poma de Ayala sich selbst Huaman genannt.

Wenn der Wettlauf die Prüfung entschied, wenn der Falke dank seines pfeilgeschwinden Flugs beliebt war, so nur deshalb, weil die Schnelligkeit der Truppenverschiebungen in einem Land ohne Beförderungsmittel den Sieg weitgehend bestimmte. Falke, Lauf, soldatische Eignung, alle diese Bedeutungen waren ineinander verwoben. Der Beiname Falke war der Titel einer seltenen Auszeichnung. Das kam daher, weil alle Tiere einer Rangordnung angehörten, vom Raubvogel, der die Spitze bildete, bis hinunter zur Kröte, die auf der untersten Stufe dieser Ehrenleiter stand.

Am Tage des Wettlaufs nahmen diese Titel und Bezeichnungen Gestalt an, denn die Festleiter stellten auf der Kuppe des Hügels Huanacauri eine aus Salz verfertigte derbe Wiedergabe einer ganzen Reihe von Tieren auf: Falke, Adler, Geier, Wildente, Kolibri, Vicuña, Fuchs, Schlange, Kröte. In der Reihenfolge ihrer Ankunft am Ziel ergriffen die Wettläufer diese sinnbildhaften Tiere, die ersten bemächtigten sich der Vögel, die letzten der noch übrigen Reptilien und Froscharten. So trug ein jeder das Zeugnis seiner Stärke oder seiner Schwäche davon, die Zuschauer waren im Bilde, wen sie loben und wen sie verspotten durften, und riefen den jungen Leuten ihre neugewonnenen Beinamen wie *huamán* oder Falke, *liasuyhuana,* Wildente, und so weiter, zu[2].

Übertragen auf die Ebene der Berufsgruppen, erinnert dieses System an die Art, wie Sowjetrußland zu Beginn seiner Sozialisierungserfahrungen Tatendrang und Wetteifer anzuspornen und aufrechtzuerhalten suchte: Plakate wurden an den Werkstätten angebracht, welche das Tempo der Arbeit versinnbildlichten; so sah man allerhand Abbildungen, vom Flugzeug über die Lokomotive bis hinunter zur Schildkröte. Bei ihrem Anblick hoben die Arbeiter diejenigen, welche ihr Soll weit überschritten, in den Himmel und machten sich über die anderen lustig.

Wenn die Nacht hereinbrach, legten sich die indianischen Wettkämpfer am Fuß des Hügels zur Ruhe und zwar an einer Stelle, die zu diesem Zweck *Huamán Cancha,* «Falkenwinkel», hieß; am nächsten Morgen erklommen sie bei Tagesanbruch den Gipfel eines huaca-Hügels, auf dem zwei Falken aus Stein aufragten.

Kurz darauf begann zwischen den in zwei Kampfgruppen eingeteilten Jungmännern eine Schlacht: die eine bekam den Auftrag, einen befestigten Ort zu verteidigen, die andere, ihn anzugreifen. Am darauffolgenden Tage wurden die Rollen vertauscht und die Schlacht wiederholt. Obschon die Streiter unbewaffnet waren, legten sie sich mit solcher Siedehitze ins Zeug, daß sie mitunter ernstliche Verwundungen davontrugen.

Als weitere Wettbewerbe folgten Bogenschießen und Schleuderwerfen, dazu die «Charakter»-Proben: der Anwärter mußte Schläge einstecken, ohne es sich anmerken zu lassen; zehn Nächte lang auf Wache ziehen, ohne dabei einzuschlafen; dastehen, ohne mit der Wimper zu zucken, während der Hauptmann eine Keule über seinem Kopf schwang und seine Augen mit einer Lanzenspitze bedrohte. Proben technischer Art bildeten den Abschluß der Prüfung: Herstellung von Bogen, Schleudern und Sandalen.

Die erwählten Anwärter wurden vom obersten Inka empfangen, der ihnen enganliegende Hosen, ein Federdiadem und Brustpanzer aus Edelmetall überreichte und ihnen mit einer Goldnadel eigenhändig die Ohren durchstach. Von diesem Augenblick an hatten sie das Recht, jene schweren Ohrgehänge zu tragen, die das auffälligste Abzeichen der Elite waren und ihnen von den Spaniern den Beinamen «Langohren» – *orejones* – eingetragen hat.

Wenn das Ohrläppchen unter dem Gewicht ausriß,

DAS «FEST DES OHRENSTECHENS»

war das ein schlechtes Vorzeichen. Zum Beispiel trachtete der Inka Atahualpa, dem im Kampf ein Ohr verstümmelt wurde, danach, es unter seinem Mantel zu verbergen.

Die spärlichen Angaben in den Chroniken erlauben uns die Lösung von Widersprüchen kaum. So können wir nicht mehr klären, ob und bei welcher Gelegenheit verschiedene Zeremonien zwischendurch oder im Anschluß an die Festlichkeiten ihren Ablauf nahmen. Wir wissen von einem «Tanz der Puma», den die Anwärter bedeckt mit Fellen dieser Tiere zum Dröhnen der Trommel aufführten, ebenso von einem Schlangentanz. Ein rituelles Bad wurde vorgenommen. Besonders feierlich wird ein Fest auf dem Hauptplatz von Cuzco verlaufen sein, Symbolcharakter kam der Urbarmachung eines Streifen Landes zu. Die Waffenausgabe an die Jungmänner geschah durch das älteste Familienmitglied. Man begreift, daß die Angehörigen der Elite ein unauslöschliches Andenken an diese Tage bewahrten[3].

Das persönliche Eigentumsrecht

Die Lage der so gebildeten Elite war natürlich weniger günstig als die des Inka, sie stand aber weit über der der großen Masse. Denn während diese sozialisiert war, wie wir noch sehen werden, individualisierte sich die Oberschicht ganz allmählich. Sicherlich war es dem Inka nicht um die Verwirklichung wirtschaftlicher und gesellschaftstechnischer Grundsätze zu tun, aber in natürlicher Entwicklung und unter Anwendung eines höchst vernünftigen Opportunismus hatte er den Brauch eingeführt, die Langohren, die sich auf irgendeine Weise verdient machten, durch Geschenke wie Frauen, Land, Lamas, Kleider und Kunstgegenstände zu belohnen oder ihnen persönliche Auszeichnungen und Vorrechte einzuräumen: wie zum Beispiel einen Sessel einnehmen, in der Sänfte reisen, gewisse Verzierungen tragen zu dürfen. Die dergestalt empfangenen Güter wurden das Eigentum des Begünstigten. Geschah es nämlich auf andere Weise, so wäre die Bedeutung der Schenkung als Zeichen des persönlichen Verdienstes, des persönlichen Geschenks, verlorengegangen. So ist in Peru unter dem Zepter der Rechtsprechung das seltsame Besitzrecht des einzelnen zustande gekommen.

Doch das ist noch nicht alles: damit die erstmalige Gabe als Vorbild diene, galt es, das Andenken an das Verdienst zu verewigen, indem man den Gegenstand durch Erbschaft und nicht an einen von dem Verstorbenen gewählten oder brauchgemäß bestimmten Erben, sondern an die Gemeinschaft der Nachfahren übertragbar machte, da diese sich als gleichermaßen fähig erwiesen hatte, aus diesem Andenken Nutzen zu ziehen und dem Beispiel des Ausgezeichneten nachzueifern. Auf diese Weise konnten die als Schenkung empfangenen Ländereien nicht veräußert werden und mußten den Erben, die sich in den Nießbrauch teilten, ungeteilt übergeben werden.

Die weibliche Rangordnung

Hinsichtlich Ernährung, Kleidung und Wohnung war die Oberschicht zwar bevorzugt, stand jedoch hinter dem Niveau des Herrschers zurück. Diese Bevorzugten konnten zwar mehrere Frauen haben, aber nicht unzählige wie der oberste Inka; auch hier entschied die Lage des einzelnen das unterschiedliche Höchstmaß der Bevorzugung. Wenn der Inka einem Häuptling eine Frau gegeben hatte, nahm sie in dessen Haus eine Vormachtstellung ein und konnte nicht verschmäht werden, wie auch immer der Ortsbrauch sein mochte. Sie alle wurden auf Grund der Dienste, die sie unter Umständen zu leisten imstande waren, als größtes Kleinod angesehen und waren vererbbar.

Allgemein gesprochen konnte eine Prinzessin aus kaiserlichem Geblüt nicht Frau oder Konkubine eines Mannes von niederem Rang sein, selbst wenn er «Inka aus Vorrecht» war. Dies ist übrigens das Thema des Dramas *Ollantay,* auf das wir angespielt haben: Der Monarch verweigert dem tapfersten seiner Generale die Hand einer Prinzessin, die ihn liebt und die von ihm wiedergeliebt wird. Aber am Ende des Stücks genehmigt der Nachfolger des unerbittlichen Inka doch die Verbindung. Es scheint also, daß diese Regel nicht immer befolgt wurde: eine Schwester von Huayna Capac weigerte sich, nach dem Befehl des Herrschers zu heiraten, der ihr zur Strafe einen alten und häßlichen Curaca gab. Doch setzten Heulen und Jammern der Gattin diesem derartig zu, daß er sich mit ihrem Eintritt in ein Haus der Erwählten – wir würden im europäischen Sinne heute von einem Kloster sprechen – einverstanden erklärte.

In den Familien der hohen Würdenträger wurden die Söhne, wie wir gesehen haben, in den Schulen von Cuzco erzogen. Soweit sie zum Schulbesuch nicht zu jung waren, wurden sie von Frauen eines gewissen Alters, insbesondere von Witwen betreut, die sich auch um ihre sexuelle Aufklärung kümmerten[4].

Die jungen Mädchen der Elite traten ihrerseits im zarten Alter von acht Jahren in Anstalten ein, die «Häuser der erwählten Frauen» genannt wurden; die Leitung unterstand berufenen Matronen, die sie in den Riten und ihren künftigen Ehepflichten unterwiesen. Hier nahmen sie eine dem Rang ihrer Familie in der kaiserlichen Verwaltung entsprechende Stellung ein, die sich von der Gehilfin der Vorsteherin bis zur Dienerin der übrigen Mädchen abstufte. Sie hatten die Gerichte und Getränke der Götter und des obersten Inka zuzubereiten, sie nähten und webten die Gewänder des Kaiserpaares. Zusammen mit ihnen wurden diejenigen jungen Mädchen erzogen, die von besonders dazu bestimmten Beamten in den verschiedenen Ortschaften wegen ihrer Schönheit ausgewählt wurden[5].

Diese Häuser waren zahlreich. Für die kleine Stadt Caxas allein, die erste, welche die Spanier bei ihrer Eroberung noch bevölkert vorfanden – denn die vorherigen, darunter das berühmte Tumbez, waren anläßlich des Bürgerkrieges zwischen den beiden Brüdern Huascar und Atahualpa verwüstet worden –, gibt eine kürzlich entdeckte Chronik drei dieser Häuser mit einer Belegschaft von insgesamt fünfhundert Frauen an[6].

In dieser Beziehung begingen die Spanier die übelsten Verwechslungen, denn die jungen Mädchen waren in verschiedene Kategorien aufgeteilt, die die Eroberer nicht voneinander zu unterscheiden wußten[7].

Auf der untersten Stufe der Leiter standen die Dienerinnen, die entweder junge Mädchen der höheren Stände betreuten oder für den Inka Kleider herstellten, oder auch auf den Gütern der Herrscher arbeiteten und die zum Opfer bestimmten Lamas versorgten.

Über ihnen standen die jungen Insassen der Anstalt, die zu verschiedenen Arbeiten wie Spinnen, Weben und Sonnenkult eingeteilt waren.

Die «Sonnenjungfrauen»

Die regelrechten «Sonnenjungfrauen», die an der Spitze der Rangordnung standen und gleichermaßen in der Anstalt interniert waren, arbeiteten weder für sich noch für andere Sterbliche. Sie bereiteten für die Sonne, deren Gattinnen sie waren, Trank und Speise und mußten aus diesem Grunde bei schrecklichster Strafandrohung strengste Keuschheit bewahren. Bei Mißachtung dieser Vorschrift wurden sie lebendig begraben, ihr Liebhaber wurde gehängt und die ländliche Sippe, der er angehörte, ausgelöscht, eine recht grausame Anwendung der Sippenhaftung des Ayllu.

Sonnenjungfrau zu werden, war allerdings gar nicht so einfach. Die Erwählte mußе eine Probezeit bestehen. In Cuzco waren die Bedingungen folgende:

Zunächst stellte das junge Mädchen sich dem kaiserlichen Rat vor, der Abstammung und Körperbeschaffenheit prüfte und sich über Alter und Geschmacksneigungen unterrichtete. Gefiel sie, wurden ihr ein Einkommen in Naturalien und eine Dienerin zuerkannt. Hernach unterzog der Hohepriester oder einer der zehn höchsten religiösen Würdenträger sie einem Verhör, das sich auf die Opferfeiern bezog, die in der Familie des Prüflings an seinen wichtigsten Lebensdaten begangen worden waren. Dann schnitt man ihr einen Teil der Haare ab und ließ ihr nur Zöpfe auf der Stirn und an den Schläfen. Man bedeckte ihr Antlitz mit einem grauen oder bräunlichen Schleier, gab ihr graue Kleider, und der die Feier leitende Priester klärte sie über ihre Pflichten gegen die Gottheiten auf. Nun wurde das junge Mädchen Novizin und damit einer Gruppe von zehn Anwärterinnen zugesellt, die von einer älteren und erfahreneren Frau geleitet wurden. Im übrigen wurde die Oberin der Anstalt von einer Anzahl zumal in der Medizin erfahrener Frauen unterstützt.

Diese Zeremonien fanden statt, wenn das Mädchen die Pubertät erreichte, also im Alter von ungefähr zwölf Jahren. Das Noviziat dauerte drei Jahre, in dem ein vollständiger Lehrplan abrollte, nicht nur in Hausarbeit wie Nähen, Weben, Bereitung von Speise und Trank, Führung des Haushalts, sondern auch im religiösen Dienst wie Verwahrung der heiligen Gegen-

TONVASE MIT STILISIERTEN
«SONNENJUNGFRAUEN»

stände, Unterhalten des Feuers des Heiligtums und so weiter.

Die Oberin und die Leiterinnen gehörten der Elite an und hielten eine strenge Zucht aufrecht. Obwohl die Räume, in denen die Jungmädchen der verschiedenen Kategorien wohnten, voneinander nur durch einfache Vorhänge getrennt waren, wäre eine Novizin nie auf den Gedanken gekommen, die Gemächer der Sonnenjungfrauen zu betreten oder umgekehrt. Die Absonderung war um so strenger, als sich unter den Lehrlingen Töchter der hohen Würdenträger befanden, die hier ihre Erziehung beendeten, ohne sich damit hernach dem Sonnenkult weihen zu wollen, und von ihren Eltern bei Vollendung des achtzehnten Lebensjahrs aus der Anstalt genommen wurden. Wenn ein Mädchen indessen die Berufung zum Gottesdienst in sich keimen fühlte, wurde ihr die im Haus der Erwählten verbrachte Zeit als Noviziat angerechnet.

Nach Ablauf der drei Jahre begab der Hohepriester sich in Begleitung des Herrschers oder seines Stellvertreters in den Tempel und berief die Anwärterinnen und ihre Erzieherinnen. Er forderte sie auf, sich endgültig zwischen Heirat oder Weihe zur Sonnenjungfrau zu entscheiden. Im letzten Fall wurde sie in ein weißes Gewand gekleidet, mit einer goldenen Girlande geschmückt, mit einem weißen Schleier bedeckt und mit weißen neuen Sandalen beschuht. Nun schritt sie zum Opfer, betete und wurde zur Sonnenjungfrau – *accla* – erklärt. Von nun an konnte sie den Tempel nur noch verlassen, um sich zu Ausschmückungszwecken in andere Heiligtümer zu begeben, vorausgesetzt, daß sie von mindestens einer ihrer Kameradinnen, von bestimmten der älteren, in ihrem Haus bediensteten Frauen, von ihren Dienerinnen und von zwei mit Lanze und Bogen bewaffneten Tempelwächtern begleitet wurde. Allein durfte sie nur im Garten des Hauses spazierengehen, wo sie Haustiere halten durfte, die ihre hauptsächliche Zerstreuung waren.

Alljährlich versammelten sich nach der Ernte die Hauptpersönlichkeiten der Provinz unter dem Vorsitz des Statthalters in Cuzco um den Herrscher zu einem prunkvollen Festmahl, bei dem auch die Götterbilder aufgestellt wurden. Die Jungfrauen brachten Opfer dar, huldigten dem Herrscher und erneuerten ihr Gelübde. Sodann trugen sie das Mahl auf und überreichten den Teilnehmern Geschenke in Form von Kleidern aus Vicuñawolle, Gürteln und Zieraten aller Art. Die Geladenen schenkten ihnen dafür Gold, Lamas und Wertgegenstände. Da bei diesem Bankett übermäßig gegessen und getrunken wurde, nahm der Hohepriester nicht daran teil.

Eine Schilderung, deren Verfasser uns unbekannt ist, glauben wir stillschweigend übergehen zu dürfen, weil sie uns auf Grund gewisser Ähnlichkeiten mit katholischen Bräuchen verdächtig erscheint, zumal andere Chronisten von Riten wie Austeilung von kleinen Maisstücken als «Hostien» nichts erwähnen[8].

Die Vernichtung der Götterbilder, die von den spanischen Eroberern mit Eifer betrieben wurde, hat auf geistigem Gebiet kaum Folgen gezeitigt. Die alten Vorstellungen versteckten sich hinter den neuen Altären. Dabei haben die Missionare, ohne aus Berechnung

HEIRATSZEREMONIE
IN EINER VORNEHMEN FAMILIE

zu handeln, heidnisches Gedankengut mit christlichen Lehren vermengt, wie sie auch Quechua-Bezeichnungen anstelle spanischer Ausdrucksformen setzten. In dieser Hinsicht haben sie sich freiwillig ins Schlepptau der Religionen nehmen lassen, die sie verurteilten, und auf diese Weise den Indios den Übergang zur neuen Religion erleichtert. So sprechen sie laufend von Mönchen und Nonnen, die zur Inkazeit lebten und wirkten, um ohne Unterschied die Frauen der Anstalten zu bezeichnen, von denen wir soeben gesprochen haben. Umgekehrt nennen sie *accla* Jesu Christi die Sonnenjungfrau, welche die Taufe empfangen hat.

Die Jungmädchen von achtzehn Jahren aus dem Geschlecht des Inka, die sich nicht zum Sonnenkult berufen fühlten und vom Herrscher nicht mit einer Schenkung bedacht worden waren, wurden an einem bestimmten Tag zusammen mit den Jungmännern der Elite im Alter von über dreiundzwanzig Jahren vor den Thron des Inka berufen. Freie Wahl wurde ihnen untereinander zugestanden, vorausgesetzt, daß sie der gleichen Gesellschaftsschicht angehörten. Die Feier glich der Hochzeit des Herrschers: Der Bräutigam zog seiner zukünftigen Gattin Sandalen an und überreichte ihr sowie ihrer Mutter Geschenke. Der Monarch oder ein hoher Staatsbeamter, der die Feierlichkeit leitete, legte die Hände der Vereinten zusammen; dann nahmen Opferungen, Tänze und Festmahl ihren Lauf[9].

Die Beerdigung eines Angehörigen der Oberschicht glich der des Inka, wenn auch mit weniger Pomp.

Die Vorschriften der Nachfolge richteten sich nach der Eigenschaft des Verblichenen; war er Curaca, so blieb der Landesbrauch, der natürlich je nach Provinz verschieden war, in Kraft, was die mangelnde Übereinstimmung der einzelnen Beobachter erklärt[10]. Anderenfalls bestimmte der Kaiser den Nachfolger des ausgefallenen Beamten, was uns einleuchtet. Diese Regel betraf aber nur die Glieder der Elite; die niederen Beamten wurden von ihren unmittelbaren Vorgesetzten ernannt oder sogar von ihren Gemeindemitgliedern erwählt.

In Fragen des Besitzes herrschte dieselbe Unterscheidung. Der Brauch fand in seiner Vielfalt auf das Erbe eines Curaca Anwendung; sonst erbten die Kinder. War die Witwe ihrerseits erbberechtigt, konnte sie nur dann die Frau eines Erben werden, wenn diese Verbindung keine Blutschande darstellte[11].

3. Die Verwaltung

Die gesamte Verwaltungsarbeit des gewaltigen Reiches lag in den Händen der Oberschicht, deren Kern der Kronrat des Inka war. Vier hohe Beamte bildeten dieses höchste, zugleich verwaltungstechnische, politische und juristische Organ. Ein jeder von ihnen hatte ein Teil des Reiches unter sich in Nord, Süd, Ost und West. Diese höchsten Beamten sind es, welche die Spanier als Vizekönige bezeichnet haben; sie sind es, die unter Pachacutec die Gesamtplanung zur Umordnung des Reiches auszuarbeiten hatten[1].

Der gesamte Verwaltungskomplex mußte in Übereinstimmung mit dem Kalender stehen. Das Jahr begann zur Sonnenwende am 21. Dezember und war ein Mondjahr. Daraus ergab sich ein Ausgleichsunterschied zum Sonnenjahr, dessen man anscheinend nie Herr wurde, obwohl man sich die größte Mühe gab, genaue Beobachtungen anzustellen[2].

Zwei schöne Sprachen wurden gesprochen: Das Quechua und das Aymara

Eine Hauptschwierigkeit, die den Staatsführern zu schaffen machte, war die Vielfalt der Sprachen und Dialekte: nach Pater Acosta gab es siebenhundert.

Einige unter ihnen werden noch heute von Minderheiten gesprochen, zum Beispiel das *yunga* oder *mochica* in Eten (an der Nordküste) und das *kauke* in Tupe (Provinz Yauyos, südöstlich von Lima)[3]. Indessen herrschten drei von den Spaniern als «allgemein» bezeichnete Sprachen zu der Zeit vor, als das Reich auf seinem Höhepunkt stand: *quechua, aymará* und *uru*.

Die letzte ist heute bereits im Verlöschen und zwar so stark, daß die Sprachforscher Mühe haben, ihre spärlichen Überreste zu sammeln[4]. Die beiden ersten waren dagegen in vollem Aufschwung und sind noch heute in den Anden lebendig. Die Volkszählung Perus im Jahre 1940 hat ergeben, daß mehr als die Hälfte der Schulkinder Quechua oder Aymara spricht und mehr als ein Drittel kein Spanisch versteht. Für den Sprachforscher sind die beiden Schwestersprachen wegen ihrer ähnlichen Phonetik und zahlreicher grammatikalischer Analogien höchst beachtlich. An Hand ihres Wortreichtums und auf Grund ihrer polysynthetischen und wortansetzenden Eignung bieten sie die Möglichkeit, einen vollen Satz in einem einzigen Wort zu sagen. Ihr Wortbau gehorcht einer Vorlage, er entwickelt sich wie ein Baum aus einer einfachen Wurzel. So entsprossen der Wurzel *ali*, was auf Aymara «Pflanze» bedeutet, zweiundachtzig Wörter von «keimen», «wachsen», «sich verästeln» bis zu «unternehmen», «tauschen», «erwerben» mit genauen Wendungen wie «die Pflanze zum Baum wandeln», «einen Gegenstand mit Wachstum bedecken», «eine Pflanze von schönem Wuchs sein», «mengenweise wechseln», «Gegenstände von geringem Wert erwerben». Jede dieser Bezeichnungen läßt sich mit einem einzigen Wort von wenigen, höchstens fünf Silben ausdrücken.

Durch die Vollkommenheit seiner Gliederung ähnelt das Aymara seltsamerweise dem Türkischen. Kühne Philologen haben daraus abgeleitet, daß diese Sprache die Mutter aller anderen sei; Onffroy de Thoron hat nicht gezögert, seine Studie *Entdeckung des Paradieses und der Ursprache* zu nennen, und Villamil de Rada hat seiner Arbeit den Titel *Die Sprache Adams* gegeben[5].

Die Wortbildung auf Quechua ist ebenso logisch wie einfach. Zum Beispiel: *kay* drückt die Abstraktion aus, *runa* bedeutet Mensch, die Menschheit heißt *runakay; siki* bezeichnet die Gewohnheit; Vielfraß läßt sich durch *hillusiki* übersetzen.

Die Mehrzahl wird durch Anhängen der Nachsilbe *cuna* gebildet, für die leblosen Dinge aber nicht gebraucht; im letzten Fall muß eine Anzahl erwähnt werden, da es keinen unbestimmten Artikel gibt. Namen werden nicht mehr gebeugt als im Spanischen oder Französischen. Es gibt vier Konjugationen der Verben, und die Gegenwart des Indikativs ist die Grundlage aller anderen Zeiten. Unpersönliche und unvollständige Zeitwörter sind auch zu finden. Jedes Zeitwort fördert abgeleitete Worte zutage, die ihm einen besonderen Sinn geben: die Befehlsform – man muß lieben –, die wechselseitige Ableitung – einander lieben –, rückbezüglich – sich selbst lieben –, die Wunschform – lieben wollen –, abbittend – aus Liebe zu einem anderen handeln –, und so weiter. Alle diese abgeleiteten Zeitwörter werden normal konjugiert.

Die Befehlsform hat zwei Möglichkeiten: Gegenwart und Zukunft – handle sofort – handle in der Zukunft –.

Die erste Person der Mehrzahl, Umstandsfürwörter oder Zeitwörter weichen eigenartigerweise ab, je nachdem man die Person, mit der man spricht, einschließt oder nicht. So sagt ein Indianer im Gespräch mit einem Spanier, wenn er im Namen einer Gruppe spricht: «Wir sind in den Anden geboren, aber wir sind auch Kinder Gottes.» Das erste «wir» wird mit *ñacayco,* das zweite mit *ñocanchic* übersetzt.

Endlich übersteigt das *Quechua-Dezimalsystem* nicht die Zahl Einhunderttausend. Die Aymara hatten ein nach der Zahl sechs geordnetes Zahlensystem.

Das reinste Quechua wurde in Cuzco gesprochen, wo es in der Schule gelehrt wurde. Es gibt Wörter, die «archaisch», «schöne Sprache», «schlecht sprechen» bedeuten. Zweifellos legte die Oberschicht Wert auf eine gewählte Ausdrucksweise[6].

Die Ausdrücke, die Abstraktionen bezeichnen, sind selten. Immerhin sind einige bemerkenswert: *collanan,* «die Hauptsache», unabhängig von dem in Frage stehenden Gegenstand, *caucasca,* «die Sache, die lebt», *viñapay,* die Sache, die weitergeht», will sagen «das Wesentliche», «das Dasein», «die Ewigkeit». In seinem Wörterbuch übersetzt D. Gonçales Holguin *cay* mit «Wesen» und leitet davon eine Menge von Zusammensetzungen ab, deren Mehrzahl Angleichungen religiöser Begriffe der Spanier sind.

Für europäische Ohren klingen beide Andensprachen rauh, sind doch jäh hervorgestoßene Kehllaute nicht selten. Für uns ist die Aussprache gewisser

Wörter schwierig und ihre Niederschrift noch schwieriger. Das Aymara besitzt zwei *ch,* vier *k,* zwei *r* und zwei *t.* Man unterscheidet die Töne, indem man sie beim Schreiben verdoppelt, aber bei den verschiedenen *k* muß man sich anderer Hilfsmittel bedienen – man schreibt: k, kk, kh und q. Die Lautnachahmungen sind häufig und verleihen dem Satz viel Ausdruck, ja Schönheit. So heißt niesen auf Quitchua *atchicuni,* das Wort Säugling gibt man wieder, indem man *huahua* stammelt, und der Schmerz äußert sich durch einen Klagelaut: *alau;* auf Aymara werden manche Vögel nach ihrem Gesang benannt: *kotchitchi, lekeleke.*

Knotenschnüre oder die Sucht der Statistik

Zu der Zeit, die uns hier beschäftigt, gab es in Peru keine Schrift. Die alten Peruaner bedienten sich daher der *quipu* oder Knotenschnüre, «als handle es sich dabei um Papier und Tinte», wie Señor de Morua erklärt. Dank ihrer Hilfe nahmen die Beamten die Höhe von Angebot und Nachfrage auf, die Verwaltung trachtete, beides auszugleichen. Ohne dieses Hilfsmittel der Statistik wäre die Organisation des kaiserlichen Plansystems unmöglich gewesen, da man das Triebwerk der Preisgestaltung nicht kannte. Nach Poma de Ayala ist die Behauptung nicht übertrieben, daß «das Kaiserreich von den Quipu regiert wird»[7].

Der *quipu* besteht aus einer Hauptschnur, an die Schnürchen verschiedener Farben, teils parallel, teils von einem gemeinsamen Punkt ausgehend, gebunden sind. Knoten zeigen Ziffern an, während die Farben die jeweilige Bedeutung wiedergeben können[8].

Am untersten Ende des Schnürchens stellen die Knoten die Einer dar, darüber die Zehner, weiter oben die Hunderter, hernach die Tausender und dann die Zehntausender. Vergessen wir dabei nicht, die Findigkeit der Indianer zu bewundern, die einen Gegenwert für die Null entdeckten: den Zwischenraum ohne Knoten, den freigelassenen Platz.

Man setzte auf dem Schnürchen die Zahl zusammen, wie wir sie auf das Papier schreiben, indem wir mit der Zahl der höchsten Kategorie beginnen, also genau, wie wir sie lesen. Auf dieselbe Weise liest man das Schnürchen, indem man oben anfängt.

Wir kennen den Sinn der verwickelten Knoten nicht, vielleicht waren sie für vielstellige Zahlen gedacht.

Die Farben ihrerseits gaben über Bedeutung oder Beschaffenheit Auskunft. Da aber ihre Zahl, selbst wenn man die Schattierungen hinzurechnet, beschränkt und die der zu bezeichnenden Gegenstände vielseitig war, so änderte sich der Sinn dieser Farben oder Mischungen je nach der allgemeinen Bedeutung des Quipu. Diese mußte man genau kennen, um jene richtig auslegen zu können. Zum Beispiel bedeutete Gelb bei den Beutezahlen Gold, bei den Erntezahlen aber Mais. Auf diese Weise wurden die Aufzeichnungen geheimgehalten, da nur der Eingeweihte sie verstehen konnte.

Um das Lesen dieses Systems zu erleichtern, gehorchten Menschen und Dinge einer ganz bestimmten, unveränderlichen Reihenfolge. So standen in den demographischen Quipu die Männer oben, dann folgten die Frauen, dahinter die Kinder; in den Waffenzählungen galt folgende Größenordnung: Lanzen, Pfeile, Bogen, Speere, Keulen, Äxte, Schleudern.

Das Ausbleiben eines Schnürchens längs der Schnur oder das Fehlen einer Farbe hatte seine Bedeutung wie die Abwesenheit des Knotens an dem Schnürchen. Sie drückte das Nichts aus. Man war so sicher, daß alles aufgenommen war, daß das Fehlen eines Quipu einfach als «negativer Beweis» angesehen wurde. «Wenn kein Schnürchen vorhanden ist, um diese oder jene Gegenstände zu zählen, so heißt das eben, daß die betreffenden Gegenstände gar nicht vorhanden sind[9].»

Die Ausleger mit Namen *quipucamayuc,* will sagen «Quipu-Wächter», besaßen ein geübtes Gedächtnis, dessen Zuverlässigkeit durch ein durchgreifendes Verfahren gewährleistet wurde: der geringste Irrtum, das geringste Versehen wurde unverzüglich mit dem Tode bestraft. Jeder von ihnen war auf ein Sondergebiet in der Auslegung der Schnürchen, ob religiös, militärisch oder ökonomisch, eingearbeitet und verpflichtet, seine Söhne in die Arbeit einzuweihen, um ihnen die Nachfolge zu erleichtern. Um ihre Schlüssel leichter zu behalten, sang und betonte er sie nach gewissen Melodien.

Die Zentralisation der Quipu geschah auf die einfachste Art und Weise. Die unteren Beamten sammelten die statistischen Zahlen ihrer Bezirke und sandten sie ihren Vorgesetzten ein, die sie zusammenzählten. Von Stufe zu Stufe erreichten die Gesamtzahlen die

Hauptstadt, wo sie vom Zentraldienst der Statistik zusammengestellt wurden.

Diese Quipu dienten auch zur Festhaltung von geschichtlichen Begebenheiten und Zauberbräuchen. In manchen Gegenden wurden sie von einem System gekerbter Holzstücke oder gekehlter Stein- oder Holzplatten, in welche Kerne oder Bohnen verteilt wurden, ergänzt. Damit ähnelten sie den «Zählern», die wir bei der Erwähnung der Cara beschrieben haben[10].

Es steht außer Zweifel, daß die Indianer einen ausgeprägten Sinn für Statistiken gehabt haben. Es sei unmöglich gewesen, behauptet die Chronik, daß auch nur ein Paar Sandalen hätte abhanden kommen können.

Die Hierarchie, ein Triumph der Arithmetik

Allein Zählung und Einteilung genügen noch nicht, um ein Wirtschaftsgefüge zu leiten, vielmehr ist eine verwaltungstechnische Rangordnung notwendig, um das Ineinandergreifen von Steuererhebung und Güterverteilung zu gewährleisten. Nun gab es eine alte und naturgemäße Aufteilung, die den Stämmen entsprach: Colla, Caña, Contisuyu und so weiter, die durch geographische Gegebenheiten und geschichtliche Tatsachen zugleich geschaffen war. Dies war den Fremden aufgefallen. Die Spanier tauften diese natürlichen Bezirke «Provinzen» und ihre Oberhäupter «Statthalter».

Die Hauptstadt war an dem Beiwort *hatun* erkennbar, was «groß» bedeutet und an den Namen der Provinz gehängt wurde: Hatuncolla, Hatuncaña und so fort. Jedoch waren die Bezirke an Größe und Bedeutung sehr ungleich, so daß eine derartige Einteilung für eine rationelle Wirtschaft ganz unzureichend war. Ohne darum die bestehende zu zerstören, sahen die Führer sich gezwungen, aus ihr ein neues System entstehen zu lassen. Die Familienväter zwischen 25 und 50 Jahren wurden als Einheit genommen, wobei zehn von ihnen als Dekurie eine Art Grundzelle der Verwaltung bildeten. Darüber stuften sich die Gruppen von fünfzig Familien – obere Dekurie –, von hundert Familien – Zenturie –, von tausend, von zehntausend Familien. Danach wich für die großen Abteilungsbezirke die Arithmetik der Geographie: hier ging es um Statthalter von Provinzen und Vizekönige.

Wenn man die Familie im Durchschnitt als fünfköpfig annimmt, so müssen wir zugeben, daß die Einteilung von fünf und zehn Personen einheitlich ist.

Die Oberleitung war streng, alles hing von der Zentralmacht ab. Daher war die Rangordnung ausschließlich vertikal ausgerichtet: jeder Beamte stand in dauernder Verbindung mit seinen Vorgesetzten und Untergebenen, aber nicht mit seinesgleichen. Seine Macht war groß, seine Verantwortung schwer. Seine Befugnisse, wenn auch seinem Rang entsprechend schwankend, waren dennoch stets umfangreich. Bestand doch seine Aufgabe darin, das Leben seiner Untergebenen in den geringsten Einzelheiten zu leiten, sie den Vorschriften gemäß unablässig zu überwachen, alle Verstöße zu melden und in gewissen Fällen den Strafvollzug durchzuführen.

Die Männer von fünfundzwanzig bis fünfzig Jahren wurden «zinspflichtig» genannt und bildeten als einheitliche Kategorie bei weitem die bedeutendste Gruppe.

Die Unterteilung in Alters- und demnach in Beschäftigungsstufen war folgende:

– unter einem Jahr, das Wiegenkind.

– von ein bis fünf Jahren, das Spielkind. (Cabeza de Vaca behauptet, es habe «Läuse auf Haare ziehen müssen, um nicht unbeschäftigt zu sein».)

– von fünf bis neun Jahren, das Laufkind.

– von neun bis zwölf Jahren, das Kind, das die Vögel aus dem Maisfeld scheucht.

– von zwölf bis achtzehn Jahren, der Lamahirte und der Lehrling in Handarbeiten.

– von achtzehn bis fünfundzwanzig Jahren, der Gehilfe der Eltern in allen Verrichtungen.

– von fünfundzwanzig bis fünfzig Jahren, der zinspflichtige Erwachsene.

– von fünfzig bis sechzig, der ältere Mann, der aber auch noch zu Arbeitsleistungen fähig ist.

– über sechzig Jahre, der Greis, der nur noch Ratschläge zu geben vermag.

– eine zehnte Klasse umfaßte die Kranken, Siechen und Verrückten[11].

Da Geburten und Todesfälle die offizielle arithmetische Unterteilung durch Verminderung und Vermehrung der Zenturien und damit der ihnen zugeordneten Bevölkerungsgruppen veränderten, galt es, von Zeit zu Zeit eine neue Zählung und eine neue Gruppeneinteilung vorzunehmen. Diese Überprüfungen fanden alle zwei oder fünf Jahre statt, genau vermögen wir es in Anbetracht widersprechender Unterlagen nicht zu sagen. Zwischen diesen Abstimmungen und besonders gegen das Ende einer Zählperiode pflegte die Unterteilung nur noch annähernd zu stimmen, da die wirklichen Zahlen von den offiziellen Daten immer mehr abwichen. Daher wurde das Gleichgewicht den Gepflogenheiten eines sozialistischen Systems gemäß durch Anpassung des Menschen an den Plan – und nicht umgekehrt – wiederhergestellt. Zu diesem Zweck wurde der Überschuß der zunehmenden Bevölkerungsgruppen an die abnehmenden Gruppen abgegeben; war der Überschuß groß, wurde die Gruppe unterteilt. Meist wurden die überschüssigen Angehörigen dieser fruchtbaren Zellen kurzerhand nach Cuzco gesandt und dem Dienst des Inka unterstellt. Dabei wurden verständlicherweise Fähigkeit und Neigung den Anforderungen der Gesamtplanung geopfert.

Das war notwendig, denn ohne diese Vereinfachungen wäre die Verteilung recht schwierig geworden. Galt es zum Beispiel tausend Fanegas – von je fünfzehneinhalb Liter – Mais zu verteilen, so genügte es, sie unter die Provinzen im Verhältnis zur Anzahl ihrer Sippengruppen aufzuteilen; hernach ließ die Unterteilung sich arithmetisch durch zusätzliche Aufspaltung leicht vornehmen. Jede Gruppe wußte genau, auf welchen Teil der Zuweisung sie Anrecht hatte; Streit darüber gab es nie, da sie ja einen bestimmten Teil der

Bevölkerung ausmachte[12]. Infolgedessen – erklärt Fernando de Santillan – war die Rechnung leicht durchzuführen[13].

Von Zeit zu Zeit ließen sich Generalinspektoren sehen, übten eingehende Überwachung und glichen Unterschiede aus. Sie ernannten gewisse Beamte, konnten Verwaltungsbezirke umbilden oder ins Leben rufen und – was uns seltsam anmutet – hatten die für den Inka und zum Sonnenkult bestimmten Jungmädchen auszuwählen. Als wir von den «Häusern der Erwählten» sprachen, haben wir diese Art von Tribut bereits erwähnt, doch dürfen wir hierin nicht den Beweis von unerträglicher Tyrannei sehen. Zunächst einmal fielen die Wünsche der Frau nicht allzu sehr ins Gewicht, da ihre Rolle im Vergleich zu der des Mannes durchaus zweitrangig war; überdies wurde diese Wahl von den der Staatsführung verschriebenen Familien, will sagen von denen, die dem Herrn von Cuzco seit langem untertan waren und den Inka und die Sonne anbeteten, als eine Ehre angesehen.

Diese Besucher waren nichtsdestoweniger gefährliche und gefürchtete Persönlichkeiten; nicht umsonst trugen sie den beunruhigenden Namen *tucuiricuc,* und das heißt: «Der, welcher alles sieht[14].»

Sie hatten die Berechtigung, Zwangsmaßnahmen zu treffen und insbesondere Beamte oder Curacas abzuberufen, «so daß», wie uns der Chronist berichtet[15], «keiner seines Postens sicher war»; alles lebte in «heilsamer und ängstlicher Alarmbereitschaft»[16].

Der Indianer lebte und starb, wo er geboren war

Da man sich über die statistischen Gegebenheiten der Frage dergestalt im klaren war, galt es, bei der Wirtschaftssteuerung dafür Sorge zu tragen, daß sie sich nicht fortgesetzt unvermutet veränderten. Die Genauigkeit erforderte eine gewisse Starrheit und Bewegungslosigkeit. Daher war es den Indianern grundsätzlich untersagt, sich ohne besondere Genehmigung außerhalb ihrer Bezirke zu begeben.

Die Überwachung war leicht, weil es genügte, auf die Kopfbedeckung zu achten, die je nach Landstrich verschieden war: die Colla vom Ufer des Titicacasees trugen zum Beispiel wollene Mützen, die Huanca im Norden Cuzcos einen schwarzen Turban, die Cajamarca eine dünne Kordel, die Cañari aus dem Süden der heutigen Republik Ecuador eine schmale Holzkrone[17]. Die Haartracht stammte von alters her, sie erlaubte einst den Kriegern der gleichen Provinz, sich im Kampfgetümmel zu erkennen. Als der Inka eine einheitliche Kleidung schuf, brauchte er bloß die Haartracht bestehen zu lassen.

Die einzigen Verschiebungen, die im Rahmen der allgemeinen Staatsführung vorkamen und zu dem führten, was wir heute Ausgleich in den Positionen des Amtes für Statistik nennen würden, waren die *mitmac,* auf Spanisch *mitimaes.* Es gab sie auf verschiedene Arten, jedoch stets gemeinschaftsgebunden und endgültig, daher trugen sie das Merkmal von Völkerwanderungen. Hiervon haben wir bereits einen Fall gesehen, nämlich die Umsiedlung von Gruppen aus übervölkerten Gegenden in Landstriche, in denen sie unbebautes Ackerland vorfanden.

Mitunter waren technische Gründe der Anlaß zu derartigen Maßnahmen: Familien, die sich zum Ackerbau eigneten, wurden aufgefordert, sich in zurückgebliebenen Provinzen niederzulassen, um zu ihrer Entwicklung beizutragen. Andere Gemeinden erhielten den Befehl, sich in fruchtbare Gebiete zu begeben, um ihre Heimatprovinz, deren Anbaufläche klein war, wieder zu Kräften kommen zu lassen.

Jedoch ist es besonders die militärische Abart der *mitimaes* gewesen, die die Aufmerksamkeit der Spanier auf sich gezogen hat: Die Zentralmacht wählte zum Beispiel Ayllus von erprobter Treue aus, die im Herzen des Reiches wohnten, und sandte sie in neu unterworfene entlegene Provinzen; dort traten sie an die Stelle der als wenig zuverlässig geltenden Stämme, die zum Zweck einer eingehenden Überwachung veranlaßt wurden, sich in der Nähe der Hauptstadt anzusiedeln.

So finden sich noch heute in Nachbargegenden der alten Reichsgrenzen Indios, die vom Menschenschlag ihrer Umgebung stark abweichen: es sind die Nachkommen der Pechvögel, die ihren Heimatboden verlassen und ein feindliches Land bebauen mußten. Gewöhnlich ließ der Herrscher ihnen zahlreiche und beliebte Geschenke zukommen, doch war das Opfer für diese mit der Scholle ihrer Ahnen verwachsenen Bauern so groß, daß es keine auch noch so beträchtliche Entschädigung aufzuwiegen vermochte. Der einzelne konnte eben nur eines tun: gehorchen. Wenn es um die Wohlfahrt des Staates ging, galt sein Leben nichts.

Am Rande der Gesellschaft

Unter den verschiedenen Bevölkerungsklassen, die wir an uns haben vorbeiziehen lassen, befindet sich eine, die wir nicht berührt haben, weil sie sich jeder Einordnung entzieht und daher ein widersprechendes Dasein führt: die Klasse der Yanacuna. Sie verdanken ihr Entstehen einem geschichtlichen Ereignis: Einige Tausend Indianer, die Aufrührern beigestanden hatten und in der Stadt Yanacu zusammengetrieben worden waren, um die Todesstrafe zu erleiden, wurden auf Vermittlung der Kaiserin zu lebenslänglichem Dienst bei den Siegern begnadigt. Ja, es handelte sich sogar um ewige Sklaverei, der sie und ihre Nachfahren sich unterworfen sahen, denn sie waren sozusagen aus der Gesellschaftsordnung ausgestoßen. Sie hingen weder von Beamten, deren Rangordnung wir gestreift haben, noch von gewöhnlichen Richtern ab, sondern unterstanden einzig und unmittelbar ihren Herren. Nicht einmal von den Statistiken wurden sie erfaßt, was ein schlagender Beweis für ihre Stellung war, die nachgerade dem Nichts entsprach.

Indessen verwischte sich rasch ihr Ursprung; einige unter ihnen wurden die Freunde großer Persönlichkeiten, in deren Nähe der Zufall sie geschoben hatte, dem einen oder anderen gelang sogar der Eintritt in die Oberschicht. Unter die Diener gemengt, wurden die meisten bald mit ihnen verwechselt, und wenn man zur Zeit der spanischen Eroberung ihren Namen hörte, verstand man ohne Unterschied diese Bezeichnung.

Das Schwungrad des Systems

Nun hebt sich das Gefüge des Inkasystems klar vor unseren Augen ab. Die Masse der Bevölkerung war zur Lieferung von Erzeugnissen verpflichtet, sei es von Landesprodukten, die sie mit ihrer Hände Arbeit dem Land von Inka und Sonnengott abrangen, sei es von handwerklichen Gegenständen, die sie mit den von der Beamtenschaft zu diesem Zweck verteilten Rohstoffen herstellten. Alle diese Waren wurden in öffentlichen Speichern oder Lagerhäusern gestapelt – Reihen kleiner Gebäude, die längs der Landstraßen oder in den Außenbezirken der Städte lagen – und von Aufsehern, die zugleich mit der Lagerbuchhaltung betraut waren, bewacht. Hier lagerten stets die Ernten mehrerer Jahre: Mais, Kartoffelmehl, Trockenfleisch und so weiter, neben Stößen von Kleidern, Vorhängen, Tierhäuten, Waffen, Sandalen, Schnüren, kurz alles, was von öffentlichem und privatem Nutzen sein mochte. Auch Rohprodukte hatten ihren Platz in diesen Depoträumen: Wolle, Baumwolle, Cabuyafaser und so weiter.

Zweifellos war der oberste Inka grundsätzlich der einzige Besitzer aller dieser Güter, er konnte nach Belieben über sie verfügen und ebenso willkürlich, wie es ihm behagte[18]. Denn der Inka war der Staat, er war das Reich, er war die Zukunft. Diese Reichtümer waren zur Unterhaltung des Hofstaates, der Oberschicht, der Priesterschaft bestimmt, dienten aber auch zahlreichen anderen Zwecken: sie wurden für die Bedürfnisse des Heeres verwendet, als Belohnung für verdienstvolle Beamte ausgeschüttet, an Ausländer versandt, die man beeinflussen oder bestechen wollte; sie bildeten den Kriegsschatz, die nie versiegende Hilfsrücklage für die Landstriche, die von Erdbeben, Überschwemmungen, Feindeinfällen, kurz von allen jenen allzu häufigen Katastrophen des südamerikanischen Festlandes heimgesucht wurden.

Genaugenommen stellten die Staatsspeicher in dieser sozialistischen Regierungsform das Kapital dar, welches in einem Freiheitsstaat den Ersparnissen des einzelnen entspricht. Im Staatssystem ist es Staatskapital. Wir sehen, wie falsch es wäre, diese Anhäufung von Gütern aus der Habgier einer Oberschicht erklären zu wollen. Auf einem mehr oder weniger langen Umlauf gelangte der größte Teil der Güter, die der Gemeinschaftsarbeit entstammten, wieder in die Hände dieser Gemeinschaft. Hier also lag das regulierende Schwungrad des Systems, die riesengroße Schatzkammer in Naturalien, ohne die sich auf lange Sicht unmöglich Ausgleiche schaffen und das Gleichgewicht zwischen Erzeugung und Verbrauch eines Riesenreiches herstellen lassen.

Angesichts soviel Logik und Umsicht mag man sich die Verwunderung der Spanier vorstellen, dazu ihr Entzücken, auf sämtlichen Rastorten ihres gewaltigen Marsches diese Schatzkammern zu finden, in denen sie ihrer Habgier verständlicherweise keinen Zwang auferlegten.

Wie jede menschliche Einrichtung brachte dieses logisch vollkommene System Nachteile mit sich, selbst wenn man von der tyrannischen Zucht, die es voraussetzte, absieht. Zunächst einmal waren die Kosten sehr hoch; tatsächlich verdarb eine große Menge von Waren und mußte auf Befehl der Häuptlinge von Zeit zu Zeit vernichtet werden. Aus übertriebener Vorsicht entsteht Verschwendung. Überdies glaubten die Inka Unvorhergesehenes ausgeschaltet, die Launen der Natur und die Grillen des Zufalls dem Gebot ihrer kalten Vernunft untergeordnet zu haben: ein Hochmut, den die Götter nicht ungestraft gelassen haben. Niemand darf sich rühmen, allen Gefahren begegnen zu können. Der mächtige «Herrscher der vier Teile der Welt» hatte nicht vorausgesehen, daß seine Speicher, auf die er mit Recht stolz war, einem Überfall auf sein Hoheitsgebiet, der ihm dereinst Reich und Leben kosten sollte, Vorschub leisteten.

So also wurde das Gleichgewicht hergestellt und aufrechterhalten. Der statistische Reichsdienst hielt mit seinen Knotenschnüren das Schicksal des Reiches in Händen. Er brauchte nur seine Befehle zu erlassen, damit jeder genau wußte, was er zu liefern, was er zu empfangen, was er zu befördern oder aufzubewahren hatte. Diese Provinz hatte den Auftrag, jener beizuspringen; jene Gemeinschaft, von einer Plage heimgesucht, erhielt das Recht, sich aus den Vorräten der öffentlichen Lagerhäuser über Wasser zu halten; in dieser oder jener Gegend mußten Arbeiten in Angriff genommen werden. Ein derartig planmäßiges Wirtschaftswesen hat ein vollkommenes Verkehrsnetz und ein unmittelbares und rasches Nachrichtenwesen zur Voraussetzung.

Das übertrumpfte Rom: Das Straßennetz

Die Straßen des Kaiserreiches sind der Gegenstand so hochtönender Lobeshymnen geworden, daß man sie zu wiederholen zögert; indessen sind die, welche ihr Lob gesungen haben, nicht selten wenig geneigt, sie wirklich zu bewundern. Wir müssen zugeben, diese Straßen sind «ebenso berühmt geworden wie die, welche Hannibal für seinen Abstieg nach Italien über die Alpen angelegt hat». So wenigstens drückt sich Cieza de Leon aus und fügt hinzu: «Ich glaube, wenn der Kaiser – der Kaiser von Indien, König von Spanien – den Befehl erließe, eine Königsstraße zu bauen, die der von Quito nach Cuzco oder der von Cuzco nach Chile gliche, er es trotz seiner Macht nicht fertigbrächte[19].»

Die Schwierigkeiten, welche der Bau derartiger Straßen mit sich brachte, waren auf Grund der Höhenunterschiede beträchtlich; daher fielen sie je nach Örtlichkeit verschieden aus. Sie waren so gerade wie möglich angelegt, damit Reisende und Postboten möglichst wenig Zeit verloren. Daher erklommen sie die Gebirgshänge oftmals auf langen und beschwerlichen Treppen, über die die Spanier häufig klagten, denn ihre Pferde wurden beim Aufstieg leicht müde, verloren beim Schlagen der Hufe gegen die Stufen ihre Eisen und kamen auf den Gipfeln so erschöpft an, daß sie außerstande waren, gegen den Feind anzugaloppieren[20]. Mitunter stieg der Weg auch sanft an und schmiegte sich in die Wellen des Geländes[21].

In den bebauten Landstrichen grenzten Säulen, Pfosten oder niedere Mauern den Weg ab, um jede Verwüstung von Bauland durch ziehende Heere zu vermeiden. Wenn Sturmsand die Straße zu verschütten drohte, zeigten Pflöcke, die in den Boden gerammt wurden, die Marschrichtung an und leiteten den unsicheren Fuß des Reisenden. War das Gelände sumpfig, sicherte ein Damm die Festigkeit der Straße. An der Küste säumten Bäume und Kanäle stellenweise den Weg.

Die Breite der Straßen war sehr verschieden, was die widersprechenden Mitteilungen gewisser Geschichtsforscher erklärt[22]: in den Ebenen waren sie so breit, daß sechs Reiter nebeneinander darauf galoppieren konnten, an schwierigen Gebirgsstellen schrumpften sie auf einen Meter zusammen. Übrigens waren diese engen Saumpfade noch nicht einmal das Bemerkenswerteste. Hier sei zum Beispiel derjenige erwähnt, der noch heute die Ruinen der geheimnisvollen, erst in unserer Zeit entdeckten Städte von der Kordillere von Vilcabamba mit Machu Picchu verbindet. Er führt am Hang eines abschüssigen Gebirges entlang, ist mit flachen Steinen gepflastert, von mehreren in den Felsen gehauenen oder aufgeworfenen Treppen unterbrochen, an verschiedenen Stellen von Mauern gestützt, die eine Höhe von vier Meter erreichen, und führt sogar durch einen Tunnel von fünf Meter Länge, der durch Verbreiterung eines natürlichen Felsspalts erzielt wurde[23]. Längs bestimmter wichtiger Verkehrsstraßen, namentlich im Land Collao, zeigten Marksteine die Entfernungen an[24].

Wenn wir noch heute Überreste dieser Straßen bestaunen können, so rührt das daher, daß die *pirca,* aus der die Hochstraße gebaut war, ein Gemisch aus Ton, Geröll und Maisblättern, die Probezeit glänzend bestanden hat.

Viel erstaunlicher für uns ist das Nebeneinander mehrerer Parallelstraßen auf den Ebenen in der Nähe großer Städte, über die häufig Heere, zum Beispiel unweit Vilcas, einer Schlüsselstellung des westlichen Cuzco, zogen. Diese Feststellung erinnert uns daran, daß die Verkehrsstraßen ebenso strategischen als verwaltungstechnischen Zwecken dienten. Wer sie hauptsächlich gebrauchte, waren Truppen, Inspektoren auf Bezirksreise, Poststafetten; Beamte auf dem Wege zu ihren Vorgesetzten, um Bericht zu erstatten, Befehle zu empfangen oder um hohen Würdenträgern zu huldigen; seltener waren es der Inka auf Inspektionsreise, *mitimaes* auf Truppenverschiebung, Indianer auf Pilgerfahrt oder auf dem Wege zum Markt in der Nachbarschaft ihres Heimatortes.

Was den Entwurf der Straßen betrifft, so war er rationell wie die übrigen Bestandteile des Wirtschaftsgefüges, um so mehr, als die Topographie des Landes diese Rationalisierung begünstigte. Küste und Hochland zeichnen sich auf der Landkarte als zwei schmale Parallelzonen ab, die von Norden nach Süden verlaufen und durch die Westkordillere voneinander getrennt sind. Dies ergab als logische Folgerung den Bau von zwei ebenfalls parallelen Straßen, eine an der Küste, die andere auf der Hochebene; die Spanier nannten sie *llanos*-Straße und *sierra*-Straße. Hernach brauchte man diese beiden Verkehrsadern nur noch durch Straßen zweiter Ordnung miteinander zu verbinden; dies war an den Pässen möglich. Auf diese Weise gewann man ein vorbildliches Verkehrsnetz.

Als Francisco Pizarro in Tumbez landete, schlug er zunächst die Küstenstraße ein, die von dieser Stadt ausging und von einem seiner Stellvertreter bis nach Pachacamac im Süden des heutigen Lima verfolgt wurde. Er aber wählte eine Querroute, die ihn auf das Hochland dem Heer des Inka in Cajamarca entgegenführte.

Eine der beiden Hauptstraßen ging also vom Strand des Golfes von Guayaquil in Tumbez, dem ersten Hafen des Reiches, aus; dort lag eine Flotte von Segelflößen vor Anker, von denen einige in der Hoffnung auf ersprießlichen Tauschhandel sich zuweilen an die wenig einladende Küste der heutigen Republik Ecuador vorwagten. Die Stadt lag von Palmen umgeben und von Moskitos umschwirrt am glutheißen Ufer des gleichnamigen Flusses[25].

Anschließend durchstieß die Straße das ehemalige Königreich der Chimu, deren Hauptstadt nurmehr ein Ruinenfeld und eine Quelle von Legenden war, und lief in der Nähe der eindrucksvollen Festung von Parmunca – oder Paramonga – vorbei, die das Heer des Inka aufhielt und Pachacutec zwang, seine Zuflucht in der Diplomatie zu suchen. Sie durchschnitt das Rimactal, wo ein bescheidenes Sumpfdorf die Stelle des heutigen Lima anzeigte, und führte zu dem Tempel von Pachacamac, auf dessen religiöse Bedeutung wir schon hingewiesen haben.

Nach neuen Sandwüsten tauchten Ica und Nazca am Ufer von Flüssen auf, die ihnen Leben spendeten; beide waren einst wegen ihrer Töpferarbeiten berühmt. Nun wurden die Städte spärlicher und die Küste noch verödeter. Quilca, Arica, Tarapaca folgten einander in großen Abständen, die Wüste Atacama versperrte dem Reisenden das weitere Vordringen. Die Reichsgrenze verlief in Richtung auf den Fluß Maule unweit der heutigen Hauptstadt Chiles.

Die Sierrastraße ging vom Ancasmayo-Fluß aus, der heute die Republiken Kolumbien und Ecuador begrenzt, führte auf die heutige Stadt Ipiales im Süden von Pasto[26] zu und durchlief die Schlachtfelder, auf denen die Heere der Inka und der Cara in der Nähe des «Blutsees» und vor der Festung Otavalo, wo ein Bruder von Huayana geschlagen und getötet wurde, aufeinanderprallten. Hernach gelangte sie zur Hauptstadt Quito, malerisch mit ihren von tiefen Schluchten – *quebradas* – getrennten und von den hügelgetragenen Sonnen- und Mondtempeln eingerahmten Strohhütten. Gleich dahinter ragte der plastische Hintergrund des gewaltigen Pichincha auf und weiter südlich und nördlich, am Horizont verschwimmend, die schimmernde Linie der hohen Schneeberge.

Von den Städten der Cara, die noch erhalten sind, Latacunga, Ambato, Riobamba, gelangte der Reisende zu denen der Cañari, eines rauhen und kriegerischen Stammes. Ihre Hauptstadt Tomebamba bot dem bewundernden Blick ihren Sonnentempel, den Königspalast, Militärgebäude und wohlgefüllte Staatslager; die kleinen Wohnhäuser waren aus Stein, trugen aber ein Strohdach.

Nun folgten die Städte nur noch in größeren Entfernungen; mit ihren Tempeln, Jungfrauenhäusern, Staatsspeichern, ihren Lamaweiden, vielleicht noch ihrem Palast und ihrer Festung waren sie alle einander ziemlich ähnlich. Eine der berühmtesten war die Stadt Cajamarca. Auf ihrem dreieckigen Platz wurde der Inka Atahualpa hinterrücks überfallen und gefangengenommen. Huamachuco und Huanuco waren Oasen inmitten rauher Steppen. Und dann der gefährliche Gebirgsknotenpunkt des Cerro de Pasco, kalt und windig. Jauja mit seinem damals wie heute berühmten gemäßigten Klima, stolz auf seine Festung und sein Kunsthandwerk in Silber.

Nun folgte die Straße dem Lauf des Mantaro, dem «Fluß des Schicksals», an dessen Ufern der Inka Huascar ermordet wurde, und erreichte Vilcas. Vilcas wurde als geographischer Mittelpunkt des Reiches angesehen; sein Hauptplatz war von einer Rampe geziert, auf der sich der Curaca niederließ, wenn er bei einem Fest den Vorsitz führte. Dann kam das stille Städtchen Abancay, das den Namen einer Blume trägt, und bald nach der großen Hängebrücke über den Apurimac tauchte Cuzco auf.

Drang der Reisende weiter südlich vor, so überquerte er den Knotenpunkt von Vilcañota und stieg in

Richtung auf Ayavire im Lande der Colla zu Tal. In langen Tagesmärschen galt es nun den Titicacasee zu umwandern, bis er auf dessen Südufer Tiahuanaco betrat; schon zu jener Zeit bestand die Stadt nur noch aus geheimnisvollen Ruinen. Nun wies der Weg nach Cochabamba, wo einer Sage zufolge die Truppen des kaiserlichen Heeres einen See ausgetrocknet haben sollen, damit der Inka die Stadt leicht und trockenen Fußes erreichen könne. Dann gelangte man nach Chuquisaca – «Zucker» –, dem berühmten Potosi mit seinen Silberminen, und Tupiza. In der Gegend von Tucuman auf dem Gebiet der heutigen Republik Argentinien war die Straße zu Ende.

Dank des Parallelsystems der beiden Verkehrsadern war zwischen den Küsten- und Gebirgsprovinzen eine enge Verbindung hergestellt. Wenn der Inka und sein Gefolge auf dem Hochland reisten, erklommen die hohen Beamten der entsprechenden Küstenbezirke die Höhen auf den Querstraßen, um dem Herrscher entgegenzugehen, ihm zu huldigen und ihre Berichte vorzulegen. Bediente der Monarch sich der Küstenroute, stiegen die hohen Würdenträger der Hochlandstämme auf denselben Straßen und zu demselben Zweck zu Tal.

Man hat mit Recht betont, daß diese Straßen auf Grund der erheblichen Geländeunterschiede schwieriger zu bauen waren als die der Römer[27].

Die gefährlichen Flußübergänge

Unter den Kunstbauten nehmen die Brücken einen hervorragenden Platz ein: in Anbetracht der großen Anzahl von Springbächen und der durch Erdbeben hervorgerufenen Spalten waren sie unerläßlich. Die berühmtesten unter ihnen, die Hängebrücken, bestanden aus vier Seilen aus Cabuyafasern, die auf beiden Ufern an Felsen oder Steinportalen verankert waren, aus einem Brückenbelag aus Lianen- und Rohrgeflecht, der mit Ästen bedeckt war, und aus einem Brückengeländer der gleichen Art. Das Ganze war festgefügt und vollkommen zuverlässig, da die großen Herren auf ihren Sänften darüber getragen wurden und auch die Spanier später auf ihren Pferden darüberritten. Immerhin bedurfte es einer gewissen Gewöhnung, um nicht schwindelig zu werden, wenn man sich auf diese Art langer Hängematten hinauswagte, die im Winde über dem Wasser schaukelten und unter dem Gewicht des Wanderers in der Mitte nachgaben. Besondere Wächter mit Ersatzholz und -seilen waren für die Instandhaltung verantwortlich. Zuweilen gesellte sich eine für die Angehörigen der Kaiserfamilie erbaute Sonderbrücke zu der für die Allgemeinheit[28].

Drohte ein Feindeinfall, wurden die Brücken verbrannt, um den Vormarsch zu hemmen. So ging die große Brücke über den Apurimac, die den Zugang nach Cuzco beherrschte, mehrmals in Flammen auf, um die Hauptstadt zu schützen. Manche der Hängebrücken hatten kein Geländer, und die Spanier gaben zu, daß sie auf allen vieren darüberkrochen.

Der Reisende, der sich der Straßen zweiter Ordnung bediente, mußte nicht selten mit wirkungsvollen Hilfsmitteln, so zum Beispiel der *oroya,* vorliebnehmen. Diese besteht in einem Seil, das über den Fluß gespannt ist. Darauf gleitet ein Holzring, der vom gegenüberliegenden Ufer gezogen wird. Und daran hängt ein Korb, in dem der Reisende den Sturzbach überquert. Fehlt ein Fahrkorb, wird der Reisende an dem Holzring festgebunden. Wenn nicht einmal dieser Ring oder ein Indio vom Dienst vorhanden ist, klettert der Wanderer wie ein Affe an Händen und Beinen hinüber. Das Seil, welches zur Durchführung dieser turnerischen Leistung dient, heißt *tarabita*[29].

Auf alle Fälle ist die erste Hälfte der Reise verhältnismäßig einfach, denn das Seil führt zunächst abwärts. Kritisch wird es erst nach dem Tiefpunkt, das heißt, wenn das Kabel wieder ansteigt. Die Gefahr besteht nämlich, daß es dem Aufseher nicht gelingt, Korb oder Holzring bis ans Ufer zu ziehen, oder daß sein Kabel bei zu starkem Ziehen reißt. In solch einem Falle hängt der hilflose Dulder mitten über dem Flußbett und dazu in nächster Nähe des brausenden Wassers, wenn er nicht ohnehin von den Fluten überspült wird. Meist nimmt der Wächter dann ein zweites Seil zu Hilfe, mit dem er sich, am Kabel entlangkletternd, dem bangend Hängenden mühsam entgegenarbeitet. Natürlich darf das Spannseil nicht auch noch unter dem zusätzlichen Gewicht des Retters reißen.

Heute hat das alte System einer neueren Abart mit Namen *huaro* Platz gemacht, von der uns ein Romanschriftsteller folgende Beschreibung gibt:

«Sie stehen in einer Art Gondel oder Viehkäfig, in dem zwei Personen eng umschlungen gerade Platz haben, ohne jedoch die Gitterstäbe loszulassen, denn das Ding schaukelt fröhlich im Wind. Es gleitet auf einem Stahlkabel, das zwischen zwei Pfählen von Ufer zu Ufer gespannt ist. Durch ein findiges System von Flaschenzügen ziehen zwei Ochsen, die sich auf der einen Seite vom Flußufer entfernen, Ihre Gondel auf die andere Uferseite hinüber. Dennoch erleben Sie einen brenzligen Augenblick: Das Kabel hängt nämlich in einer tiefen Schleife über dem schäumenden Gewässer. Wenn Sie diesen Punkt erreichen, bekommen Sie einen schönen Sprühregen ab[30].»

Um die breiten Küstenflüsse zu überqueren, verwendeten die Indianer Flöße aus Baumstämmen, die mittels Seilen über den Fluß gezogen wurden. Auch bedienten sie sich Flöße aus zusammengebundenen und halbversenkten Flaschenkürbissen, die Aufseher schwimmend zogen, schoben oder, falls möglich, mit Stangen über den Fluß stakten.

Bei der Ausmündung des Desaguadero aus dem Titicacasee führte die große Sierrastraße über eine Brücke, deren Belag auf Schwimmern aus Schilfrohr ruhte.

Die Karawansereien

Den Straßen entlang und besonders auf den kalten und windigen Bergknotenpunkten standen *tambos* oder *tampus,* mehr oder minder weitläufige Gebäude, die zur Unterbringung von Reisenden in niederen Sälen und zur Einhegung der Lamas in Pferchen dienten. Hier unterhielt ein Aufseher ein Lager von Lebensmitteln, das für die Verpflegung hoher Herrschaften auf der Durchreise gedacht war. Von dieser Möglichkeit des Unterhalts machten die Spanier natürlich ausgiebigen Gebrauch, indem sie sich auf lange Sicht einnisteten. Um diesen Auswüchsen zu steuern, wurden im Jahre 1543 die «*tambo*-Anweisungen» ausgegeben, auf die wir bereits angespielt haben. Es ist schwierig zu sagen, wieweit die Tambos und die Staatsspeicher – *pirua* –, namentlich in den Städten, eine und dieselbe Sache waren. Weder Chronisten noch Ausleger sind sich über diesen Punkt einig.

Die ethischen Vorschriften

Schließlich muß ein so verwickelter Staatsaufbau durch und durch vollkommen sein, da er sonst unweigerlich im Verderben endet. Das geringste Stäubchen macht ein Uhrwerk zunichte. Es braucht sich bloß ein Irrtum in die Statistiken einzuschleichen, etwa daß ein Ayllu ohne Genehmigung umsiedelte: – und schon wartet eine Provinz vergeblich auf Lebensmittel oder Rohstoffe, schon fehlt den Speichern der zugemessene Nachschub, schon steht eine Heereseinheit ohne Ersatztruppen da.

Darum bedurfte es ethischer Vorschriften und, falls diese nicht ausreichten, eines ehernen Strafgesetzes.

Die ethischen Vorschriften sind von Garcilaso de la Vega in Lebensregeln gefaßt worden, die er dem

Inka Pachacutec zuschreibt, der als Weiser unter den Weisen galt[31].

Wenn Untertanen, Häuptlinge und Curaca dem Herrscher freiwillig gehorchen, gedeiht das Land in Friede und Ruhe.
Der Neid ist ein Wurm, der die Eingeweide des Neidischen benagt und auffrißt.
Der Neidische und zugleich Beneidete leidet doppelte Qual.
Es ist besser, um deiner Güte beneidet zu werden, als neidisch zu sein aus Böswilligkeit.
Wer andere beneidet, schadet sich selbst.
Die Guten beneiden heißt, ihnen das Böse nehmen, wie die Spinne das Gift aus den Blumen saugt.
Trunkenheit, Zorn und Wahnsinn sind Reisegefährten. Die ersten beiden sind eigensinnig, aber verscheuchbar, der dritte dagegen ist beständig.
Wer ohne Grund und Recht tötet, verdammt sich selbst zum Tode.
Wer seinen Nächsten tötet, muß den Tod erleiden. Darum haben die alten Herrscher, unsere Vorfahren, für jeden Totschlag die Todesstrafe bestimmt, und dies bestätigen wir.
Das Dasein von Dieben, die die Güter der Erde mit Gewalt und Diebstahl und nicht durch Arbeit und Rechtschaffenheit anstreben, darf nicht geduldet werden. Daher ist es gerecht, daß der Dieb gehenkt werde.
Der Ehebruch schädigt Ruf und Stand des Nächsten, er schafft Unsicherheit und Unruhe. Ein des Ehebruchs Schuldiger ist ein Dieb und muß daher ohne Aufhebens zum Tode verurteilt werden.
Im Unglück erkennt man den Edlen und Mutigen an seiner Geduld.
Die Ungeduld ist das Zeichen eines niederen, gemeinen und unerzogenen Geistes mit schlechten Gewohnheiten.
Wenn die Untertanen im Rahmen ihrer Fähigkeit gerne und willig gehorchen, sollen Herrscher und Statthalter ihnen Großzügigkeit und Milde entgegenbringen. Sonst soll Strenge und Gerechtigkeit walten, aber stets mit Umsicht.

Zwei Dinge sollen die Statthalter mit besonderer Aufmerksamkeit beobachten und prüfen. Das erste ist Achtung und Erfüllung der Herrschergesetze, zuerst durch den Herrscher selbst, sodann durch seine Untertanen. Das zweite ist die eingehende Überwachung der Gemeinschafts- und Privatersparnisse ihrer Provinz.
Wer Haus und Familie nicht vorstehen kann, kann noch weniger über die Gemeinschaft herrschen. Somit darf er nicht über die anderen erhoben werden. Ein Heilkundiger, der die Heilkräfte der Pflanzen nicht kennt und der, die Kräfte der einen kennend, nicht die der anderen zu entdecken trachtet, versteht wenig oder nichts. Um den Namen, den er trägt, zu verdienen, muß er darauf hinarbeiten, eine vollständige Kenntnis aller nützlichen und schädlichen Pflanzen zu erwerben.
Wer die Sterne zählen will, aber nicht mit der Knotenzählung umzugehen versteht, verdient, zum Gelächter des Volkes zu werden.

Wahrscheinlich ist die Mehrzahl dieser Sprüche nicht echt. Einen, der von der Bestechlichkeit der Richter handelt und offensichtlich auf spanischen Einfluß zurückgeht, haben wir ausgelassen.

Die, welche vom Neid sprechen, stimmen kaum mit der Geistesart des vorkolumbischen Indios überein. Was wir aus diesem Wortlaut herauslesen müssen, ist somit kein Moralkodex aus der Zeit Pachacutecs, sondern ein Zeugnis aus der Zeit nach der Eroberung, wie die Indianer von der Weisheit dieses Monarchen dachten. Handelt es sich doch nicht um Vorschriften, die aus dem 15. Jahrhundert stammen, sondern um Hinweise auf die Vorstellung, welche die Nachfahren der Inka-Untertanen sich während der zweiten Hälfte des 16. Jahrhunderts von dem entschwundenen Kaiserreich machten. Man sieht, welcher Tugendschimmer das Haupt des Kaisers damals noch umgab.

Die Rechtsprechung

In der Rechtsprechung sind unsere Quellen zuverlässiger als in der Ethik. Auf diesem Gebiet tritt uns der grundsätzliche Dualismus der peruanischen Gesellschaftsordnung von neuem entgegen. Einesteils war das Gesetz unerbittlich, weil es göttlich war und seine Verletzung infolgedessen eine Gotteslästerung darstellte. Der Richter konnte es nicht abändern. Hingegen konnten die aus Gewohnheit und Erfahrung abgeleiteten und daher je nach dem Ort abweichenden Vorschriften dehnbar angewendet und entsprechend ausgelegt werden. Andererseits zog die Strafgesetzgebung das Verhalten des einzelnen je nach seiner Gesellschaftsschicht in Betracht. Für den Angehörigen der Oberschicht, dessen Ruf durch die leiseste Strafe geschädigt wurde, fiel die absolute Anwendung des Gesetzes milder aus als für den Mann aus dem Volk, dem dieses Gefühl völlig abging. Für den hochmütigen *orejón,* das «Langohr», war eine Zurechtweisung zum Beispiel eine schwere Strafe, während sie den niederen Diener kaum berührte.

Auch dies In-Betracht-Ziehen der Subjektivität war eine Ausdrucksform des Rationalismus. Es zeugte von einem weiten Gesichtsfeld: Die Gesellschaftsordnung suchte sich nicht nur zu schützen, sie strebte auch danach, für das begangene Vergehen eine ausgleichende Strafe zu finden, um damit einen Ausgleich herzustellen, der genau dem entsprach, was wir unter vertauschbarer individueller Rechtsprechung verstehen. Kraft dieses Grundsatzes geschah es, daß der Richter zum Beispiel das Alter des Schuldigen in Betracht zog, daß der Rückfall in ein Verbrechen streng bestraft, daß der Diebstahl eines Hungrigen nicht geahndet wurde, dafür aber die Bestrafung des verantwortlichen Vorgesetzten nach sich zog[32]. Die Richter waren die Beamten, die wir bereits kennen, denn es gab keine besondere Ausbildung für dieses Amt. Sie wußten einfach über die Streitfälle zwischen den Gemeinden und über das Gesetz des Inka Bescheid. Die Curaca, je nachdem sie selbst als Beamte auftraten, bewahrten ihre alte Rechtsprechung über die Angelegenheiten von Ort und Land mit Ausnahme derer, die besonders wichtig waren.

Die Sonderinspektoren, die wir schon angeführt haben, wurden mit gewissen Untersuchungen betraut und verfolgten gelegentlich auf gerichtlichem Wege schwere Verbrechen. Über ihnen waltete ein Gerichtshof aus zwölf Richtern. Schließlich saß der Inka persönlich mit seinem Rat, das heißt, unterstützt von den vier «Vizekönigen», über die hohen Beamten und die «Langohren» zu Gericht und erkannte über besonders schwere Vergehen[33].

Das Verfahren litt keinen Verzug. Angeklagter und Zeugen erschienen, das Urteil wurde entweder sofort oder nach der Untersuchung ausgesprochen. Berufung gab es nicht. Der Richter konnte verlangen, daß der Eid auf den Inka, die Sonne oder die Huacas abgelegt werde. Mitunter wurde auch der Wahrsager aufgefordert, seine Meinung zu äußern; auch machte man von der Folter Gebrauch, um verdächtigen Angeklagten ein Geständnis zu entlocken.

GRAUSAME BEHANDLUNG DER GEFANGENEN

Natürlich gab es Gefängnisse, in denen die Indianer ihre Untersuchungshaft absaßen, doch stand den Angeklagten höherer Herkunft Bedienung zu und das Recht, Besuch zu empfangen. Mehrere Verfasser können sich nicht genug tun an der grausigen Beschreibung einer mit wilden Tieren angefüllten Zelle, die vermutlich als eine Art Gottesurteil gedacht war: der Angeklagte, der es vierundzwanzig Stunden darin lebend aushielt, wurde als unschuldig freigesprochen[34].

Poma de Ayala führt in seiner Handschrift eine beachtliche Liste von Strafen auf, die von eindrucksvollen Zeichnungen erläutert sind. Was der Oberschicht zustoßen konnte, war Tod durch Enthauptung, lebenslängliches Zuchthaus, Dienstentlassung, Beschlagnahme des Besitzes, Abschneiden der Haare, öffentliche Zurechtweisung. Für die Masse war die Todesstrafe etwas Alltägliches, meist wurde sie durch Hängen oder Steinigen, in Sonderfällen mit anschließendem Verbrennen des Leichnams vollzogen[35]. Dann kamen noch Auspeitschen, Verschickung in die Cocaplantagen der heißen Länder und Stockschläge, was nicht selten den Tod herbeiführte[36], dazu. Poma de Ayala zeigt uns zwei Verräter, die unter dem Steinhagel ihrer Scharfrichter tödlich zusammenbrechen, ein ehebrecherisches Paar, das an einem Baum hängt, eine ganze Familie von Schwarzmagiern, die mit Keulenhieben hingeschlachtet wird, einen Verbrecher, der in einem dunklen Verlies schmachtet, in dem es von Schlangen, Kröten und anderem Getier wimmelt[37].

Mithin wußte der Indianer, was ihn erwartete, wenn er Gesetze und Vorschriften nicht strengstens befolgte. Nicht nur Vergehen gegen Bürger und Privatbesitz wurden geahndet, Verstöße gegen das Staatseigentum wurden noch unerbittlicher bestraft. Wer auf den Domänenfeldern des Inka Mais stahl, wer einen Obstbaum am Straßenrand umschlug, wer eine Brücke zerstörte – jeder dieser Missetäter war des Todes schuldig.

Kurzum: der Indianer der Elite war weit entfernt von Muße und Nichtstun. Auf seinen Schultern ruhte das gesamte Staatsgefüge. Er fühlte zugleich die Sorge und den Stolz seiner Aufgabe. Im Bewußtsein seiner Überlegenheit und bedacht auf seinen Ruf, war er von seiner Unentbehrlichkeit als Stütze einer Gesellschaftsordnung, deren Gleichmaß und Beständigkeit er genoß, felsenfest überzeugt. Eintönigkeit und Trauer, zwei Züge, die den Eroberern später auffallen sollten, waren für ihn Bürge des reibungslosen Ablaufs einer planmäßigen Staatswirtschaft, die sich Spielereien der Phantasie nicht leisten konnte, ohne sich selbst aufzugeben. Im übrigen blieb ihm zur Befriedigung seiner Eigenliebe immer noch der Glanz der Feste, bei denen er eine hervorragende Rolle spielte. Was seine weltlichen Ansprüche betraf, so wurden sie durch die Vorrechte, die ihm über Menschen und Güter eingeräumt wurden, vollauf befriedigt.

Der Alltag war in seinen Augen eine harte und von Verantwortlichkeit belastete Angelegenheit, aber nutzbringend und ruhmreich und somit lebenswert.

Eine spanische Wertung, die auszulegen wäre

Wie die Spanier über die Erfolge des Inkasystems dachten, wenn sie frei von einer Selbtsucht, welche die ersten Eroberer wohl erst auf dem Totenbett abzulegen vermochten, rein vom ethischen Gesichtspunkt aus urteilten und sich den Blick nicht durch die von Kirche und Staat vorgeschriebene Auffassung trüben ließen, zeigt ein Schriftstück aus dem Jahre 1589. Es ist das Testament von Mario Sierra de Leguizamo, demselben, der bei der Beuteverteilung in Cuzco als Anteil einen goldenen Deckel erhielt, den er für die Scheibe des Sonnentempels hielt. Hier sei sein Inhalt im wesentlichen wiedergegeben[38]:

«Bevor ich zur Abfassung meines Testamentes schreite, möchte ich erklären, daß ich schon seit mehreren Jahren Seiner Majestät, König Philipp, unserem Herrn, in dem ich einen glühenden und eifrigen Christen im Dienste unseres Herrn und Heilands sehe, Aufklärung geben wollte. Denn ich war bei der Entdeckung und Besetzung der den Inka entrissenen Ländern, die wir der Machtbefugnis der Krone unterstellt haben, maßgeblich beteiligt. Seine Katholische Majestät möge wissen, daß wir jene Landstriche in derartig vollkommener Verwaltung angetroffen haben, daß uns weder Diebe, Lasterhafte oder Faule, noch ein ehebrecherisches oder liederliches Weib begegnet sind. Alle diese Vergehen waren streng verboten, sittenlose Individuen konnten sich schon gar nicht halten, und jeder Untertan ging einem anständigen und einträglichen Gewerbe nach. Ackerland, Gebirge, Minen, Weiden, die Jagd, Wälder und alles, was Nutzen brachte, war dergestalt verwaltet und aufgeteilt, daß ein jeder sein Eigentum kannte und bewahrte, ohne daß ein anderer sich darauf setzte oder es ihm wegnahm, und ohne daß es je zum Prozeß kam.

Obgleich Kriege häufig geführt wurden, hinderten sie weder Handel noch Landbestellung, weder die Urbarmachung noch sonstige Arbeiten. Jedes Ding, vom Bedeutsamsten bis zum Belanglosesten, wurde mit Umsicht angeordnet und eingeordnet. Die Inka wurden von ihren Untertanen, die fähige Führer in ihnen sahen, gefürchtet, gehört, geachtet und angebetet. Statthalter und Hauptleute besaßen dieselben Eigenschaften, und da sie außerdem über Stärke, Machtbefugnis und Widerstandswillen verfügten, waren wir gezwungen, ihnen mit Waffengewalt Macht und Gut wegzunehmen. So gelang es uns, sie zu unterwerfen und sie zu zwingen, unserem Herrn und Heiland zu dienen, so vermochten wir, ihnen ihre Länder zu entwenden und diese der Krone zu unterstellen. Dank dessen und mit der Hilfe unseres Herrn und Heilands ist es gelungen, unsere Herrschaft über ein Reich, das an Menschen und Gütern die Fülle hatte, sicherzustellen. Aus seinen Edlen haben wir Sklaven gemacht, wie jedermann weiß, sie sind uns völlig untertan. Als wir das Wagnis unternahmen, waren wir nur ein kleiner Haufen. Ich wünschte, Seine Katholische Majestät verstünde, warum ich diesen Bericht abfasse. Ich möchte mein Gewissen entlasten und mich schuldig erklären, denn wir haben diese Einheimischen verändert. Waren sie doch so weise und begingen so wenige Vergehen, Übertretungen und Übertreibungen! Konnte doch einer, der einhunderttausend Pesos in Gold oder Silber besaß, seine Türe offenstehen lassen und einen Flederwisch an einem Stückchen Holz quer über der Türe befestigen zum Zeichen, daß er nicht zu Hause war! Nach altem Brauch genügte dies Zeichen, damit niemand eintrat und etwas mitnahm... Daher verachteten sie uns auch, als sie unter uns Diebe sahen und Männer, die ihre Frauen und Töchter zur Sünde anstachelten...»

Dachte ein spanischer Soldat so im Grunde seines Herzens? In Wirklichkeit ist es ein Bekenner, der hier spricht und einen geschichtlichen Text abfaßt. Dies fordert die Kritik heraus.

Zunächst müssen wir die Übertreibungssucht in Rechnung ziehen, die allen Menschen jener Zeit eigen war, denn jedermann neigte dazu, Gedanken wie Handlungen nach der einen oder anderen Richtung zu übertreiben. Zweifellos hatte auch dieser Katholik, der auf diese Weise eine öffentliche Beichte ablegte, nur den ethischen Gesichtspunkt im Auge, ohne sich zu fragen, ob Moral nicht auch Freiheit fordere. Sicherlich fragte er sich nicht, ob die Moral, die er in Peru bewunderte, nicht oberflächlich war, da sie sich nur mit eherner Faust durchsetzte, kurz, ob eine erzwungene Moral nicht ein Widerspruch in sich sei. Nun neigen wir zu der Annahme, daß diese moralischen Eigenschaften praktisch nur durch Angst vor Strafe erreicht wurden. Jedenfalls gaben die Eingeborenen von Chimu, der Insel Puna und anderer Orte sich den übelsten

Lastern hin; auch die Indianer des Kaiserreichs vergaßen jeglichen moralischen Grundsatz, sowie sie Handlungsfreiheit bekamen. Derselbe Sierra de Leguizamo erzählt in Verfolg seines Berichts: «Dieses Reich ist in völlige Unordnung geraten, so daß es von einem Extrem ins andere verfallen ist: früher gab es keine Sünde, heute gibt es keine oder nahezu keine gute Tat mehr.» Schließlich enthält der älteste Sprachschatz des Quechua eine große Anzahl Wörter, die Laster bezeichnen, namentlich Faulheit, Lüge, Täuschung – die üblichen Vergehen unterdrückter Menschen[39]. Die Anklage ist deshalb nicht weniger aufschlußreich, weil sie zeigt, welchen Eindruck der Aufbau des Kaiserreichs selbst auf den unbedeutendsten Teilnehmer des Erobererzuges machte.

4. Das Leben des Militärs

Das malerische kaiserliche Heer

Der Anblick der kaiserlichen Armee muß erhebend gewesen sein. Auf den langen Straßen rückte durch eintönige Steppen und schmutzige Dörfer die lange Heeressäule vor, wie eine schimmernd geschuppte Schlange. In der glühenden Sonne sprühten Lanzen, Äxte und Brustpanzer feurige Blitze, die Federhelme der Häuptlinge mischten mit ihren bunten Farben rote, blaue und gelbe Flecken hinein. Über ihren Köpfen schwebte die Sänfte des Befehlshabers, der den *suntur paucar,* das Zeichen der Befehlsgewalt, gebildet aus einem langen, mit Edelmetall beschlagenen und mit Federn verzierten und gekrönten Schaft, in der Hand hielt. Rings um das Oberhaupt marschierten die Männer, die den am frühesten unterworfenen und daher als zuverlässig geltenden Völkerschaften angehörten.

Wenn der Inka seine Truppen persönlich anführte, war er von den Cañari und seiner Leibgarde begleitet; der Träger seiner Reichsstandarte, des Zeichens seiner Gegenwart, folgte ihm auf dem Fuße – also genau wie in Frankreich vom 12. Jahrhundert an: Das rotseidene Kriegsbanner ohne Stickereien von Saint Denis[1]. Dieses Woll- oder Baumwollbanner war klein und viereckig, an der Spitze eines Schaftes befestigt und von einem bunten Federstrauß gekrönt. Auf dem Stoff waren die kaiserlichen Insignien abgebildet: der Regenbogen und das jedem Herrscher zugehörige Wappentier wie Puma oder Kondor. Im Ernstfall wurde am Vorabend von Entscheidungsschlachten mitunter von einer Ehrenwache ein Götterbild herbeigeholt. Um diese Sinnbilder wurden genau wie um unsere Fahnen die wütendsten und heftigsten Schlachten geschlagen.

Die Kriegsmänner wurden nach ihrem Ursprungsland eingesetzt, was seine Nachteile hatte. Als zum Beispiel der General Capac Yupanqui, ein Bruder von Pachacutec, die Festung von Urcocollac nördlich von Guamanga belagerte, ließ er die Truppen von Cuzco zum Sturmangriff antreten, der zweimal zurückgeschlagen wurde. Da befahl er den Chanca, einen dritten Versuch zu unternehmen; der gelang. Die Leute von Cuzco waren sehr beschämt. Den Kaiser, der in der Hauptstadt verblieben war und davon erfuhr, befiel große Unruhe. Er entsann sich der Bedrohung, welche die Chanca über das Reich verhängt hatten, und ihres Marsches vor die Tore der Hauptstadt. So mochte ein Gefühl der Überlegenheit sie zum Aufruhr anstacheln. Schon schienen sie dem Oberbefehl der Inkahäuptlinge zu entgleiten, da Befehle erlassen worden waren, man möge milde mit dem Gegner verfahren, während in Wirklichkeit ein scheußliches Gemetzel verübt wurde. Daher wurde er von Furcht gepackt.

DER «TOD DES ATAHUALPA»
NACH EINER PHANTASIEDARSTELLUNG

Die Manneszucht: Ein Beispiel

Dasselbe geschichtliche Ereignis vermittelt uns Einblicke in die Strenge der Disziplin. In der Tat ergriff der Herrscher eine radikale Maßnahme. Er sandte dem General Capac Yupanqui eine Botschaft, die ihm befahl, alle Chanca seiner Heeresgruppe auf die ihm geeignet scheinende Art und Weise aus dem Wege zu räumen. Als der Befehl ihn erreichte, befand der General, der nach Norden vorstieß, sich gerade im Tarmatal. Es war Nacht, was nicht erstaunlich ist, denn die Kuriere reisten Tag und Nacht. Nun befand sich in seinem Gefolge die Schwester eines Chanca-Häuptlings, die von dem Plan, ihre Landsleute auszurotten, erfuhr. Heimlich benachrichtigte sie ihren Bruder. Der weckte seine Leute, und schon ging es in die Nacht hinaus; eine Anzahl Männer aus Cuzco, die absichtlich hinters Licht geführt wurden, zogen mit. Sie plünderten die Stadt Huaylas, überquerten die Kordillere und tauchten in irgendeiner Provinz unter. General Capac Yupanqui nahm die Verfolgung der Flüchtigen auf, verlor aber ihre Fährte.

Nach diesem ersten Fehler beging der Heerführer einen zweiten. Mittlerweile war er an die ihm vom Inka vorgeschriebene äußerste Marschgrenze gelangt. Da er aber erfuhr, daß die vor ihm liegende Provinz von Reichtümern strotzte, widerstand er nicht dem Verlangen, sich diese anzueignen. Es gelang ihm, den Curaca der Gegend in die Falle zu locken. Beutebeladen zog er im Triumph auf die Hauptstadt zu.

Allein ein paar Meilen von Cuzco erwartete ihn ein Langohr mit der Anweisung, ihn und einen seiner Brüder, seinen Mitverschworenen, hinzurichten. Zum ersten hatte er es anläßlich des «Auszugs der Chanca» an Wachsamkeit fehlen lassen; hernach, was viel schlimmer war, an Gehorsam. Ein Sieg vermochte einen schweren Fehler nicht aufzuwiegen. In einem Heer war ein Verstoß gegen die Manneszucht untragbar. Nach dem Bericht des Chronisten ist es wahrscheinlich, daß der schuldige General den Hinrichtungsbefehl nicht abwartete, sondern sich erhängte.

In Anbetracht des Nachteils, den die Selbstbestimmung der unter dem Kommando eines ihrer Häuptlinge zusammengerufenen Stämme mit sich brachte, nahmen die Angehörigen der kaiserlichen Familie den Platz dieser Befehlshaber an der Spitze der einzelnen Abteilungen ein.

Warum vermengte man nicht die Soldaten der einzelnen Länder des Reiches untereinander? Zunächst einmal hätten sie weniger mutig gefochten, denn ihr Sippen- und Gemeinschaftsgefühl wäre ihrem Kampfgeist nicht zugute gekommen, auch hätten sie sich auf ihre Kameraden weniger verlassen können. Überdies war jede Einheit ganz auf die Handhabung ihrer altgewohnten Waffen eingestellt.

Pittoresk muß gewirkt haben, daß die Marschkolonnen hin und wieder von Trägerrotten, von Frauen oder Konkubinen der Häuptlinge, von denen einige in Hängematten reisten, abgelöst wurden.

Diese großartig geschulten Truppen bezogen ihren Proviant aus den Tambos. Es war den Kriegern bei härtester Strafe untersagt, Einwohner zu belästigen, Ernten zu beschädigen oder ohne ausdrückliche Genehmigung irgend etwas aus den Dörfern mitzunehmen[2]. Um diese Zucht durchzusetzen, war es zur Besänftigung des Geschlechtstriebes sogar Vorschrift, der Verpflegung der Feldtruppen etwas *añu*, ein pflanzliches Mittel, beizumengen.

Zu den Waffen gerufen wurde der Mann nicht im Sinne eines regelmäßigen Militärdienstes, sondern je nach Umständen für unbestimmte Zeit[3]. Wenn der Krieg sich aber in die Länge zog oder in einer Gegend mit ungünstigem Klima, zum Beispiel an der Küste, zum Stellungskrieg gerann, wurde ein Truppenaustausch vorgenommen, um den Überanstrengten zu ermöglichen, in ihre Heimat zurückzukehren. Man schätzt, daß die Zahl der durch Sonderurlaub Begünstigten je nach Kriegsfall sich auf ein Fünftel bis ein Siebentel der Effektivstärke belief.

Die Phasen der Eroberung

Einige Geschichtsforscher haben die Inka als Eroberer hingestellt. Diese Behauptung fußt darauf, daß die Monarchen samt und sonders gezwungen gewesen seien, lange und hartnäckige Kämpfe durchzufechten, zunächst, um sich der Bedrohung durch mächtige Nachbarstämme zu entledigen, sodann, um ihre Stellungen auszubauen und zu verteidigen. Doch entschlossen sie sich als Menschen, denen der Nutzen vor allem anderen ging, erst zum Kampf, wenn alle Mittel

MANESSE BIBLIOTHEK
DER WELTLITERATUR
MANESSE BIBLIOTHEK
DER WELTGESCHICHTE
MANESSE BÜCHEREI

Bitte
ausreichend
frankieren

Manesse Verlag
Badergasse 9
CH-8001 Zürich

der friedlichen Verständigung versagten. Die Diplomatie hatte das Vorrecht vor der Waffe und scheint im übrigen höchst entwickelt gewesen zu sein: Botschafter pflegten dem Gegner wiederholt Friedensvorschläge zu machen und ihm die Vorteile einer Unterwerfung auseinanderzusetzen, die ihn an allen Segnungen der Cuzco-Kultur teilnehmen ließen, ohne ihn dadurch seiner selbständigen Machtstellung zu berauben. Sie erklärten ihm das übliche Verfahren, welches den Beitritt der Häuptlinge in die kaiserliche Rangordnung einleitete. Schließlich und endlich wiesen sie von neuem auf die Gefahren einer Weigerung hin und führten dem Zögernden das unglückselige Geschick jener Völker vor Augen, die sich erhoben hatten und von den Heeren des Inka vernichtet worden waren.

Scheiterten die Verhandlungen, begann die zweite Phase der Operationen, die man als *vorläufig* bezeichnen könnte. Der Nachrichtendienst scheint außergewöhnlich gut gearbeitet zu haben. Sein Zweck bestand zunächst in der Aufklärung des Oberkommandos über gegnerische Stellungen, Umfang der Feindkräfte, Widerstandsnester, Versand- und Nachschubzentren von Waffen und Proviant. Sodann hatte er die Aufgabe, Stärke und Zuverlässigkeit bestehender Bündnisse abzutasten und die Verteidigung des Feindes aus dem Konzept zu bringen, indem angestrebt wurde, gewisse Persönlichkeiten mittels Geschenken, die den kaiserlichen Lagerhäusern entstammten, zu bestechen und durch Verbreitung richtiger oder falscher Angaben über Stärke und Schlagkraft der Inkaheere eine Atmosphäre des Terrors zu schaffen. Gleichzeitig wurde alles getan, um den Gegner einzukreisen, indem man auf seine Verbündeten durch Überredung oder Einschüchterung Druck auszuüben versuchte.

Die dritte Phase der Vorbereitungen, und darum keineswegs die unwichtigste, hatte einen religiösen Charakter: Fasten, Beten und Opfer lösten sich in den Tempeln ab; die Wahrsager wurden befragt; selbst der Inka nahm in außergewöhnlichen Fällen an Sonderzeremonien teil.

Erst dann kam der Feldzug, der nach einem weniger einfachen Plan abrollte, als die Spanier vermutet haben. Mitunter schloß er Auftakthandlungen ein, die darauf abzielten, feindliche Nachschubstraßen abzuschneiden, oder gar Finten wie falsche Rückzüge, um den Feind zu Gefechten weit von seinen Ausgangsstellungen auf ungünstigem Gelände zu verleiten[4].

Die Phasen des Kampfes

Der eigentliche Kampf wurde zuweilen von einer Ansprache eingeleitet, die den Mut anspornen sollte, und war stets von wildem Geheul begleitet, um Schrecken zu säen. Manche Krieger beschmierten sich das Gesicht, meist rot und schwarz, um schrecklicher zu wirken, so die Chanca und Cañari. Waldbeeren, *achiote* – rot – und *jagua* – schwarz –, lieferten den Farbstoff[5].

Voran marschierten die Schleuderwerfer; sobald man die erstaunliche Geschicklichkeit der Indianer in der Handhabung dieser Waffe kennt, wird man verstehen, warum. Jeder Knabe lernt schon im zarten Alter die Vögel in den Maisfeldern mit Schleudersteinen zu erlegen, nichts fällt ihm leichter, als solch ein Mordwerkzeug mit Kordeln aus Wolle oder Cabuya-Fasern zu basteln. Ein einziger mit Kraft geschleuderter und gutgezielter Stein kann einen Menschen töten: so fiel bei der Belagerung der Feste Saxahuaman Juan Pizarro, der jüngere Bruder des Eroberers. Der Gegner versuchte sich durch eine Kopfbedeckung aus hartem Stoff zu schützen.

Hinter den Schleuderwerfern griffen die Bogenschützen an, stets waren es Indianer der westlichen Wälder, jene Einheimischen, die noch heute einen Vogel im Flug zu treffen vermögen. Doch war das Bogenschießen weniger geschätzt als der Gebrauch der *estólica* oder Speerschleuder, einem etwa fünfzig Zentimeter langen Stab mit einem Dorn am oberen und einem verbreiterten Halteteil am unteren Ende. Der Dorn hielt den mit Knochen, Holz oder Feuerstein bewehrten Pfeil oder Wurfspeer, den die durch die Hebelwirkung verstärkte Kraft losschnellen ließ.

Wenn die gegnerischen Heere langsam aufeinander zustrebten, kam der Ayllo an die Reihe. Diese Waffe bestand aus einem Strickende, das man in der Hand hielt, daran hingen drei Schnüre, an deren Ende je eine Metallkugel angebracht war. Das Ganze wurde gegen den Feind geschleudert, die Schnüre wirbelten sich um Arme und Beine des Feindes, und der Aufprall der Kugeln konnte den Getroffenen schwer verletzen[6].

Dann begann der Nahkampf; Schreie, Verwünschungen und Trompetenstöße mischten sich darein.

Lanzen und Speere durchbohrten die gepolsterten Wämse oder prallten von den Brustpanzern ab, Helme zersprangen unter den Schlägen der bronzegespickten Keulen; Äxte, zweihändig geschwungen oder an kurzen Schäften befestigt und als Hellebarden verwendet, spalteten die Lederschilde, in denen sie manchmal hängen blieben und dadurch den Angreifer entwaffneten. Bald sanken die blutüberströmten Kämpen über den Erschlagenen zusammen, – das Handgemenge war auf seinem Höhepunkt angelangt.

Die Hauptleute, erkennbar an ihren Federbüschen, schlugen sich mit den Mannen. Die höheren Offiziere versuchten, einen Überblick über das Schlachtengetümmel zu behalten, um ihre Reserven in die bedrohten Flanken zu werfen. War der Inka anwesend, verschmähte er es nicht, von seiner Sänfte herab Steingeschosse in das Kampfgetöse zu schleudern; war ein Götterbild mitgeführt worden, um das Wüten zu beschatten, so schaute es aus seinen rätselhaften Augen auf das Gemetzel, das ihm den Sieg bringen sollte.

Man könnte annehmen, daß eine Kampfhandlung sich endlos hinauszögerte, wenn die Indianer, wie es nicht selten vorkam, sich ebenbürtig schlugen. Mitunter entschied zahlenmäßige Überlegenheit den Sieg, doch mochte ein neues und eigenartiges Faktum den Ausschlag geben und damit den raschen Ausgang der Schlacht bestimmen. Wenn zu einem gegebenen Punkt und aus einem beliebigen Grund eines der Heere zu siegen schien, genügte schon der bloße Anschein, um den Sieg sicherzustellen. Denn wenn das Gefecht sich auch nur in einer einigermaßen besiedelten Gegend abspielte, tauchten beim ersten Scharmützel von allen Seiten Indianer auf den umliegenden Hügeln auf, um das Schauspiel aus der Entfernung zu genießen, und sowie sie glaubten, daß eine der Parteien die Oberhand gewann, beteiligten sie sich auf deren Seite flugs an dem Ringen, um sich einen Teil der Beute zu sichern.

Unter diesen Bedingungen war eine auch nur einen Augenblick gefährdete Kampflage so gut wie verloren, und jedes Absinken der Kampfkraft mußte in restloser Vernichtung enden.

Im allgemeinen scheint die Taktik die ursprüngliche, primitive geblieben zu sein. Indessen verdankte Pachacutec mehrere seiner Erfolge der Anwendung einer Kampfesweise, die neu gewesen sein muß. Anstatt auf dem gesamten Frontabschnitt anzugreifen, suchte er den Mittelpunkt des feindlichen Widerstandes und den Befehlsstand zu ermitteln, das Nervenzentrum mithin, sei es ein Götterbild, sei es ein Häuptling. Meist entdeckte er ihn ohne weiteres, und während das Getümmel weitertobte, trachtete er danach, mit einigen erprobten Kriegern die gegnerischen Reihen in Richtung auf Idol oder Befehlshaber zu durchbrechen. Gelang es ihm, sich seiner zu bemächtigen, stieß er ein Triumphgeheul aus, das seine Krieger laut schreiend über die Kampfreihen hinaustrugen. Die Gegner, aufgeschreckt vom verdächtigen Lärm, wußten, daß sie einen Trumpf eingebüßt hatten, und verloren den Kopf. Auf diese Weise sicherte Pachacutec sich in der Entscheidungsschlacht gegen die Chanca vor den Toren Cuzcos durch Erbeutung ihres Götterbildes den Sieg. Etwas Ähnliches gelang ihm in der Schlacht von

Pucara, als er vor der Einnahme der Stammeshauptstadt das Oberhaupt der Colla gefangennahm.

Es ist merkwürdig, daß Francisco Pizarro mit demselben Verfahren einen leichten Sieg bei Cajamarca errang, als der Inka gleich zu Anfang des Unternehmens in seine Hände fiel.

Oftmals hielten die Indianer Ersatztruppen hinter der Front zum rechtzeitigen Einsatz oder zur Deckung eines gefährdeten Rückzuges bereit. Daß Tupac Yupanqui im Krieg gegen die Cañari, in dem beide Seiten zur gleichen Zeit kampfmüde wurden, seine Reserven im richtigen Augenblick in das Treffen warf, gewann ihm den Sieg.

War der Triumph errungen, vermied der Inka unnötige Grausamkeiten. Wozu ein Volk verbittern, das zu Frieden und Aufbau geführt werden soll, warum ein ganzes Stammland verwüsten, dessen Bodenschätze man auszuwerten gedenkt[7]?

Der Triumphzug

Sobald der siegreiche Inka wieder in seiner Hauptstadt anlangte, ordnete er höchstpersönlich die Einzelheiten eines Triumphzuges an, der sehr verschieden ausfiel, aber stets einen feierlichen Vorbeimarsch einschloß: die Kampftruppen, die den Sieg errungen, marschierten an der Spitze des Zuges zum dumpfen Wirbel der Trommeln und zum rauhen Klang der Schneckentrompeten, die Soldaten in Kriegsbemalung, die Hauptleute mit ihrem schönsten Zierrat geschmückt.

Dann folgten die Gefangenen, die Hände auf den Rücken gebunden; dazu ihre Frauen und Kinder unter Schreckensgeheul und um Gnade flehend; darunter der feindliche Herrscher, nackt auf einer Sänfte liegend, umgeben von Pauken, die aus der Haut seiner Verwandten hergestellt waren. «Die Haut abgezogen und mit Luft gefüllt» – so drückt der Chronist sich aus –, «was ihren ehemaligen Besitzer eindrucksvoll darstellte.» Dahinter trabten die Beuteträger, Soldaten schwangen auf ihren Lanzen die Köpfe der feindlichen Häuptlinge, Rufer posaunten die Verbrechen der Besiegten und die Ruhmestaten der Sieger aus, federgeschmückte Langohre stolzierten mit. Die jungen Mädchen aus den «Häusern der Erwählten», in den Händen das Tamburin, an den Fersen die Klappern, sangen und tanzten vor den hohen Beamten einher, welche die kaiserliche Sänfte umgaben. Darauf thronte im Prachtkleid, gleichgültig und wie erstarrt in der prunkvollen Würde von Gold und Silber, der oberste Inka. Hinter dem Monarchen kamen die Verwandten, darunter die Prinzessinnen, auf Sänften gebettet. Den Abschluß bildeten wiederum Truppeneinheiten.

Nach dem Triumphzug mußte der Inka uraltem Brauch gemäß den Hauptplatz von Cuzco auf den am Boden hingestreckten Gefangenen überschreiten. Dann folgten Gesang, Tanz und Festlichkeiten; auch dies endete nach alter Überlieferung in allgemeiner Trunkenheit.

Die Behandlung der gefangenen Feinde scheint im allgemeinen menschlich gewesen zu sein, da diese nicht selten auf ihre Scholle heimgeschickt wurden.

Die Häuptlinge, die sich ohne Verzug unterwarfen, wurden sogar dadurch bevorzugt, daß sie, wie wir bereits erwähnten, auf ihrem Befehlsposten verblieben. In anderen Fällen hat es nicht an Grausamkeiten gefehlt; auch kam es vor, daß das Vorbild der Mäßigung, das Pachacutec gab, in Vergessenheit geriet.

So zeigt uns Poma de Ayala einen Hauptmann, der einem vor ihm knieenden Gefangenen, noch den Federschmuck auf dem Kopf, aber die Hände schon auf dem Rücken gebunden, die Augen aussticht. Während des Bürgerkriegs zwischen Huascar und Atahualpa verübten die Krieger des letzteren auf dem Gebiet der Cañari und Chachapoya Grausamkeiten und töteten Frauen und Kinder. Jene taten desgleichen, als sie das Gebiet von Cuzco überfielen; allerdings muß gesagt werden, daß sie aus dem Norden kamen und erst seit kurzem unter der Herrschaft der Inka standen. Dies war übrigens einer der Hauptgründe, warum die Spanier nach der Gefangennahme Atahualpas bei der Eroberung des Landes so leichtes Spiel hatten. Die echten Abkömmlinge der Inka empfanden nur Haß gegen diesen «Bastard» und empfingen die Weißen freudestrahlend.

In mancher Hinsicht scheinen die alten Zivilisationen des Küstenstreifens für unsere Begriffe recht barbarisch gewesen zu sein. Zum Beispiel zeigt uns die Zeichnung einer Töpferarbeit von Chimu einen Priester, der einen nackten, um den Hals gefesselten Mann mit einem Messerstich tötet und einem Seeadler mit gesträubtem Gefieder dessen Blut aus einer Schale zu trinken gibt[8].

Unter den Ruhmeskundgebungen, die auf Siege folgten, wären vielleicht die zu nennen, welche sich nach der Rückkehr Tupac Yupanquis nach seiner Entdeckung der geheimnisvollen Pazifikinseln vor den Toren von Cuzco abspielten. Ein General von Pachacutecs Heer, der, weil betagt, während der Seereise seines Sohnes in der Hauptstadt verblieben war, hatte die Verteidigung der Stadt anberaumt, als ob Eindringlinge auftauchen sollten. Tatsächlich erschienen diese in Form von Truppen unter dem Oberbefehl des jungen Prinzen, der später Inka Huayna Capac heißen sollte, und traten zum Sturmangriff auf die Stadt an. Nun ging vor den Augen von Tausenden von Einwohnern, die zu diesem erhebenden Schauspiel aus allen Teilen des Reiches herbeigeströmt waren, ein Scheinkampf vor sich. Drohende Gebärden, Vorstöße, Rückfälle; gespielte Stein- und Pfeilwürfe, geschwungene Keulen, die ins Leere niedersausten; Trommelwirbel, Trompetenstöße – all das schwoll zu einem immer heftiger werdenden Wirbelsturm an, bis die Verteidiger endlich eine Scheinübergabe in Szene setzten und der junge Sieger unter dem Jubel einer begeisterungstrunkenen Menge seinen Einzug hielt.

Diese Art von Schauspiel hat übrigens den Höhepunkt des Reiches zeitlich bestimmt. Daran nahmen die drei größten Kaiser, die den Thron der Inka bestiegen und drei aufeinander folgenden Generationen angehörten, mit der jedem einzelnen zugemessenen Rolle teil: der alte Kaiser als Großmeister aller Zeremonien, sodann der Kaiser als wirklicher Triumphator und endlich der künftige Kaiser als Schauspieler, der auf einer großartigen Bühne seine kommenden Triumphe im voraus feierte.

Die Festungen

Das Leben im Feldlager stellte den wesentlichen Bestandteil des Soldatenlebens dar. Dennoch gab es daneben ein Garnisonsleben in den längs der Grenzen, an den Zufahrtstraßen oder an den Ausgängen der großen Städte gelegenen Festungen. Diese Vorwerke, mit einer sehr genauen Kenntnis der militärischen Notwendigkeiten als Verteidigungsstellungen angelegt, gestatteten den Insassen, einer anhaltenden Belagerung standzuhalten. Sie bildeten kleine Städte mit Häusern und bebauten Terrassen, die sich wenigstens eine Zeitlang selbst ernähren konnten. Besetzt wurden sie von den *mitimaes,* die wir schon erwähnt haben. Hier waren die Krieger mit ihren Familien stationiert und kamen allen bürgerlichen wie militärischen Obliegenheiten nach; Hacke und Schleuder wechselten als ihr Handwerkszeug ab.

Diese großen Vorwerke sind noch heute als Ruinen in manchen Gegenden zu sehen, die ältesten unweit der Hauptstadt, deren Anmarschstraße sie verteidigten, wie Ollantaytambo im Norden von Cuzco, die anderen weiter entfernt wie Incahuasi, das die Straße der Chimu im Nordwesten versperrte. Durch gute Straßen stets mit den Siedlungsmittelpunkten verbunden, hatten sie die Aufgabe, den Ansturm der Eindringlinge zu brechen und dem kaiserlichen Heer Zeit zur Entfaltung zu gewinnen. So ist ein Einbruch der kriegerischen Guarani aus den Ostwäldern kurz vor der Ankunft der Spanier vor den Mauern Cuzcos zum Stehen gekommen[9].

Übrigens müssen wir zugeben, daß die Chimu, obwohl von den Inka unterworfen, diesen in Dingen des Festungsbaus überlegen waren. Südlich ihrer Hauptstadt hatten sie eine regelrechte «Chinesische Mauer» errichtet, welche die Küstenebene von der Kordillere zum Ozean abriegelte und einen ganzen Festungsgürtel aus viereckigen und runden Forts einschloß. Dank des Flugwesens ist diese riesenhafte Anlage entdeckt worden. Tatsächlich kann man aus der Luft die Verteidigungslinie, welche die Hügel erklimmt und in die Täler hinabsteigt, deutlich erkennen[10].

Auch die bedeutende Festung Parmunca oder Paramonga, deren Umrisse sich noch heute vom Hintergrund der Anden abheben, war das Werk dieses großen Volksstamms. Auf einem teilweise künstlichen Hügel stuften sich drei Terrassen ab. Auf der obersten lagen die Wohngebäude, unter ihnen möglicherweise ein Heiligtum, dessen Mauern mit einem rotweißen Fries geziert waren. Die Gesamtanlage ragte ungefähr zwanzig Meter über die umliegende Ebene empor. Die mittlere Plattform hatte einen Umfang von fünf auf zwölf Meter und trug zwei Gebäude mit gelben und roten Malereien. Das Ganze bildete ein weites Viereck mit vier Eckbastionen, die auf die unterste Terrasse herabreichten. Schmale Rampen verbanden die einzelnen Plattformen untereinander. Die Feste umgab eine

Mauer von drei bis sechs Meter Höhe mit Brustwehr und Rundgang.

In zwanzig Meter Entfernung erhob sich auf einem Hügel ein Gegenfort, weiter nördlich am Strand des Pazifiks diente eine Bergspitze als Ausguck, um Land und Meer zugleich zu beobachten.

Die Festung Cañete weiter südlich, in der Chuquimancu dem Einbruch der Inka widerstand, war nach demselben Vorbild wie Paramonga angelegt. Drei Umfassungsmauern, die sich an einen Hügelhang schmiegten, schützten Wohnungen und Lagerräume. Wie die Inka schon in Paramonga gehandelt hatten, zerstörten sie auch dieses Felsennest nach seiner Einnahme nicht, sondern machten es sich zunutze. Wir haben darauf aufmerksam gemacht, daß es in den Häusern der Chimu-Feste Wandmalereien gab; in diesem Fall errichteten die Sieger auf der Spitze des Gebäudes einen Altar: eine Plattform aus gestampfter Erde von zwei Meter Höhe, die man auf Stufen, der aufgehenden Sonne gleich, emporklomm.

Manche dieser befestigten Plätze, die lange Belagerungen aushalten sollten, verfügten nicht nur über Speicher, in denen lagerfähige Landesprodukte wie Chuño und Charqui gestapelt waren, sondern auch über Terrassenkulturen, die ihre Anbauflächen weitgehend vergrößerten. Andere wiederum schlossen Palast und Heiligtum ein.

Einige dieser Burgen galten als uneinnehmbar, so zum Beispiel die auf einer Kuppe unweit des Flusses Pampas gelegene, in die sich beim Einbruch der Inka in ihr Gebiet die benachbarten Stämme flüchteten. Der

Gipfel war hinreichend breit und abgeflacht, um ein Dorf aufzunehmen. Dieses vermochte, die gesamte umliegende Bevölkerung zu beherbergen; eine Quelle spendete klares Wasser. Der General, der das Cuzco-Heer befehligte, sah sich gezwungen, seinen Plan aufzugeben. Nun legte Pachacutec sich höchstpersönlich ins Zeug, um dieses Widerstandsnest in die Zange zu nehmen. Schließlich gewannen Hunger und Seuchen über die Verteidiger die Oberhand.

Die Zitadelle von Cuzco

Die Garnison von Cuzco war in der Festung von Sacsahuaman stationiert, die sich als düsterer Koloß auf einem Hügel im Norden der Stadt emporreckte. Drei konzentrische Umwallungen, von denen jede so breit war, «daß drei Wagen nebeneinander darauf fahren konnten»[11], umschlossen einen Hof, in dem das für die Belagerten unentbehrliche Wasserbecken stand. Gespeist wurde es von einem unterirdischen Kanal, dessen Lauf und Quelle geheimgehalten wurden. Daneben standen mehrere niedere Häuschen und drei viereckige Türme, von denen der eine wichtiger war als der andere. Jede Umwallung bestand aus einem Erdkern, der zwischen zwei Mauern von zyklopischen Steinblöcken gezwängt war. Diese verliefen im Zickzack, um ihre gegenseitigen Flanken zu decken. In der Mitte waren sie von einer engen Türe durchbrochen, die man notfalls schließen konnte, indem man eine auf dem Boden liegende Steinplatte aufhob, die in die

DIE FUGENLOS VERSETZTEN STEINBLÖCKE
DER FESTUNG VON SACSAHUAMAN

Öffnung paßte. Der Hauptturm barg Wohnräume, die für den Monarchen gedacht waren; ihre Wände bedeckten Zierate aus Edelmetall. Die beiden anderen Türme dienten als Kaserne für die kaiserliche Leibgarde, bestehend aus Soldaten der Cuzcogegend und befehligt von einem Generalhauptmann aus kaiserlichem Geblüt. Unterirdische Gänge verbanden diese Türme untereinander und bildeten ein Labyrinth. Sich darin zu verirren, galt als gefährlich, wenn man den Erzählungen Glauben schenken soll, wie sie der Chronist Garcilaso de la Vega, der sich in seiner Kindheit mit Gespielen in den Ruinen dieser Gemäuer tummelte, von den Indianern mitbekommen haben will.

Mütterlicherseits ein Abkömmling der Inka, kannte Garcilaso die Hauptstadt, in der er gelebt hatte, in- und auswendig. In seinem großen Werk widmet er nicht weniger als drei Kapitel der Beschreibung der Festung und hebt immer wieder hervor, wie unmöglich es sei, sich die «Ungeheuerlichkeit» der Blöcke, aus denen die Mauern gebildet waren, vorzustellen, wenn man die Anlage nicht mit eigenen Augen gesehen habe. Tatsächlich muß man sich fragen, wie derartige Felsen, deren Höhe mitunter vier Meter und deren Gewicht nicht selten zehn Tonnen überstieg, ohne Maschinen, ohne Lasttiere und ohne vervollkommnete Hebewerkzeuge an Ort und Stelle gebracht werden konnten. Manch spanischer Beobachter hat geglaubt, hier müsse Dämonenspuk im Spiel gewesen sein[12].

In der Tat will die Legende wissen, daß der größte Block mit Seilen von zwanzigtausend Indianern herangeschleift worden sei und mehrere tausend Arbeiter zerquetscht habe, als er beim Anstieg mitten auf einem Hang abzurutschen begann.

Nicht nur die fähigsten zeitgenössischen Architekten, noch viel weniger die unvoreingenommensten Reisenden können diese Mauern, denen nicht einmal Erdbeben etwas anzuhaben vermochten, ohne Staunen betrachten[13].

5. Das geistliche Leben

Es liegt auf der Hand, daß in einem Volk religiöser Veranlagung die Priesterschaft einen vorherrschenden Einfluß ausübt. Dies muß allem Anschein nach im Peru der Vorinka-Zeit der Fall gewesen sein. Doch hat eine Entwicklung, deren Phasen wir nicht durchschauen und die zu Zeiten vielleicht nahe an eine Revolution grenzte, der weltlichen Macht gestattet, sich selbständig zu machen und die Oberhand zu gewinnen. In der zweiten Hälfte des fünfzehnten Jahrhunderts erscheint die innerpolitische Wandlung abgeschlossen. Die priesterliche Rangordnung blieb von der Ständeordnung weitgehend unabhängig, doch unterstanden beide dem obersten Inka[1].

Der Hohepriester

Der Hohepriester, im allgemeinen ein Bruder oder Onkel des Inka, wurde von einer Versammlung hoher Würdenträger gewählt und mit Fanfaren ausgerufen. Nun legte er sein Priesterkleid an, brachte Opfer dar und empfing die Huldigung der kaiserlichen Familie, der Langohren und der Curaca. Feierlich gelobte er, in Keuschheit zu leben. Tatsächlich führte er das Dasein eines Asketen, ernährte sich von Kräutern und Wurzeln, trank nur Wasser, fastete häufig, doch nie länger als acht Tage, denn selbst hierbei wurde jeder Auswuchs als tadelnswert angesehen.

Seine Behausung lag auf dem offenen Lande unweit der Stadt, um die Ausübung seines Berufes nicht zu erschweren; gleichzeitig sollte er die Möglichkeit haben, nachts «die Sterne zu betrachten und über ihren Lauf nachzudenken»[2].

Der Hohepriester war gewöhnlich mit einer einfachen, bis zu den Fesseln herabfließenden Soutane angetan, darüber fiel ein weiter, grauer, brauner oder schwarzer Umhang. Nur an Festtagen trat er in priesterlichem Prunk auf. Dann legte er ein Chorhemd aus weißer Wolle mit einer roten Franse an, das ihm bis zu den Knien reichte und mit Goldblättern und Edelsteinen besät war. Ein silberner Halbmond hing um seinen Hals, seine Arme waren von Reifen umspannt, und seinen Kopf bedeckte eine goldene Tiara in Form einer Kappe, geschmückt mit einer goldenen Sonne und gekrönt von einem Diadem aus Papageienfedern. Als die Indianer nach der Eroberung Bischöfe mit Mitren sahen, fiel es ihnen nicht schwer, in ihnen die Hohenpriester der neuen Religion zu erblicken. Die Priester, welche dem hohen religiösen Würdenträger bei den Zeremonien zur Seite standen, waren weiß gekleidet.

Die Rangordnung umfaßte eine Reihe von Würdestufen und Sondertätigkeiten. Zehn «Prälaten» spielten gleichsam «die Rolle von Bischöfen». Die Bezirke waren sehr ausgedehnt, sie umspannten Gebiete, deren Grenzen wir kaum kennen, denn der Chronist bezeichnet sie zum einen als jenen sehr allgemeinen Teil des Reiches, zu dem sie gehörten: Collasuyu, Contisuyu; zum anderen nennt er Volksstämme, in denen die «Prälaten» wohnten: Colla, Chincha, Caña; oder aber führt er große Städte an, die darin lagen, wie Cajamarca, Quito, Huaylas, Chimu, Ayavaca.

Eine ganze Anzahl zweitrangiger Priester waren dem Sonnen-, Blitz-, Ahnen-, Huaca- oder sonstigen Kult unterstellt[3]. Gehörten sie zur Elite, so empfingen sie ihre Verpflegung von den öffentlichen Lagerhäusern; entstammten sie dem Volk, bestellten sie ihren Boden wie jeder gewöhnliche Indianer.

Der Hohepriester ernannte alle Glieder der hohen Ränge, die ihrerseits die ihnen unterstellten Priester erwählten. Sie bestimmten auch die Inspektoren, die das Reich bereisten, Heiligtümer und «Häuser der Erwählten» aufsuchten und darüber wachten, daß Lehren und Kultbräuche streng beachtet wurden. Diese wiederum wurden von Beamten kontrolliert, die geheim arbeiteten und nicht den geringsten Fehltritt, nicht die geringste Nachlässigkeit durchgehen ließen. Die Machtbefugnis wurde auf religiösem Gebiet ebenso streng ausgeübt wie in Dingen der Staatsverwaltung.

Überdies amtierte der Hohepriester als Richter und Unparteiischer in allen Streitigkeiten religiöser Ordnung. Er legte die althergebrachten Kultvorschriften aus und hatte die Verteilung und Verwendung der auf den Sonnen-Ländereien geernteten und in den Lagerhäusern für Rechnung dieser Gottheit aufgestapelten Landerzeugnisse unter sich.

Bei seinem Verscheiden dauerten Feierlichkeiten und Volkstrauer einen ganzen Tag. Sein Leib wurde einbalsamiert und mit großem Prunk auf einem benachbarten Hügel begraben.

Macht und Ansehen des Hohepriesters tritt in dem Drama *Ollantay* wiederholt zutage. Trotz mancher Entstellung, die der erste Spanier bei seiner Niederschrift sicherlich verschuldet hat, ist es für die Geisteshaltung der Indianer zu vorkolumbischer Zeit höchst aufschlußreich. Zum Beispiel ist folgender Dialog charakteristisch[4]:

General Ollantay wendet sich zum Hohepriester: O Greis, wer dich erblickt, weicht entsetzt zurück. Rings um dich sieht man nur Knochen, Trauerblumen, Hörner und Edelsteine. Alles an dir ist furchterregend. Aber was bedeutet das alles? Hat dich der Herrscher als Prophet des Verderbens oder als Geist des Guten berufen? Warum bist du am Vortag des Festes erschienen? Ist der Herrscher denn krank? Oder hast du geahnt, daß bald Blut fließen muß? Denn der Weihetag von Sonne und Mond, der soeben zunimmt, ist noch fern. Wir stehen noch nicht vor den feierlichen Opfern, die das Fest fordert.

Hohepriester: Warum frägst du mich in vorwurfsvollem Tone? Bin ich etwa dein Lehensmann? Alles weiß ich und werde es dir bald beweisen.

Ollantay: Mein Herz zittert vor Furcht, dich heute unvermutet zu erblicken. Sollte dein Erscheinen Unheil künden?

Hohepriester: Fürchte nichts, Ollantay, trotz meiner Gegenwart! Vielleicht führt mich die Liebe zu dir wie der Wind, der das welke Blatt hinwegweht. Sag an: gehorcht deine Vernunft deinem Herzen, das von bösen Geistern gefangen ist? Ich gebe dir diesen Tag Zeit, um dein Glück oder dein Verderben, das Leben oder den Tod zu wählen.

Ollantay: Sprich deutlicher, damit ich dich verstehe, deine Worte sind wie ein zerzauster Knäuel. Ich bitte dich, ordne sie für mich.

Hohepriester: Hör zu, Ollantay. Die Erkenntnis enthüllt mir, was dem Gemeinen verborgen ist. Ich habe genug Macht, alle Geheimnisse zu entdecken und dich zu einem großen Häuptling zu machen... (Der Hohepriester eröffnet ihm sein Wissen: die Liebe, die Ollantay zu einer der Töchter des Inka erfüllt, und führt ihm die daraus entstehenden Gefahren vor Augen.)

Ollantay: Woher weißt du, was auf dem Grunde meines Herzens schlummert? Nur die Mutter (des jungen Mädchens) weiß davon, und doch sehe ich, daß du alles aufdeckst.

Hohepriester: Ich lese es im Mond, und das dunkelste Geschick erscheint klar vor meinen Augen.

Ollantay erklärt, er könne seiner Liebe nicht entsagen, und sagt endlich: Stoß mir dein Messer in die Brust, reiß mir das Herz heraus, ich werfe mich dir zu Füßen...

Religion und Magie

Die Grenzen zwischen Religion und Magie, die für uns heute bestehen, gab es damals nicht.

Heute sind wir der Ansicht, daß die Religion als Aufschwung des Menschen zum Göttlichen auszulegen, daß ihr unmittelbarster Ausdruck das Gebet sei und damit eine Gemeinschaft der Gläubigen schaffe.

Die Magie sehen wir dagegen als zweckgerichtet an, als seelisches Tun, das zur unmittelbaren Handlung, ja zu einer Art Beeinflussung seine Zuflucht nimmt. Sein Mittel ist die Beschwörung, die nur dem Eingeweihten, dem Zauberer zugänglich ist.

In Peru waren aber Religion und Magie miteinander verquickt, die zweite erschien wie der Einsatz der ersten, als deren Nutzanwendung, als deren natürliche und notwendige Verlängerung im täglichen Leben.

Diese Mischung wurde durch die stark auf den Nutzen gerichtete Veranlagung des Indianers noch bestätigt. Im übrigen darf uns dies nicht verwundern, denn die Magie lebt noch in der heutigen Wirklichkeit: der Christ etwa, der an die Kraft einer an den heiligen Antonius gerichteten Gebetsformel glaubt, die einen verlorenen Gegenstand wiederbringen soll, liefert uns den hinreichenden Beweis[5].

Auch die Grenzen der Wissenschaft waren unbestimmt. Die Magie beruhte in einzelnen Fällen auf Beobachtungen und Vernunftgründen, die den Auftakt zur Psychologie, zur Soziologie, zur Medizin geben. Die Astrologie als Vorläuferin der Astronomie zu erwähnen, wäre überflüssig.

In allen Gesellschaftsschichten des peruanischen Staates herrschte die Vereinigung von Wissenschaft, Religion und Magie, denn nichts entging ihr, nichts war Zufall, alles hatte eine tiefe und mitunter verborgene Bedeutung: die Krankheit, der Unfall ebenso wie die Form der Wolke oder der Schrei des Tieres in der abendlichen Sierra.

Die geringsten Erscheinungen bargen eine Lehre, und die trostloseste Einsamkeit belebte sich für den, der ihre Geheimnisse zu durchdringen verstand.

Von den niedereren Kategorien der Zauberer werden wir noch zu sprechen haben, wenn von der Masse des Volkes die Rede ist. Die Wahrsager scheinen besonders beliebt und angesehen gewesen zu sein. Sie hielten sich unablässig auf den Schwellen der Tempel zur Verfügung der Frommen; sie aßen lediglich Kräuter, Wurzeln und Maiskörner, Fleisch verzehrten sie

ANBETUNG DER SONNE DURCH DIE INDIANER

nur an gewissen Festtagen. Die einen verlegten sich auf das Orakel, die anderen auf die Opferschau.

Alles konnte als Medium der Weissagungen gelten, was dem Zufall entsprang: Regenbogen, Erdbeben, Vogelflug. Sie waren Zeichensucher und gelernte Beschauer von Kieselsteinen, Schlangen, Spinnen, Lamakot. Für sie war das Weltall ein riesiges Buch, in dem die Zukunft genau zu lesen stand, in dem der gewöhnliche Sterbliche sich jedoch nicht auskannte. Sie befragten die Huaca, von denen einige wegen ihrer Orakelsprüche berühmt waren; sie zündeten ein Feuer an, das die Teilnehmer durch Pfeifrohre aus Kupfer oder Silber wachhielten, und riefen Geister herbei, die durch das Knistern und Zischen der Flammen antworteten. «Sie sprachen mit den Götterbildern eine Sprache, die der Profane nicht verstand», berichtet ein Chronist[6].

Die Opferschauer sagten nicht die Zukunft voraus, sie suchten vielmehr die Folgen der Vergangenheit zu heilen. Das Übel, das den Menschen trifft, ist das gerechte Entgelt für seine Fehler, wie wir im Hinblick auf die indianische Geistesart bereits andeuteten. Somit kann man ihre Wirkungen herabmindern, indem man sie durch Gebet, Buße und Opfer auszugleichen sucht[7].

Das Gebet schafft einen Zustand der Bereitschaft, eine wohltuende Luft der Empfänglichkeit. Der Gläubige lenkt die Aufmerksamkeit der Gottheit auf sich und bietet ohne Verzug etwas dar, was nicht ohne Wert ist, die Willigkeit demütiger Verehrung. Der Indianer stellte sich beim Gebet mit vorgebeugtem Oberkörper und geneigtem Haupt, die Arme in gleicher Höhe nach vorn ausgestreckt, die Hände geöffnet vor das Götterbild. Geräuschvoll umarmte er die Luft, dann riß er sich mit seinen Fingerspitzen einige Wimpern oder Brauen aus und blies sie in Richtung auf die Gottheit. Dies war eine Art, etwas von sich selbst zu geben, ein «Stück» von sich, wie die heutigen Soziologen sagen würden; dadurch gab man sich als Diener zu erkennen.

Die Beichte

Die Beichte wurde vom Beichtvater auferlegt. Zu ihrem großen Erstaunen stellten die katholischen Missionare fest, daß die Beichte in Peru gang und gäbe war. Im übrigen gab es sie bei anderen amerikanischen Völkern wie den Huichol in Mexiko (als Beichte der Frauen, während die Männer auf die Suche nach dem Heilkraut auszogen) und bei gewissen Eskimostämmen (als Selbstentäußerung in einem Zustande mystischen Taumels)[8].

Die Beichtväter wurden nach einer Prüfung, die ihre Eignung in Dingen der Religion feststellen sollte, von den hohen Würdenträgern erwählt. Die Jury, der diese Prüfung unterstand, setzte sich aus vier Amauta und einem der zehn Hohepriester zusammen, welche die Spanier mit Bischöfen verglichen haben. Sie befragte die Anwärter über Götter und Riten, über die von den Inka und den Hohenpriestern erlassenen Vorschriften, über Sünde und Sühne.

Der Beichtvater stellte sich in der Nähe eines Rinnsals auf, nahm ein Bündel trockener Kräuter in die

Rechte, eine Schnur, an deren Ende ein Stein hing, oder ein Richtscheit auf einem eingelegten Stein in die Linke, rief den Bußfertigen und gebot ihm zu sprechen. Die Beichte war geheim, und jeder Verstoß gegen diese Vorschrift wurde unverzüglich mit dem Tode bestraft. Im übrigen verbargen die Indianer ihre Fehltritte nicht, denn sie waren davon überzeugt, daß der Beichtpriester sie leicht aufzudecken vermochte, da er ja ein Wahrsager war.

Die Auflistung der Freveltaten bietet keinerlei Überraschung, es sind die Vergehen aller Zeiten und Länder: Mord, Ehebruch, Schändung, Abtreibung, Lüge, Faulheit und Saumseligkeit im Gottesdienst. Der Ungehorsam war ein Verbrechen, das die verschiedenartigsten Abarten aufwies, galt er doch in einer auf Zwang aufgebauten Gesellschaftsordnung als besonders tadelnswert: Ungehorsam gegen Eltern, die Ahnen, die Priester, die Beamten, die militärischen Vorgesetzten, den Kaiser.

Die Anbetung der Idole wurde von den Inka ebenso unterdrückt wie von den Spaniern: In den Augen beider waren dies Gottheiten, die von der Staatsmacht nicht zugelassen waren.

Neben den Tatsünden standen die Wunschsünden. Die Bußfertigen mußten ebenfalls alle ihre Begierden und unsauberen Empfindungen aufdecken: den Haß, die Rachsucht, die Liebe zu einer verheirateten Frau.

Die schweren Verbrechen konnten von den gewöhnlichen Beichtpriestern nicht vergeben werden, sie fielen in den Wirkungsbereich höherer religiöser Ränge, etwa Unzucht mit einem jungen Mädchen, Anbetung von Götterbildern, ein Aufstandsversuch gegen den Kaiser; gotteslästerliche Handlungen, Beziehungen zu einer Sonnenjungfrau.

Unter der Regierung von Tupac Yupanqui war im Collao-Gebiet Frauen erlaubt, anderen Frauen die Beichte abzunehmen; manch eine begann damit, den Rang einer Wahrsagerin einzunehmen[9].

Waren die Sünden aufgezählt, stellte der Beichtvater den Schuldigen zur Rede und legte ihm eine der Schwere seiner Vergehen entsprechende Buße auf. Es galt als unbedingte Vorschrift, daß die Bußübung der Gemeinschaft nicht zum Schaden gereichte. So durfte «das Weilen in der Wüste», das heißt, der Zwang, ins Gebirge zu wandern und eine Zeitlang kräuter- und wurzelessend und wassertrinkend dortzubleiben, Persönlichkeiten, deren Abwesenheit kraft ihrer bedeutenden Stellung in der Gesellschaftsordnung dem Staat Schaden zufügen konnte, nicht auferlegt werden. Außerdem hätte eine derartige Abwesenheit das kleine Volk auf die Schwere der Fehltritte, die seine Oberhäupter begangen hatten, aufmerksam gemacht, was wiederum das Geheimnis der Beichte in Frage gestellt hätte. Im übrigen konnte diese Strafe von den Männern aus dem Volk schon deshalb nicht mehr verbüßt werden, weil eine große Anzahl von Indianern als Einsiedler in der Wüste lebten, so daß die Zugewanderten unweigerlich mit ihnen in Verbindung treten würden. Kurzum: die Einöde war bereits bevölkert, wenn man einem namenlosen Verfasser Glauben schenken darf, der übrigens für den Jesuitenpater Blas Valera gehalten wird und dem mehrere spätere Chroniken zugeschrieben werden[10].

Die Klausner mußten die Genehmigung ihrer Oberen einholen; sie lebten in Keuschheit und Armut; die Gläubigen suchten ihre Nähe, baten sie um Ratschläge, zuweilen um Voraussagen.

War die Bußübung aufgetragen, nahm der Beichtvater eine symbolische Weihehandlung vor: Leicht schlug er den Sünder mit dem Stein, den er in der Hand hielt; dann forderte er ihn auf, in einen kleinen Sack zu spucken, und spuckte selbst hinein; endlich sprach er bestimmte Gebete und warf den so mit allen Sünden des Bußfertigen angefüllten Sack in den nächsten Fluß. Gleichzeitig bat er die Götter, sie möchten die traurige Ladung auf diesem Wasserlauf zu dem Abgrund führen, von dem kein Lebender zurückfindet.

Auch der Inka beichtete dergestalt, desgleichen der Hohepriester, aber ein jeder tat es allein und Angesicht zu Angesicht mit der Gottheit. Der erste beobachtete dabei einen ähnlichen Ritus wie den soeben beschriebenen und warf seine Sünden in den Fluß, der zweite verbrannte den Sack und streute die Asche ins Wasser, nachdem er im Tempel Gebete aufgesagt hatte.

Der Inka besaß die Kraft, die bösen Geister, den «Dämon» der Spanier, zu beschwören. Er tat es, indem er sie aufforderte, sich zu zeigen; dies mußte genügen, um sie unschädlich zu machen. Von Yamqui Pachacuti Salcamayhua ist uns eine derartige Beschwörungsformel überkommen[11]:

Im Namen des Himmels, der Erde, Dessen, der in der Tiefe der Meere wohnt,
Des Schöpfers, des Allmächtigen, Dessen, der alles sieht,
Des Herrschers der kochenden Glut, sei er Mann oder Weib,
Wer bist du? Was ist deine Natur? Was ist deine Zunge?
Ich beschwöre dich zu sprechen.

Die Opfer: Vom Menschen zum Lama

Auch im Opferdienst gab es eine Stufenordnung. Die Indianer jeglicher Herkunft kasteiten sich oft, teils aus dem dunklen Gefühl heraus, daß Buße notwendig sei, teils um den angeblichen Unwillen gewisser Geister zu besänftigen, deren Kreise sie ihrer Vorstellung gemäß gestört hatten. Zum Beispiel warfen sie, noch bevor sie den ganzen Saft der Coca genossen, die halbgekaute Cocakugel weg.

Wichtiger waren die eigentlichen Opfergaben oder die Geschenke: absichtlich vernichtete Nahrungsmittel, verschüttetes Getränk, verbrannte bunte Federn. Ein überlieferter Brauch forderte, daß man zur Beschwichtigung des Ozeans Maismehl in die Brandung warf und den Quellen, deren Ertrag man aufrechtzuerhalten trachtete, Muscheln aus Mittelamerika darbrachte, die in manchen Gegenden des Inneren als Wechselmünze galten.

Starb ein Glied einer Familie, so verpflichteten sich seine Angehörigen, zu bestimmten Zeiten an sein Grab zu gehen und ihm Speise und Trank darzubringen, während sie zugleich an die Gottheiten Gebete zu seinen Gunsten richteten.

Cristobal de Molina berichtet von Cuzco ein Gebet aus dieser Zeit, das bei einer derartigen Gelegenheit gesprochen wurde:

«O Huaca-Väter, Vorfahren, Ahnen und Verwandte, o großer Schöpfer, dem unsere unaufhörlichen Bedürfnisse entstammen, unser mächtiger verblichener Herr, ruft eure Kinder und Kindeskinder vor den Schöpfer und macht, daß eure Nachkommen mit ihm glücklich seien wie ihr selbst.»

Das übliche Opfertier war das Lama. Der Priester ließ es mehrmals um das Götterbild herumlaufen und stach es ab, während er ihm den Kopf in Richtung auf die Gottheit hielt. Jeden Morgen wurde in Cuzco solch ein Tier getötet und hernach als Opfergabe für die Sonne verbrannt. Zu diesem Zweck brannte stets ein Feuerbecken. Außerdem wurden am ersten Tag des Monats hundert Lamas zusammen mit Mais und Coca unter Gebeten ins Feuer geworfen.

Die berühmtesten und wirksamsten Opfer waren Menschenopfer. Hier schlagen wir ein düsteres Blatt der Inkachronik auf, das Garcilaso de la Vega in kindlichem Erbarmen vergeblich auszureißen versucht. Eines ist jedoch sicher: Bei großen Anlässen wurden ausnahmsweise Kinder und junge Männer lebendig geopfert. Man wählte die schönsten aus, ernährte sie gut, benebelte sie mit Chicha oder benahm ihnen mit ausgiebigen Dosen Coca die Sinne; dann ließ man sie wie die Lamas zwei- oder dreimal um das Götterbild wanken und stach sie ab. Diese Menschenopfer wurden beispielsweise im Krankheitsfalle des Inka oder bei einem bevorstehenden Kriege gegen einen mächtigen Volksstamm geschlachtet.

In Pachacamac wurden sogar Sonnenjungfrauen geopfert.

Dr. Uhle hat Reste dieser jungen Mädchen gefunden, die eines gewaltsamen Todes gestorben und nicht zur Sühne eines Vergehens getötet worden waren, denn ihre Leichname waren von Familiengegenständen umgeben, wie es bei Beerdigungen angesehener Personen üblich war[12].

Das Lama hat verhindert, daß dieser Brauch zur Gewohnheit ausartete, was angesichts der großen Wirksamkeit, die man dem Menschenopfer zutraute, zu befürchten war[13]. Der Verfasser jenes namenlosen Berichtes, den man Blas Valera zuschreibt, erzählt, wie dieses Tier den Platz des Menschen eingenommen hat: Früher wurde bei der Beerdigung einer hohen Persönlichkeit an alle Familienangehörigen und Freunde des Verblichenen die Aufforderung erlassen, sich unverzüglich ins Jenseits zu begeben. Viracocha, hieß es, würde sie reichlich belohnen, desgleichen der Hausgott der Familie des Verstorbenen; nicht nur das freiwillige Opfer, nein, auch seine Kinder würden von Wohltaten überschüttet werden. Die Wahl der Todesart wurde dem überlassen, der dem tragischen Ruf zu folgen beschloß.

Nun mochte es geschehen, daß der Verwandte oder Freund, der sein Leben für den Verstorbenen hinzugeben bereit gewesen, plötzlich von Furcht oder einem verständlichen Zweifel gepackt wurde. Langsam brach eine neue Gewohnheit sich Bahn. Das freiwillige Opfer legte die Gründe dar, welche es bewogen, seinen glühenden Wunsch, aus dem Leben zu scheiden, nicht auszuführen; mit welcher Überzeugungskraft dies geschah, läßt sich denken. Worauf die religiösen Würdenträger sich herbeiließen, das Menschenopfer in ein Tieropfer umzuwandeln und ein Lama anstelle des Menschen anzunehmen. Vorsorglich gab man dem Opfertier den Namen des Indianers, den es ersetzte. Und diese menschliche Eigenschaft, die man dem Tier zumaß, übertrug sich auf den feierlichen Ernst des Totenopfers. Der Überlebende trug somit den Wünschen des Verblichenen, Fürsprecher und Diener im Diesseits zu behalten, Rechnung, konnte weiter arbeiten und zum Wohl des Kaiserreichs beitragen.

Diese Menschenopfer hat man den Inka ernstlich vorgeworfen. Zu ihrer Entlastung mag aber angeführt werden, daß die Monarchen diese Sitte bei ihrer Machtübernahme an vielen Orten schon vorfanden und sie im Gegenteil milderten. Der blutige Opferdienst entstammte tatsächlich uraltem Brauch. Bei den Menschenopfern sprechen wir nicht nur von Gefangenen, einem bei den meisten primitiven Kulturen üblichen Brauch, sondern im Gegenteil von einzelnen Menschen, und zwar solchen, die unter den schönsten ausgesucht wurden. So pflegte in der Gegend von Canta – im Kreis Lima – zu Jahresbeginn ein Indianer, der den schrecklichen Gott Wa Kon verkörperte, aus einer Berghöhle aufzutauchen, die Kinder zu verfolgen und eines davon auszuwählen, das geopfert wurde.

WEIBLICHE UND MÄNNLICHE
FIGÜRCHEN AUS GOLDBLECH

Dieser dramatische Lauf hat sich zu einem Kulttanz verwandelt, wobei das Blut des Lamas das des Knaben ersetzte.

Eine ähnliche Sitte, die sich in der Provinz Huarochiri im Casta-Gebiet bis zum heutigen Tag erhalten hat, bestätigt diese Entwicklung. Jedes Jahr wurde das schönste junge Mädchen zur Opferung für den obersten Gott Wallalo, der allein Fruchtbarkeit bringen konnte, ausgewählt. An dem von den Priestern festgesetzten Tage legten die Bewohner ihre Festkleider an, stellten sich nach *Ayllu* geordnet auf und zogen singend und tanzend nach einer *quebrada* der benachbarten Berge, in der der Gott wohnen sollte. Der Pfad, auf dem das Opfer dahinschritt, war mit Blumen besät; überall herrschte die ausgelassenste Festesfreude, selbst in der Familie der Auserwählten, da eine unfreiwillige Opfergabe keine Früchte bringen konnte. Und unter dem Freudengeschrei seiner Eltern stürzte sich das Mädchen in den Abgrund.

Noch unlängst versammelten die Indianer sich an jenem Unglücksort, feierten tanzend und singend ein Fest und warfen ein kleines weißes Lama in die Schlucht.

Die Indianer sind aber auf diesem einmal betretenen Pfad noch weiter gegangen und haben das Lebewesen durch sein Konterfei in Metall oder Holz ersetzt. Menschenfiguren aus Gold und Silber hat man beerdigt, auch wurden Holzstücke in Menschengestalt mit feinen Stoffen überzogen und verbrannt. In Casta werfen noch heute die Einwohner Meerschweinchen, Chica und Coca als Opfergaben in die Schlucht[14].

Hier muß auf den Unterschied zwischen Inka und Azteken hingewiesen werden. Diese empfingen ihre geistige Nahrung aus einer jenen vollkommen fremden Philosophie. Sie glaubten, der Mensch werde als Geschöpf der Gottheit dadurch zum Schuldner seines Daseins und müsse sich entweder durch die Darbringung seines Leibes, das heißt durch den Selbstmord, der Gottheit aufopfern, oder durch die Hingabe eines Ersatzes, nämlich des Herzens eines Gefangenen. So forderten die beiden großen Aztekengötter Blut, der eine durch das Opfer, der andere durch den Krieg. Daher haben sich manche Eingeborenenstämme, welche Verbündete der Azteken waren, diese Blutopfer aber widerwillig ertrugen, so leicht auf die Seite von Cortez auf seinem Marsch gegen Tenochtitlan geschlagen. Infolgedessen finden wir noch heute in den Ausdrucksformen der mexikanischen Kunst und Volkskunde jene Todessehnsucht, die den Europäer befremdet. In der Religion der Inka ist von diesem Zug nichts zu spüren[15].

Die Ahnen waren Gegenstand einer fast ebenso glühenden Verehrung wie die Götterbilder. Ihre Mumien, angetan mit ihren schönsten Kleidern, führten bei den großen Festen den Vorsitz. Nach der Eroberung hatten die Indianer die Gewohnheit beibehalten, ihre Mumien an den wichtigsten Ereignissen ihres Daseins teilnehmen zu lassen; sie nahmen sie sogar mit, wenn sie vor Gericht erschienen. «Es will scheinen», schrieb der Pater Arriaga, «daß Lebendige und Tote zusammenkommen, um einander zu richten[16].»

Zahlreiche und verschiedenartige Tempel

Die religiösen Zeremonien spielten sich in den Tempeln ab, die von den Chronisten als Moscheen bezeichnet und mehrfach beschrieben werden. Diese heiligen Stätten stellten dem europäischen Empfinden nach oftmals ein seltsames Gemisch von Häßlichkeit und Schönheit dar: das berühmte Götzenbild von Pachacamac war eine derbe Holzschnitzerei und thronte in einem schmutzigen, dumpfen Verlies, während die stufenartigen Terrassen des Tempels zwischen Berg und Meer herrlich angelegt waren[17].

Indessen verfügten diese Baudenkmäler über große Reichtümer: In Tomebamba waren die Tore bemalt und mit Edelsteinen eingelegt[18]. In Vilcas waren sie über großartige Steintreppen von dreißig Stufen zu erreichen[19]. In Huanca wurden Silbervasen aufbewahrt, die aus den Werkstätten berühmter Künstler dieser Stadt stammten.

An den Ufern des an Legenden reichen Titicacasees erhoben sich die Tempel von Tiahuanaco und Copacabana, beide beliebte Pilgerstätten. Der erste, erbaut an der Stätte der alten Aymara-Hauptstadt, versinnbildlichte die alte Überlieferung dieser Gegend. Das zweite, von den Inka auf einer Halbinsel errichtete Gotteshaus, die von größtenteils aus Angehörigen der kaiserlichen Familie zusammengesetzten *mitimaes* bevölkert war, wurde nach der Eroberung durch eine Kirche ersetzt, die ein durch Wundertaten berühmtes Bild der Jungfrau beherbergte[20]. Vergeblich bemühte sich der Kaiser, in dieser viertausend Meter hoch gelegenen Gegend zur Ehrung der Gottheiten Coca anzupflanzen.

Auf der Titicaca-Insel selbst bestand eine Huaca, die lange vor den Inka entstanden war. Es war ein Felsen in Form eines Halbmondes, dessen erhabene Teile mit einem zarten Stoff verkleidet wurden; die Vertiefungen erhielten eine Auflage von Blattgold. Die Höhlung eines errichteten Altarraumes diente zur Aufnahme der bei den Opfern dargebrachten Chicha. Vierzig Schritte von diesem Felsen entfernt wurde ein Tempel mit einer Menge von Götterbildern in den Mauernischen aufgebaut. Neben ihm pflanzten die Inselbewohner Obstbäume und gruben Bäder für die Sonne.

Auch der Mond hatte seinen Tempel, der auf einer anderen, der ersten benachbarten, aber kleineren Insel mit Namen Coati stand. Die beiden Heiligtümer unterhielten die besten Beziehungen zueinander, und die Indianer «verloren – nach der Aussage der Chronisten – zum Austausch von Opfergeschenken viel Zeit» mit Hin- und Herfahren zwischen den beiden Inselchen[21].

Der Kult der Lichtgötter wurde oft durch den der Gottheit der Unterwelt vertreten. Begreiflicherweise wurde diese in einem dunklen Kellergelaß verehrt. Dort stand der Opferstein, dort erhob sich ihr Abbild, der Lanzon oder Steinpfeiler, ein langer, zwischen Boden und Decke errichteter Obelisk, dessen großer stilisierter Tierkopf von Schlangen umrankt war und dessen Körper sich nach unten verjüngte. Sein Anblick war schreckenerregend. In Chavín de Huántar, einem offenbar sehr alten Heiligtum, ist der Eingang im

Fußboden so schmal, daß ein normaler Mensch sich nur schwer durch einen Gang zu drängen vermag, der zu einer Kammer in Kreuzform führt, die von Steinblöcken eingefaßt ist. Am Schnittpunkt der beiden Arme des Kreuzes taucht der Steinpfeiler auf, dessen Fuß im Boden und dessen Kopf in den Platten des Daches eingelassen ist. Er ist vier Meter und sechzig Zentimeter hoch und scheint ein in die Erde versenkter Dolch[22], das Sinnbild des Todes, zu sein. Ein geheimnisvoller Eindruck.

Der Stolz des Reiches: Der Sonnentempel von Cuzco

Betreten wir den heiligsten Ort des Kaiserreiches, den Sonnentempel von Cuzco.

Das Haupttor, geschmückt mit Motiven aus Gold und Silber, führte in ein geräumiges Heiligtum, dessen eine Wand aus behauenen, sorgsam ineinandergefügten Steinen die Apsis bildete. Mauern und Giebeldach waren mit Edelmetallen getäfelt und gedeckt. Über dem Altar bedeckten Zeichnungen die Mauer, die sich auf kosmologische Begriffe bezogen.

In der Mitte dieser Art von Fresken schimmerte eine ovale Goldplatte, das Urei oder Urgeschöpf, das sich zweifellos mit dem höchsten Wesen vermengte, das die Oberschicht anbetete, jenem Schöpfer, der, weder Mann noch Frau, in den Gebeten mit einer Standarte oder einem Häuptling verglichen und «die Sonne der Sonnen» genannt wird.

Die Legende will wissen, daß diesen Mittelraum

zunächst eine goldene Sonne einnahm. Dies war auf Befehl von Manco Capac im Sinne der Urreligion, die er begründet hatte, geschehen. Hernach sei dieses Gestirn zur Zeit von Mayta Capac durch das Urei ersetzt worden; dies sei die Folge eines Religionsaufstandes gewesen, was reichlich zweifelhaft erscheint. Daraufhin sei Huascar zur alten Religion zurückgekehrt und habe das Ei mit der Sonne vertauscht, die die Spanier noch in Cuzco gesehen haben: «rund und groß wie ein Wagenrad», berichtet Gutierrez de Santa Clara, «mit einem Antlitz von Strahlen umgeben, wie wir sie heute darzustellen belieben». Sonst wird sie mit einem Rundschild von Fingerdicke, flach und ohne die geringste Erhebung, verglichen. Sie sei so aufgestellt gewesen, daß die Strahlen der aufgehenden Sonne sie trafen und sie aufleuchten ließen.

Komplizierte Deutungsversuche erübrigen sich. Es ist nur natürlich, daß ein Kaiser Wert darauf legte, den Gott der Oberschicht in den Mittelpunkt dieses kosmischen Gedankengebäudes zu stellen, ebenso naheliegend, daß ein anderer Monarch diesen Austausch als Irrtum ansah, da – wie wir wissen – der Tempel einmal dem Sonnenkult geweiht und der Anbetung des Volkes gewidmet war. Zur Zeit der großen Herrscher nahm das Ei den Ehrenplatz ein. Es war von zwei Scheiben flankiert, jener der Sonne aus Gold und der des Mondes aus Silber. Das Tagesgestirn nahm somit schon einen Platz unter den Göttern ein, stand aber erst in zweiter Linie. Als es an die Stelle des Eies trat, war es doppelt vorhanden – was einen eigenartigen Eindruck erweckt haben muß.

Unter dem Ei war ein Sternbild aus drei Sternen in einer Reihe dargestellt, «die drei Lamas», umrahmt von ihren zwei Hirten, die heute Rigel und Beteigeuze heißen. Weiter unten standen in symmetrischer Ordnung fünf Sterne, das Kreuz des Südens.

Glitt der Blick auf die Mitte dieses Gesamtbildes herab, so entdeckte man unter dieser letzten Konstellation die Zeichnung eines Indianers und einer Indianerin, wahrscheinlich das Urpaar darstellend.

Die anderen, zu beiden Seiten der Mittelreihe angebrachten Bilder waren die symmetrische Ergänzung. Dann kamen unter Sonnen- und Mondscheibe je ein Stern, die beiden Aspekte der Venus als Morgen- und Abendstern, darunter jeweils in gleichmäßiger Anordnung die beiden Ansichten der Plejaden, die eine sommerlich, die andere winterlich, umgeben von Wolken. Die untere Zeichenreihe umfaßte auf der einen Seite einen Stern, auf Quitchua «das weibliche Lama»[23], und auf der anderen ein männliches Lama.

Die letzte waagerechte Reihe, die die vorigen seitlich überragte, schloß folgende Zierate ein: die Zickzacklinie des Blitzes, begleitet von einer Darstellung der Erde in Form eines Kreises, dessen unteren Teil drei krummlinige Dreiecke – Gebirge – füllten, und eine ungleichmäßig fliehende – einen Fluß und vier Parallellinien in Form einer Brücke, die den Regenbogen verkörperte. Ganz unten sollten sieben kleine Kreise, ein jeder mit einem Punkt in der Mitte, die «Augen der Dinge» andeuten.

Auf der anderen Seite standen noch ergänzend folgende Symbole: eine unregelmäßig geschlossene Linie als See, ein kleiner Kreis als Quelle, des weiteren ein Puma, welcher als Ursache von Hagel und Verfinsterungen galt, weil er Sonne und Mond verschlingen konnte, und endlich noch ein Baum[24].

So primitiv uns das Bild auch in seiner Darstellung erscheinen mag, kam ihm ohne Zweifel hohe esoterische Bedeutung zu[25].

Im großen Saal des Sonnentempels zogen noch andere, eindrucksvollere Gegenstände die Neugierde des Beschauers an: die stumme Gegenwart einer ganzen Reihe von Figuren flößte ihm Schrecken ein. Drei Standbilder verkörperten das Gestirn des Tages in verschiedenen Ansichten, an den Wänden standen die Mumien der verstorbenen Kaiser. Doch vermittelte diese Ehrenwache nicht den Eindruck stehender, naturgetreuer Personen: die Mumien waren aus dickem Stoff derart verfertigt, daß sie ohne Verstärkung aufrecht stehen konnten. Sie glichen großen Stoffpaketen; das Gesicht war aus sorgfältig bearbeiteter Haut nachgebildet, auf der Mund, Nase, Augen und Ohren befestigt waren; auf dem Kopf saß der Llautu. Darin befand sich, vollkommen zusammengeschrumpft, der einbalsamierte Leichnam; dies verlieh dem Ganzen das Aussehen jener Stoffpuppen ohne Arme und Beine, nur mit einem großen Kopf, die unbemittelte Eltern ihren Kindern in billigen Kaufhäusern kaufen.

Wir können uns denken, daß ein großer Teil dieser «Mumien» im Sonnentempel unecht waren und keine Leichen bargen: sie sollten wie Standbilder an frühere Kaiser erinnern[26]. Ihr majestätischer Eindruck kam von der Pracht der Stoffe, dem Reichtum der Zierate, vom Prunk der Sessel her, auf denen sie saßen. Der Glanz des Goldes, die warme Buntheit der Federn glichen die Ärmlichkeit der Formen aus und machten aus diesen echten und falschen Mumien ein Gefolge, das ihres Vaters, der Sonne, jenes lebendigen Sinnbilds vom Weiterleben der Wesen und vom Bestand des Reiches, würdig war[27]. Andere, weniger bedeutende Heiligtümer waren in der Tempelumfriedung zu finden; sie gingen auf einen Innenhof. Der Mondtempel hatte silberbeschlagene Mauern. Vielleicht war das Bildnis dieses Gestirns aus Platin[28], umgeben von den Mumien der Herrscherinnen, die reich gekleidet und dem Alter nach aufgestellt waren.

Venus, der Planet «mit den langen gelockten Haaren», und die Plejaden, die «Dienerinnen des Mondes», teilten sich in das nächste Gebäude.

Der vierte und fünfte Pavillon waren Blitz und Donner unter demselben Namen – Illapa –, und dem Regenbogen, dem als besonders günstig angesehenen Himmelszeichen, geweiht. Endlich enthielt ein letztes Gebäude den «Audienzsaal» der Priester, die «Sakristei»[29].

Um die Außenwand des Tempels lief ein goldener Fries, in den Mauern des Innenhofes waren Nischen eingelassen, die mit goldenen Lamas geschmückt und mit Edelsteinen besetzt waren. Unterirdische Wasserleitungen speisten fünf Springbrunnen mit Röhren, deren Enden aus Gold waren[30].

Vom Tempel liefen Terrassen zum Fluß Huatanay hinunter. Dort stand der Garten aus Gold, der die Bewunderung der Eroberer erregte und für alle Dichter eine unerschöpfliche Quelle der Eingebung geworden ist. Alles war dort aus Gold, das Gras, die Blumen, die Bäume, die Reptilien, die Vögel und selbst der Schäfer. Das Ganze war als Huldigung an die Sonne gedacht, denn das Gold galt als ihre irdische Ausstrahlung, als Sammelgabe der lehenspflichtigen Völker, als höchster Beweis von der Macht des Lichtgottes. In dem Garten stand ein mit Chicha gefülltes Becken, damit das glühende, stets durstige Gestirn sich nach Herzenslust erquicken könne.

Eine Umwallung umgab diesen Komplex von Bauten und Beeten, der den geistigen Mittelpunkt des Reiches, das greifbare Band zwischen Menschen und Göttern darstellte[31].

Das Sonnenfest

Um sich einen Begriff von der Bedeutung des Sonnenkults zu machen, mußte man das große Fest, das zu Ehren dieses Gestirns jährlich zur Wintersonnenwende gefeiert wurde, mitgemacht haben. In allen Städten wurden Feierlichkeiten abgehalten, aber in Cuzco nahm es das Ausmaß eines Nationalfeiertags an[32].

Aus allen Teilen des Reiches strömten zu diesem Zeitpunkt die Curaca und hohen Beamten in der Hauptstadt zusammen; sie legten von der Lage ihres Verwaltungsbezirks Rechnung ab, empfingen neue Anweisungen, brachten dem Herrscher Huldigung und Geschenke dar.

Die Stadt bot dann ein ungewöhnlich belebtes Bild: die zwischen den schwarzen Mauern der Paläste enggedrängten Gäßchen hallten mehrere Tage von dem dumpfen Geräusch der Lamahufe wider, die auf dem Kleinpflaster dahintrappelten, hin und wieder übertönt von Trompetenstößen, die die Ankunft eines hohen Würdenträgers ankündigten. Vom grauen Einerlei der Menge hoben sich die prunkvollen Gewänder, welche die Curaca für den feierlichen Anlaß angelegt hatten, gleißend ab. Manch einer dieser Häuptlinge ließ seine uralten Stammeszeichen von Dienern vor sich hertragen; hinter den meisten lief eine regelrechte Herde von Menschen, die mit Töpferarbeiten und Stoffen für den Sonnentempel und die kaiserliche Familie beladen waren; viele trafen in Sänften ein; alle hielten ihre Lieblingswaffe in der Hand. Die einen kamen von den rauhen Höhen des Nordens und hatten am Rücken riesige schwarz-weiße Kondorschwingen befestigt; andere, die aus den Wäldern westlich des Caralandes stammten, trugen stolz ihre nackten, rotgestreiften Oberkörper wie kostbare Stoffe zur Schau. Die Chanca, eingedenk ihres altüberlieferten Kampfgeistes, marschierten im Gleichschritt; ein Pumafell, dessen Kopf auf ihrem Haupt ruhte, bedeckte ihre Glieder und wirkte auf die Zuschauer wie eine Parade wilder Tiere. Viele Volksstämme erkannte man an ihrer Haartracht: die Cañari an ihrem auf dem Kopf gedrehten Haarschopf und an ihren Holzkronen, die Chanchi an ihren breiten Bändern vor der Stirn, manchen Anti steckten Vogelfedern im Haar. Die phantasievolle Note schlugen nach alter Gewohnheit die Yunca der Küste an; ihre Gesichter waren von einer grotesken Maske verhüllt, mit Flöten und Tamburinen vollführten sie einen ohrenbetäubenden Spektakel, als seien sie dem Tollhaus entlaufen. Auf diese Weise genoß die Menge, die nicht zu den Feierlichkeiten geladen war, wenigstens die Freuden der Festvorbereitungen.

Die Feier begann mit einer strengen Fastenzeit von drei Tagen, während der es untersagt war, Feuer zu machen und mit einer Frau zu verkehren. Alles lebte in Vorfreude, alles sammelte sich. Nur die Indianerinnen der «Häuser der Erwählten» waren tätig, denn ihnen oblag die Aufgabe, Maisbrot und Gebräu zu bereiten, die an den kommenden Tagen in großen Mengen genossen wurden.

An dem von den Sternkundigen bestimmten Tag begab der höchste Inka sich vor Sonnenaufgang auf den Hauptplatz. Dort waren die Mitglieder der Herrschersippen versammelt. Auf einem anschließenden Platz gruppierten sich die Curaca. In tiefem Schweigen lösten alle ihre Sandalen und schauten, gen Osten gewandt, unbeweglich zum Horizont. Sobald das erste Dämmerlicht die Zinnen der Kordillere vergoldete, sanken sie nieder, streckten die Arme in einer Gebärde des Flehens aus und küßten die ersten Strahlen. Dann ergriff der Alleinherrscher mit jeder Hand eine Schale des heiligen Gebräus, und aufrecht, das Antlitz dem aufgehenden Gestirn entgegen, hob er den rechten Arm über seinen Kopf und bot seinem Vater, der Sonne, einen Trunk an.

Dann goß der Herrscher den Inhalt der Schale in einen kleinen Kanal, der das Naß zum Tempel führte. Aus der anderen Schale nahm er selbst einen Schluck, verteilte den Rest in die, die ihm sein Gefolge entgegenstreckte, und lud jedermann zum Trinken ein.

Dann traten die Angehörigen der Königssippen in den Sonnentempel, die Curaca folgten ihnen bis zu den Toren und blieben draußen stehen. Nun brachte der höchste Inka der Sonne die beiden Schalen dar; die anderen Teilnehmer gaben die ihrigen. Priester betraten die Schwelle des Tempelbaus, um die Gefäße, aus denen die Curaca getrunken, und zugleich die Geschenke, welche sie mitgebracht, entgegenzunehmen.

Der Opferdienst begann mit der Tötung eines schwarzen Lamas, das als schönstes und vollkommenstes galt, denn sein ganzer Körper mußte von der gleichen Farbe sein, während ein weißes Lama eine schwarze Schnauze hat. Das Tier war nicht angebunden; drei oder vier Indianer hielten es fest und drehten dabei seinen Kopf gen Osten. Der Opferpriester öffnete ihm die Seite mit einem Messerstich und schnitt ihm Herz und Lungen heraus, die er dem Wahrsager reichte. Der prüfte die Eingeweide und verkündete seinen Urteilsspruch. Erklärte er die Sonne für befriedigt, nahm die Zeremonie ihren Fortgang, sonst wurde ein zweites, im Falle ungünstiger Vorzeichen ein drittes auf dieselbe Weise geopfert. Doch machte man bei dieser Zahl halt, und wenn die schlechte Laune des Gottes anhielt, herrschte in Tempel und Stadt große Trauer: Die Zukunft schien dann bedroht.

Noch andere Tiere wurden getötet, jedoch einfach durch Enthauptung; Blut und Herz wurden der Gottheit dargebracht. Wurden Menschenopfer vor dem Götterbild geschlachtet, gingen die Priester bei der scheußlichen Zeremonie zu Werk, wie bereits geschildert.

Das Fleisch der Lamas wurde auf den beiden Plätzen in aller Öffentlichkeit gekocht und unter die Teilnehmer verteilt.

Nach Beendigung der religiösen Feiern lud der Inka alle Welt zum Trinken ein. Er begann bei den Häuptlingen, die sich im Kampf durch besondere Tapferkeit ausgezeichnet hatten, dann wandte er sich den Curaca aus der Umgebung Cuzcos zu. Diese Einladung erging genau wie die Aufforderung an die Sonne: man hielt zwei gleiche Schalen in beiden Händen und bot die eine an; die rechte, wenn der Geladene gleichen oder höheren Ranges als der Gastgeber war, sonst die linke. Folglich streckte der Inka die Schale der rechten Hand der Sonne entgegen und die linke jedem anderen Teilnehmer.

Wer also das heilige Gebräu dergestalt empfing, hob den Blick zum Himmel, trank, gab das Gefäß wortlos zurück, umarmte aber die Luft und machte mit den Händen eine Gebärde der Anbetung.

Die Personen aus dem Gefolge des Inka taten es im Hinblick auf die Teilnehmer minderen Ansehens dem Herrscher nach. Nach den Einladungen zum Trinken, die von den Höheren an die Niederen ergingen, kamen diese an die Reihe, jene aufzufordern. Die Zeremonie lief im umgekehrten Sinne ab, wobei der Grundsatz der Gegenseitigkeit klar zum Ausdruck kam: ein jeder ehrte den, der ihn geehrt hatte.

Indessen vermochte der oberste Inka unmöglich den Inhalt aller Schalen leer zu trinken, die ihm gereicht wurden, ohne Gefahr zu laufen, dem eines Monarchen unwürdigen Zustand der Trunkenheit zu verfallen. Daher begnügte er sich damit, von der Flüssigkeit bald zu nippen und bald einen Schluck zu nehmen, je nachdem er dem hohen Würdenträger, dessen Huldigung er entgegennahm, einen Beweis seiner Gunst zu bezeigen gedachte.

Die Schalen, aus denen der Inka getrunken oder die er bloß mit den Lippen berührt hatte, wurden von den Festteilnehmern als heiliges Kleinod bewahrt: Niemand nahm sie in Gebrauch, und jede Familie stellte sie unter ihren kostbarsten Zaubergegenständen auf.

Endlich schlossen sich neun Tage hindurch Tanz, Gesang, Gelage und Umtrunk an. Dann zogen die hohen Persönlichkeiten wieder in ihre Heimatprovinzen und verkündeten den Ruhm des Inka, des Lieblingssohnes der Sonne[33].

6. Wissenschaft und Kunst

Auf Grund der engen Beziehungen, die zwischen Wissenschaft und Religion bestanden, hätte dieses Kapitel mit dem vorhergehenden verschmolzen werden können. Wir haben es im Interesse größerer Klarheit abgetrennt, ohne uns seine Eigenart zu verhehlen, denn alle Kundgebungen des Geistes sind zunächst aufs Göttliche gerichtet.

Die Mittelmäßigkeit der Sternkunde

Die Sternkunde, die der der Azteken oder der Maya unterlegen zu sein scheint, hatte es nicht fertiggebracht, sich von den Mythen zu befreien. Wir wissen nicht, ob einige Eingeweihte auf diesem Gebiet größere Kenntnisse besaßen. Uns sind praktisch nur die Beobachtungen bekannt, die den Stand der Sonne bestimmen sollten, um die Jahreszeiten festzulegen und die Feldarbeiten dementsprechend einzuteilen. Zu diesem Zweck wurden in mehreren Städten Säulen errichtet. Am Äquator warfen sie an den Tagen der Nachtgleiche um die Mittagsstunde keine Schatten; daher wurde Quito, das in der Nähe des Äquators lag, als heilige Stadt angesehen[1].

Es ist nicht einmal sicher, daß die noch heute bestehenden Säulen für denselben Zweck verwendet wurden, denn mehrere von ihnen mochten als Sockel gedient haben für Götterbilder, welche die Missionare nach der Eroberung zerstörten[2].

Nun steht die Frage offen, ob die astronomischen Auffassungen der Maya nicht wenigstens an der Pazifikküste bekannt waren. Die Legenden von Menschen, die aus dem Westen gekommen waren, und das Vorhandensein peruanischer Handelsflöße, die an der amerikanischen Küste im Norden des Golfes von Guayaquil entlangsegelten, lassen darauf schließen, daß gewisse Entdeckungen, die in Zentralamerika von der Astronomie gemacht wurden, wenigstens zum Teil in den großen Siedlungsmittelpunkten der Küstenregion bekannt waren. So hat ein Forscher auf einer Vase von Pachacamac auf dem Körper einer Katze Striche und Punkte entdeckt, die in Yucatan die Bedeutung von Zahlen hatte: der Strich galt 5, der Punkt 1.

Eine Steinkeule aus dem Nationalmuseum in Lima hat seichte Vertiefungen, die einst zur Befestigung von eingelegten Muschelschalen und farbigen Steinen dienen mochten. Ihre Anzahl betrifft anscheinend astronomische Angaben auf der Berechnungsgrundlage des Tzolkin – des bei den Maya üblichen Agrarkalenders von zweihundertundsechzig Tagen.

Ein im Jahre 1908 gefundenes Nazcagefäß zeigt nach F. Buck die Darstellung mehrerer Kalenderformen und astronomische Ausgleichszyklen. Merkur, Venus, Saturn und Mond seien ebenso wiedergegeben wie

SONNENSTEIN IN MACHU PICCHU

Sonnenfinsternisse und ein Ritualjahr, welches seinerseits wieder mit zwanzig sogenannter Tropenjahre in Beziehung gesetzt scheint. Ähnliche Inschriften sind gleichfalls hinsichtlich des Vorkommens vergleichbarer Inschriften überprüft worden[3].

Maße, Pläne und Karten

Die Maßeinheiten, ohne die es weder Theorie noch Praxis der Wissenschaft gibt, beruhten naturgemäß auf den verschiedenen Teilen des menschlichen Körpers. Sie erstreckten sich vom *Yuku,* der Entfernung zwischen dem äußersten Ende des Daumens und Zeigefingers, bis zur *Rikra,* der Durchschnittshöhe des Hochländers: ein Meter und sechzig Zentimeter. Die Chronisten sprechen auch auf dem Gebiet des Entfernungsmaßes von der indianischen Meile, die nach ihnen sechstausend Schritt entspricht[4].

Die geographischen Kenntnisse drückten sich praktisch in landkartenhaften Zeichnungen und reliefartigen Modellen aus. Ein derartiger Entwurf soll für den Wiederaufbau von Cuzco Pachacutec vorgelegen haben.

Man glaubt, daß der Stein von Sayhuite in der Nähe von Abancay eine Landkarte darstellt: tatsächlich ist er von gemeißelten Zeichen, Linien oder Figuren bedeckt. Danach würden die ersten die Flüsse wiedergeben; man hat fünf parallele Wasserläufe zu unterscheiden geglaubt, die alle in den Apurimac münden. Die zweiten stellen dann die Landstriche dar: die Affen deuten die östlichen Waldzonen, die Lamas die Höhengebiete und die Kondore die Gebirge an. Aber auch andere Details sind noch zu sehen: die Scheiben von Sonne und Mond, Indianer auf Wachposten, Pumas, Schlangen, Kröten. Große Bildgefüge dieser Art, von denen wir heute in Peru Kenntnis haben, sind so selten, daß dieser Stein als einzigartig anzusprechen ist. Manche Fachgelehrten glauben, in den Zeichnungen Einflüsse der Colla und Chanca zu entdecken, und bemühen sich, die dargestellten Gegenden in die Wirklichkeit des Geländes zu übertragen, doch tappen wir mit Ausnahme einiger zweifelhaft identifizierter Flüsse und natürlich des Titicacasees, der schon seit vorgeschichtlicher Zeit als heilig galt, nach wie vor im Dunkeln[5].

Die Entwicklung der Medizin

Die einzigen Wissenschaften, die eine gewisse Entwicklung gekannt zu haben scheinen, sind Medizin und Chirurgie.

Die Medizin bestand aus einem Gemisch erfahrungsbedingter Verfahren und magischer Bräuche. Die Heilkundigen gehörten zu der Klasse jener Geschöpfe, die durch ein unauslöschliches Stigma, durch einen körperlichen Mangel, durch Krankheit oder einen besonderen Umstand ihres Daseins – wie der von Geburt Blinde oder der vom Blitz Getroffene[6] – gezeichnet waren. Oder sie gehörten zu einem Stamm, dessen Angehörige die Heilwirkung der Pflanzen kannten und deren Geheimnisse vom Vater auf den

Sohn übertrugen[7]. Der berühmteste dieser Stämme war der der Collahuaya im Nordosten des Titicacasees, der am Hofe des Inka die Ärzteschaft stellte. Noch heute ziehen die Nachfahren dieses Völkchens durch ganz Südamerika und verkaufen Heilkräuter in Städten und Städtchen.

Gewisse häufige Krankheiten der Alten Welt wie Scharlach und Masern waren in Amerika unbekannt; dagegen wüteten zwei Leiden, die *verruga* und die *uta*.

Die *verruga* meldet sich durch das Auftreten von Warzen, sie erzeugt Fieber und ruft bei Menschen wie Tieren mitunter Blutungen hervor; bei den Eingeborenen, die in den Dörfern mittlerer Höhe zwischen tausend und dreitausend Meter der westlichen Kordillere, namentlich im Tal des Rimac und der Eisenbahnstrecke der Oroya entlang wohnten, ist sie weit verbreitet.

Die *uta* ist eine Art Lepra, die das Gesicht in Mitleidenschaft zieht und die Entfernung der angegriffenen Teile erfordert, insbesondere der Nase und der Lippen. Daher finden wir auf den Vasen von realistischen Chimu-Künstlern oftmals Verstümmelungen dargestellt. Diese wurden nicht selten mit Unrecht dazu benützt, um die Härte der von den Tyrannen der pazifischen Küstenstaaten auferlegten Strafen zu beweisen.

Das Vorhandensein der Syphilis ist unbewiesen, denn die Chronisten erwähnen sie nicht. Dennoch besteht kein Zweifel: an einigen Schädeln wurden Knochenverletzungen syphilitischer Herkunft entdeckt.

Heilmethoden traten in drei mehr oder minder miteinander vermengten Formen auf: Heilkuren, die wir gerne als gewöhnliche medizinische Praxis bezeichnen würden und die von den Heilkundigen durchgeführt wurden; Sühnung durch Gebet und Opfer unter der Leitung von Priestern; Austreibung der Geister mit Hilfe von Zauberern.

Für alle Übel gab es Arzneien. Diät, Einlauf, Massage, Pflaster, Aderlaß mittels einer Lanzette machten die übliche Therapie aus. An der Küste wurde ein Klistier angewandt in Form einer mit einer Flüssigkeit gefüllten Röhre, in die der Arzt hineinblies[8].

Die Arzneibereitung aus Heilpflanzen war die am weitesten verbreitete. Natürlich stand die Coca an erster Stelle[9]. Dieser aus den ungesunden Tropenländern stammende Strauch erreicht eine Höhe von eineinhalb Meter und lebt ungefähr vierzig Jahre lang. Er gibt drei Jahresernten von Blättern, die man durch vorsichtige Sonnenbehandlung trocknet, wobei sie weder faulen noch brechen dürfen. Um sie eßbar zu machen, muß man ihnen einen alkalischen Stoff zusetzen, im allgemeinen Quinua-Asche. Man bereitet sie in Bällchen, die man kaut. So wird sie zu einem wertvollen Anregungsmittel, vor dessen Mißbrauch man sich jedoch hüten soll. Bei mäßigem Genuß vermag der Indianer erstaunliche Ermüdungsproben zu bestehen; häufiger und übertriebener Gebrauch führt zu Abstumpfung und Verrohung.

Die Spanier haben die Eigenschaften dieser Pflanze sofort erkannt. Garcilaso gibt ein Zwiegespräch zweier Landsleute, des einen zu Pferd, des anderen zu Fuß wieder; der erste sieht in der Gewohnheit, Coca zu kauen, einen Aberglauben der Eingeborenen, der andere erwidert ihm, daß man ohne diesen Genuß im Hochland seiner Aufgabe kaum gerecht werde.

Nach den Aussagen der Indianer hören bei dem Genuß von Coca Erbrechen und Blutungen auf; als Gesundheitstee eingenommen, heilt es auch Durchfall und Koliken; sein Saft trocknet Geschwüre aus. Ihr häufiges Auftreten hatte die Heilkundigen veranlaßt, die verschiedenartigsten Behandlungsweisen anzuwenden; besonders arbeiteten sie mit einer an Eisensulfat reichen Erde – *collpa* –, auch mit Mischungen aus peruanischem Balsam und Harz, oder mit Fett und einer erdpechhaltigen Substanz. Für syphilitische Ausschläge griff man zur Sassaparillawurzel von der Küste des Golfes von Guayaquil.

Abführmittel waren leicht und zahlreich: die *huachanca*-Wurzel; der Aufguß aus Maishüllen; *molle,* die rosarote Frucht des falschen Pfefferbaumes in Alkohol aufgelöst. Zur Vernarbung von Wunden half der Saft desselben Molle-Baumes wie kein anderes Mittel und wurde daher häufig angewandt; denselben Zweck erfüllten aber auch der Saft der *quinaquina* oder des peruanischen Balsams, der Saft grüner Maisblätter und der blaugrüne Stein der *copaquira*. Gegen Fieber wurden die gelbblütige Zichorie, die Rinde der *chinchona,* der Saft der *tuna* – ein Kaktus – empfohlen, doch begnügte man sich mitunter einfach mit der Berührung eines Frosches.

Noch heute erfüllen alle Arten von Blättern wertvolle Heilzwecke; die Quinuablätter heilen Halsentzündungen; *yuca*-Blätter, in Salzwasser gekocht und auf die schmerzhafte Stelle gelegt, beseitigen das Rheuma; *apichu*-Blätter, mit Fett vermischt, vernichten jenes widerwärtige Ungeziefer, die Sandflöhe, die unter den Zehennägeln ihre Eier legen.

Der Saft der Okawurzel beruhigt die Entzündung von Nieren und Blase; ein Absud von geschabtem Quinaquinaholz hilft bei Leber- und Milzschwellungen; der Samen desselben Baums, auf Holzglut gelegt, erzeugt Dämpfe, die Kopfschmerzen vertreiben; das *chillca*-Kraut ist unerreicht, um Gliederschmerzen zu lindern, und das *matecclu*-Kräutlein, um Augenkrankheiten zu heilen. Kleine, in morgendlicher Nüchternheit und siedeheißem Wasser genossene Tabakprisen bekämpfen die Harnverhaltung; die Früchte des *gandur,* gerieben und mit Salpeter versetzt, setzen Nierensteinen kräftig zu; ein Aufguß von *Datura*-Blättern oder -Samen wirkt nervenberuhigend und fördert den Schlaf, führt aber bei übermäßigen Dosen zu Vergiftungen.

Der Gebrauch von Mineralien war zur Zeit der Inka seltener als der von Pflanzenstoffen. Immerhin besaßen gewisse Erdzusammensetzungen Heilwirkungen: die eßbare Tonerde – *pasa* oder *chacco* – milderte die Beschwerden der Gicht; der zermahlene Jaspis stillte Blutungen; und der *coravari,* gleichfalls in Pulverform, tat den Augen wohl. Weder Gold noch Silber traten als Heilmittel auf[10].

Auch einige Tiere hatten in der Arzneibereitung der Indianer ihren Platz; so fand das Fleisch des Kolibri gegen die Epilepsie Anwendung, das frische Fleisch des Vicuña mußte bei der Behandlung von Augenkrankheiten herhalten, die Fleischbrühe des jungen Kondors wurde gegen Wahnsinn und die *chuqui-chuqui*-Insekten gegen Warzen eingesetzt.

Selbst der Mensch trug zur Krankheitsbehandlung bei, besonders mit seinem Urin, auf den man große Stücke hielt. Jede umsichtige Hausmutter hob eine gewisse Menge dieser ammoniakhaltigen Flüssigkeit auf und gebrauchte sie zum Einreiben bei Migränen, als Mundspülung gegen Zahnweh oder Halsschmerzen; auch wusch sie fiebrige Säuglinge damit. Koliken der ganz Kleinen wichen einer Einreibung mit mütterlichem Speichel. Bei Lungenentzündungen nahm man seine Zuflucht zur Muttermilch; bei Bißwunden zu menschlichen Ausscheidungen; bei Vergiftungen zu Haarasche, die in Alkohol aufgelöst wurde. Auf diese Weise war eine große Anzahl wirksamer oder vermeintlicher Heilmittel stets zur Hand.

Der Platz der Magie in der Medizin

Diese ganzen Arzneien genügten indessen noch nicht: vielmehr wurden sie als Ergänzung magischer Rezepte angesehen. In den Augen des Indianers waren Stoffliches und Geistiges nicht voneinander zu trennen, die Sünde verschaffte den böswilligen Geistern Zugang, die allerwärts ihr Unwesen trieben und auf eine Gelegenheit lauerten, dem Menschen zu schaden, und Krankheiten verursachten.

Aus diesem Grunde mußten der Patient und seine Umgebung durch Opfer und Buße entsprechende

Vorkehrungen treffen. Erst bei der Nutzlosigkeit dieser Maßnahmen wurde ein Zauberer in Anspruch genommen. Diesem oblag es nun zunächst, durch Wahrsagungen oder unmittelbare Befragung ihm geneigter Gottheiten die Ursache der Krankheit zu ermitteln. Dann rief er die wohltätigen Kräfte herbei und schritt zur Übertragung des Übels auf ein unbelebtes Ding oder auf ein anderes Lebewesen. Diese heikle Operation wurde folgendermaßen durchgeführt: die Haut der schmerzenden Stelle wurde mit einem Kleidungsstück, das der Kranke trug, oder vorzüglich mit Meerschweinchen abgerieben; hinterher wurde beides vernichtet und weggeworfen, da man annahm, das Medium hätte die Krankheit übernommen[11]. Mitunter sog der Heilkundige die Ursache selbst aus dem schmerzenden Körperteil heraus, wie dies eine Zeichnung der Handschrift von Poma de Ayala beweist[12]. Verständlicherweise mußte er davon krank werden, aber er hatte den Vorteil, Arzneien, Gerichte und Getränke in Alkohol einnehmen zu dürfen, die der Patient nicht hatte bewältigen können[13].

Das Problem wurde wesentlich verwickelter, wenn es sich um eine Krankheit des Inka handelte. Dieser galt ja als lebendige Verkörperung, als Sinnbild seines Volkes, folglich gewann die dem Übel entsprechende Schuld kollektive Bedeutung. In solch einem Fall nahmen Beichten, Fasten, Bußübungen und Opferdarbietungen in allen Bevölkerungsschichten fast kein Ende.

Der Kampf gegen die Krankheiten

Jedes Jahr fand in Cuzco ein besonderes Fest der Reinigung mit Namen *Situa* statt[14]. Alle Siechen, Kranken und Fremden wurden ersucht, die Stadt zu verlassen, und durften erst nach Beendigung der Zeremonien zurückkehren. Die gesunden Einwohner fasteten einen Tag lang streng, das heißt, sie nahmen nur eine kleine Menge rohen Mais und Wasser zu sich[15]; dann kneteten und buken sie ein besonderes Maisbrot, dem sie ein paar Tropfen Blut beimischten; dies wurde mittels eines Nadelstiches zwischen den Brauen eines fünf- bis zehnjährigen Kindes gewonnen. Die Vorbereitungen fanden im Familienkreise im Hause des ältesten Bruders statt. In derselben Nacht wusch sich kurz vor der Dämmerung alle Welt und rieb sich mit diesem Brot ein, das «die Krankheiten wegnahm»; das Oberhaupt der Familie bestrich die Schwelle der Tür mit dem gleichen Nahrungsmittel.

In den Sonnentempeln, in den Herrscherpalästen, in den «Häusern der Erwählten» wurden ähnliche feierliche Handlungen vorgenommen.

Nach der erfolgten Reinigung aßen die Bewohner Cuzcos lediglich Maisbrot und sprachen Gebete. Bei Sonnenaufgang trat ein Angehöriger der Herrscherfamilie reich gekleidet aus der Feste von Sacsahuaman. Er hielt eine Lanze in der Hand, an deren mit bunten Federn geziertem oberen Schaftende ein bis zum Boden reichender Gewebestreifen mit Goldringen befestigt war. Der Mann war ein Kriegsbote, weshalb er aus einer Festung hervortrat und nicht aus einem Palast oder Tempel. Er lief bis zum Hauptplatz hinunter, auf dem ihn vier Familienmitglieder, auch sie mit Lanzen in den Händen, erwarteten. Er schlug die vier anderen Waffen mit der seinen und forderte ihre Träger auf, die Krankheiten zu vertreiben. Nun liefen die vier Personen in die vier Himmelsrichtungen, das heißt nach Nord und Süd, nach Ost und West, in die Gegenden also, welche das «Reich der vier Teile der Welt» bildeten. Bei ihrem Vorbeilauf traten die Einwohner aus ihren Behausungen, schrien laut, schüttelten ihre Kleider, wie man «den Staub abschüttelt», und rieben sich kräftig den Kopf, die Glieder und den ganzen Leib, wie man es beim Waschen tut. Auf diese Weise stießen sie die bösen Keime, die sie im Körper trugen, von sich und warfen sie vor dem daherlaufenden Krieger, der sie mit seiner Lanze verscheuchte, auf die Gasse.

In einer gewissen Entfernung von der Stadt traf jeder dieser eigenartigen Kämpfer auf einen Mann, der ihn erwartete und in der Rangordnung als «Inka aus Vorrecht» galt. Dieser übernahm die Lanze, setzte den Stafettenlauf fort und beendigte ihn in genügender Entfernung, damit die Krankheiten nicht wiederkommen konnten.

Jetzt stürmten alle Einwohner Cuzcos singend und tanzend aus der Stadt. Jeder Ayllu drang in einer bestimmten Richtung vor, bis er auf einen Fluß stieß, in den die letzten Krankheitserreger geschüttelt wurden.

In der darauffolgenden Nacht bewaffneten sich die Leute von Cuzco mit runden, aus Stroh korbartig geflochtenen Fackeln. Diese Pechfackeln hatten den

Vorteil, daß sie sehr langsam abbrannten. Jagd auf nächtliche Krankheiten, deren Reste schließlich der Gosse anvertraut wurden, wurde also mit diesen rauchenden und knisternden Waffen gemacht.

Nun brauchte man nur noch Opfer darzubringen und sich im übrigen der Festesfreude hinzugeben, wobei die Chicha nicht fehlen durfte, um den Triumph der Staatsgesundheit würdig zu begehen.

Die Geschicklichkeit der Chirurgen

Auf dem Gebiet der Chirurgie scheint der häufigste Eingriff die Schädelöffnung gewesen zu sein; die in den Gräbern vorgefundenen Schädel legen davon nicht selten ein deutliches Zeugnis ab.

Der Operateur bediente sich zu diesem Eingriff eines Messers in T-Form, dessen senkrechter Teil den Griff bildete und dessen obere Waagrechte die Schneide aufwies. Er öffnete die Schädeldecke, indem er vier gerade Ritzen einschnitt, um ein kleines Rechteck zu erzielen, oder er grub Löcher in Kreisform ein und durchstieß sodann den Knochen von Loch zu Loch. Die Chirurgen waren von großer Geschicklichkeit, so war einer der von den Archäologen gefundenen Schädel fünfmal durchbohrt worden und zwar zu verschiedenen Zeiten; nur an der letzten Narbe waren Spuren von Entzündung zu sehen[16].

Auch Amputationen nahmen die Chirurgen vor, wie manch eine Keramik beweist. Gewisse Verfahren waren sehr eigenartig, wie das der lebenden Klammern: Um die Ränder einer Wunde zu schließen, setzte der Operateur Ameisen an, die sich auf beiden Seiten gleichzeitig festbissen; dann schnitt er sie am Kopf ab, das Maul blieb trotzdem verschlossen.

Die Unempfindlichkeit des Patienten wurde während der Operation durch Kokain erreicht; dies wurde gewonnen durch Absonderung aus der Coca in Verbindung mit dem stark alkalischen *llipta,* bereitet mit der *quinua*-Asche, oder an der Küste mit Kalk[17]. Eine alte Töpferarbeit stellt einen verwundeten Krieger dar, der eine Cocakugel zur Schmerzlinderung im Munde hat.

Das Problem der Schädeldeformation

Der Kopf war nicht nur Gegenstand chirurgischer Eingriffe. Ästhetische Vorstellungen, die einen hervorragenden Platz in der Wertschätzung der Indianer einnahmen, hatten sie auf den Gedanken gebracht, die Schädel der Neugeborenen zu verschönern, indem man sie zwischen Bretter klemmte, auch um sie leichter der hergebrachten Haartracht der Gegend anzupassen. Schönheitssinn und Neigung zu Rationalisierung kamen dabei gleichermaßen auf ihre Kosten. Dieser Brauch stammte nicht von den Indianern des Andenhochlandes, er war viel älterer Herkunft und in ganz Südamerika verbreitet, doch paßte er besonders gut zu den Richtlinien einer Kultur, die vor nichts zurückschreckte, um dem Einzelwesen von Geburt an den unauslöschlichen Stempel der Gemeinschaft aufzudrücken. Es ist sogar denkbar, daß manche Amauta höherer Geistesbildung noch weiter gehen wollten und mit diesem Mittel versuchten, gewisse Gehirnwindungen zusammenzupressen, um Menschen von bestimmter Geistesart zu züchten. Ein indianischer Chronist meint, der Inka habe dieses Verfahren angewandt, um gehorsame Untertanen zu erzeugen[18]. Hier wäre logischerweise die Bezeichnung einer Rationalisierungspolitik angebracht, also die Fabrikation von Sklaven.

Man unterscheidet sechs Arten der Deformation: manche Köpfe waren abgeflacht wie die von Reptilien, andere nahmen die Form eines Zuckerhutes an, mehrere waren verlängert oder verbreitert. Dieser Brauch hat sich im Gebiet des Titicacasees bis ins 16. Jahrhundert hinein erhalten[19].

Schönheit der Architektur

Der Schönheitssinn trat in der Baukunst großartig zutage, wie wir bei der Beschreibung von Bauten schon gesehen haben. Die Vollkommenheit ihrer Ergebnisse steht dabei in eindrucksvollem Gegensatz zu der Einfachheit ihrer Technik. Wie geschickt nahm der Indianer abwechslungsweise kochendes und eiskaltes Wasser zur Hand, um den Stein nach Wunsch mittig zu spalten! Welcher Handfertigkeit bedurfte es, um den Felsen mit derben Schlegeln aus Hematit zu behauen, welcher Geduld, um ihn mit einer Spitze aus Hartholz, quirlend in Sand und Wasser, zu durchbohren! Welche Zucht mußte auch unter den Arbeitern geherrscht haben, denen es gelang, zyklopenhafte Blöcke ohne Werkzeug, ohne Lasttiere, selbst ohne Zuhilfenahme des Rades an Ort und Stelle zu bringen! Und sie nur mit Seilen, die sie an den Unebenheiten befestigten, heranzuschleppen und sodann auf Rollen Erdrampen hinaufzuschieben!

Die Frage, wie die Porphyrfliesen von Ollantaytambo befördert wurden, da der Steinbruch sich auf dem anderen Ufer des Flusses befand, steht völlig offen. Freilich sind einige dieser Felsblöcke auf dem Wege steckengeblieben und wurden liegengelassen: in Quechua tragen sie den treffenden Namen der «müden Steine». Auch fragen sich die Fachgelehrten, wie es möglich war, eine derartige Präzisionsarbeit ohne mehrere Aufrisse zu leisten[20].

Gewiß sind bei diesen gewaltigen Baumassiven Schmiegsamkeit, Abwechslung und Phantasie kaum zu finden, wie sie eine Mischung von Holz und Stein ergeben hätte. Die Bauweise der Inka beruhte auf kompakten Oberflächen und kräftigen Profilen: «Sie war kristallisierte Erde, in geometrischen Formen geprägt»[21], sie stand im Einklang mit der Geistesart der rational ausgerichteten, planungsbesessenen, macht- und sicherheitshungrigen Oberschicht.

Natürlich gab es Unterschiede in den Grundrissen der einzelnen Baudenkmäler. Die alten Baulichkeiten in Cuzco waren kreisförmig oder halbkreisförmig mit eiförmigem Patio für jede Gruppe von zwei oder drei Häusern; jedoch verschwanden sie, als der Inka Pachacutec den Wiederaufbau der Stadt begann.

Selbst in der neuen Stadt wurden bei den Mauern

verschiedene Bauarten angewandt: Beim zellenartigen Typus war die Vorderseite der unregelmäßigen Kalzitsteine gewölbt. Winkel und Seiten paßten genau in- und aneinander; beim sogenannten «Bossenmauerwerk» traten nur Vorder- und Hinterseite der rechtekkigen Steine gewölbt hervor, die anderen Seiten waren glatt; eine dritte Art von rechteckigen Andesitsteinen war auf allen Seiten vollkommen glatt poliert, wie wir es beim Sonnentempel sehen; bei vieleckigen Typus schließlich zeigten die Dioritsteine an ihren Verbindungsstellen Winkel von verschiedener Öffnung, die tadellos ineinander paßten. Alle diese Arten der Bearbeitung entsprechen keiner chronologischen Ordnung, sie wurden vielmehr je nach der Bedeutung gewählt, die man dem Bau schenkte. Daher konnte ein und dieselbe Mauer einen «zellularen» Unterbau und einen Aufbau aus rechteckigen Steinen haben[22].

Indessen herrschten allerwärts gewisse gleichbleibende Merkmale: Trapezförmige Türen mit einem Monolithensturz; gleichlaufende Reihen von Wandnischen, die zuweilen leicht nach innen geneigt waren; Mauern, die unten stärker waren als oben, um einem von häufigen Erdbeben heimgesuchten Erdreich ein größeres Widerstandsmoment entgegenzusetzen.

Bei der Beschreibung von Cuzco haben wir eine Vorstellung von dem gegeben, was man mit einem Anflug von Anmaßung den «Urbanismus» der Inka nennen könnte. Die Techniker paßten sich den von der Ortslage geschaffenen Gegebenheiten an. Sie vermieden, Stadtbauten auf Ackerland, dessen Wert sie nur zu gut kannten, zu errichten; sie kanalisierten die Wasserläufe, wie sie es mit solchen getan hatten, die durch die Hauptstadt liefen. Einige Kilometer von Cajamarca entfernt hatten sie ein Schwimmbad angelegt, das von zwei Wasserleitungen, die eine kaltes, die andere heißes, und zwar frisches Wasser heranführend, gespeist wurde. Dort pflegte der Herrscher zu baden, wenn er sich in der Gegend aufhielt. In dem in der Nähe dieser Thermen errichteten Gebäude stießen die Gefährten Francisco Pizarros auf Atahualpa[23].

Die Provinzstädte waren indessen nicht alle regelmäßig angelegt; bei denen, welche unter der Regierung von Pachacutec und seinen Nachfolgern gebaut oder wiederaufgebaut worden waren, war von Bauplanung nichts zu spüren. Aber in allen gab es Tempel, Warenlager der Stadtverwaltung und oftmals Paläste und Festungen. Einigen war es gelungen, die Hauptstadt auf die eine oder andere Weise nachzuahmen. So waren Coyor, ein eigenartiges Siedlungskonglomerat, das sich auf einem runden Granitsockel um seinen Mittelpunkt, ein Mausoleum, drängte, und Chuquilin, seine Nachbarstadt, beide in vier Stadtbezirke unterteilt[24].

Wunderwerke der indianischen Kunst

Der sichere Geschmack der Indianer äußerte sich in den Kunstgegenständen noch stärker als in den Baudenkmälern. Er hatte sich entwickelt dank der Gewohnheit des Volkes, dem Inka an Festtagen Geschenke zu überreichen, und der des Herrschers, seinerseits diejenigen zu beschenken, die er zu belohnen beabsichtigte. Ganze Bände geben uns heute über alle Einzelheiten der Meisterwerke Auskunft, die in den Gräbern gefunden wurden und in den Museen zu sehen sind.

Welch herrliche Anordnung von Formen, Zeichnungen und Farben konnten die hohen Herrschaften vornehmen, die aus den verschiedensten Provinzen des Reiches Geschenke empfingen! Davon kann uns heute nichts eine hinreichende Vorstellung vermitteln, da die in den Museen ausgestellten Stücke zwangsläufig nach ihrer Provenienz zusammengestellt und nicht passend gruppiert sind.

Die Töpferkunst von Chimu

Chimu durfte sich seiner hochglatten, mit geometrischen Figuren verzierten Wandteppiche und seiner zweifarbigen, weißen und ockerroten Töpferarbeiten wohl rühmen. Chimus Tontöpfe hatten einen röhrenartigen Hals in Form eines Bügels, der zum Ein- und Ausgießen der Flüssigkeit in eine kurze, gerade Verlängerung auslief. Die Einwohner dieses geheimnisvollen Königtums hatten ihrer erstaunlichen Vorstellungskraft beim Entwerfen von Tonmodellen keine Schranken gesetzt: hier ein regelmäßiges, hochmütiges Antlitz, das an einen römischen Kaiser erinnert, die Stirn von einer Binde bekränzt; da ein negroid anmutendes Gesicht mit plattgedrückter Nase, dicklippig, unruhig, feindselig; dort ein lächelnder, rätselhafter Indianerblick. Eine Reihe von Vasen in Form von Büsten stellt Blinde dar mit einem Realismus, der keines ihrer Leiden verschweigt: ein Geschwür auf der Nase, wundgerissene Lippen. Die Künstler klären uns über die Spuren, die Krankheiten oder mitunter durch unbarmherzige Häuptlinge verhängte Strafen hinterließen, rückhaltlos auf: alle Arten von Verstümmelungen finden wir treulich wiedergegeben.

Oft werden Tiere abgebildet: der Hals eines ungewöhnlichen Behälters stellt eine Schlange dar, die beim Eingießen seines Inhalts zu pfeifen anhebt; eine andere Töpferarbeit in Form eines Vogels murmelt, wenn man ihren flüssigen Inhalt ausschüttet. Ganze Szenen sind mit Genauigkeit dargestellt: Ein Heilkundiger ist damit beschäftigt, den Leib einer ausgestreckten Frau abzutasten; ein Oberhaupt mit einem riesigen Kopf läßt einem winzigen Untertan Gerechtigkeit widerfahren; aus kleinen Behausungen treten Bewohner; zwei Frauen mit verunstaltetem Schädel tragen eine dritte Person auf einer Sänfte; ein Saumpfad schlängelt sich um ein Vasenrund zu einem Miniaturtempel empor. Und dann die unübersehbaren Reihen von Töpfen in Form von Früchten oder vermenschlichten Tieren!

Unschätzbare Zeugen einer Kultur, diese Vasen, diese Gewebe, diese Skulpturen! Seien es Gedanken und Tatsachen, Dinge des Glaubens und Geschehnisse des Alltags, stets hat der Künstler sich von dem leiten lassen, was er fühlte, dachte, sah und tat. Ob realistisch, ob idealistisch, ob von einer Unerbittlichkeit des Ausdrucks, der an Zynismus grenzt, oder von einer Fremdartigkeit, die uns den Zugang zum Dargestellten erschwert, mitunter mag es unseren Abscheu,

KNIENDER, GERÜSTETER KRIEGER
ALS TONKRUG
MIT SPITZHELM UND SCHLAGKEULE

dann wieder unsere Begeisterung hervorrufen, aber kalt läßt es uns nie.

Es ist offensichtlich, daß wir von dem peruanischen Künstler, zu welcher der verschiedenen Kulturen er auch gehören mag, weder die Kenntnis der Perspektive noch Sinn für Proportion verlangen dürfen. Er füllt eben den ihm zur Verfügung stehenden Raum, indem er die Formen der Gegenstände, die er darzustellen gedenkt, notfalls verändert; man behauptet, ihm habe vor der Leere gegraut. Jedenfalls liebt er die Ausschmückung und versteht auch, sie anzuwenden.

Je nach der Gegend gefällt er sich in realistischen Darstellungen, erinnert an Arbeiten unserer Zeit und vermittelt dem Beobachter einen wirklichen Einblick in die Vergangenheit; oder er gebärdet sich primitiv und naiv und gemahnt damit an die kindlichen Versuche in Kindergärten; im Bestreben der Stilisierung läßt er sich zuweilen auch zu geometrischen Figuren hinreißen und schwelgt in Symbolismen.

Die gesamte Fauna, die ganze Flora, alle geraden und krummen Linien ziehen an uns vorbei. Alles, was den Indianer entzückte und erschreckte, verewigte er in Gewebe und Ton: Im Walde herrschen der Jaguar, die Schlange; im Küstenland der Tausendfüßler, der Butzkopf, der Hai; und in der Zwischenzone der Kondor, der Falke, der Puma.

In Chimu sind die schönsten Szenen nicht modelliert, sondern gezeichnet. Sie rühmen den Prunk des Hofes, die Gefahren der Schlacht, die Arbeit auf dem Feld, das Handwerk, die Jagd, den Fischfang. Sendboten eilen dahin, das Haupt seltsam geschmückt von

Zylindern, Scheiben oder Federbüschen, Vögel, die Schnelligkeit darstellend, begleiten sie; Krieger, bis an die Zähne bewaffnet, ringen mit riesenhaften Katzen, die sie zu überwältigen scheinen; ein Häuptling, unter einem Baldachin sitzend, empfängt Geladene, vier dazwischen aufgestellte und mit Speisen gehäufte Platten trippeln auf zierlichen Beinen herbei, und weiter hinten beugen sich Mischkrüge, ebenfalls bebeint, über Schalen und schenken das köstliche Naß ein wie Vögel, die sich beim Trinken neigen[25].

Wir sprechen hier von der Töpferkunst, weil sie die Lust zum Zeichnen besonders angeregt hat, aber auch Flaschenkürbisse sind von Künstlern reizend dekoriert worden. Diese Kunsthandwerker haben ihre Fertigkeit unter der Herrschaft der Inka weitergepflegt, ohne sich von der geometrisch betonten Kunstrichtung, die im Großreich herrschte, beeinflussen zu lassen[26].

Die Gewebe von Paracas

Noch immer an der peruanischen Küste, aber weiter gen Süden, stellte Paracas für das Gewebehandwerk das dar, was Chimu für die Töpferkunst war: eine unerschöpfliche Quelle der Schönheit, für uns voller Geheimnisse. Auf Baumwollstoffen, bunt und belebt, sehen wir in symmetrischer Anordnung zweiköpfige, vieleckige Männer, Pumas mit Menschenköpfen und Schlangenfüßen, stilisierte Vögel, unnennbare Wesen mythischer Prägung, schwunghaft und überladen. Überall sprühen Augen, und Arme greifen aus.

Meist wird dasselbe Motiv wiederholt, treu dem ersten Entwurf, aber abgewandelt nach einem gewissen Rhythmus der Verteilung. Zuweilen schauen die Menschen- oder Tiergestalten abwechselnd nach rechts oder links, oder der Wechsel sieht zwei aufrechte Reihen mit Blickrichtung nach rechts, hernach zwei nach links vor. Auch kommt es vor, daß die Köpfe abwechslungsweise von der Vorder- und Hinterseite zu sehen sind. Bei jedem Motiv spielen verschiedene Farben mit und verändern sich gleichfalls nach einem mitunter recht verwickelten Plan des Gleichmaßes: zum Beispiel tragen die Motive der ersten waagrechten Reihe Farben in vier Verbindungen, die der zweiten in Schachbrettform nehmen dieselben Verbindungen auf, indem sie von der ausgehen, welche die vorhergehende Reihe abschloß, und so weiter. Dies ergibt dann folgende Verteilung:

1 2 3 4 1 2 3 4 1 2 3 4 1
2 3 4 1 2 3 4 1 2 3 4 1 2 3
4 1 2 3 4 1 2 3 4 1 2 3 4
1 2 3 4 1 2 3 4 1 2 3 4 1 2
3 4 1 2 3 4 1 2 3 4 1 2 3

Der Künstler wählt Ergänzungsfarben, um ein harmonisches Bild zu gewinnen, besonders für den Grund und die Franse: ist das eine ein rötliches Ocker, so wird das andere mineralgrün; fällt das erste ockergolden aus, muß das zweite violett werden[27].

Das Rätsel von Ica und Nazca

In den entlegeneren Tälern von Paracas stellten die Einwohner der Städte von Ica und Nazca beliebte Gewebe und Töpferarbeiten her. In Ica begnügten sie sich mit drei Farben und fanden an geometrisch-ruhigen Figuren Gefallen. In Nazca hingegen verwendeten sie elf verschiedene Farben, und wenn sie auf doppelröhrige Töpfe oder weithalsige Vasen hochverzierte gebrochene Stäbe zu malen verstanden, zogen sie mythologische Motive vor, deren Sinn uns oft entgeht. Jedes ihrer Bilder stellt uns vor eine neue Frage, wird zum reizenden Rätsel und läßt uns zum Schluß doch im Dunkeln. Der Puma mit wilder Miene, mit gesträubtem Bart, mit unmäßig heraushängender Zunge, Samen in den Tatzen haltend oder abgehauene Köpfe schwingend, versetzt uns zweifellos in Schrecken. Aber was sollen wir von diesem Wesen da mit seinen vielen gekreuzten Köpfen halten, was will uns jener Menschenkopf mit Fischleib und schlangenhaft gespaltenem Schwanz, was der Vierfüßler dort mit Raubtiergesicht, Vogelleib und Fischschwanz, der mit seinen Pranken ein verstümmeltes Haupt hält? Was haben wir von dem ganzen unsäglichen Gezücht zu halten, das uns mit weitaufgerissenen Augen anstarrt?

Das Auge, das ist es, was uns am meisten auffällt. Es ist das Sinnbild der Gottheit, die alles sieht. Daher setzt der Künstler etwa wie Picasso, jedoch sicherlich nicht aus demselben Grund, das Auge nicht an den ihm von der Natur bestimmten Platz, sondern an die bedeutsamste Stelle des Leibes, insbesondere auf den Bauch, den Ort der Befruchtung. Das bis ins letzte stilisierte Auge bleibt schließlich ganz oder nahezu ganz allein auf dem Plan zurück, mitunter von einem Strahlenkranz umgeben, und verfolgt uns auf allen Stücken des religiösen Nazca, so wie das göttliche Auge Kain verfolgte[28].

Töpfereien und Gewebe

Auch andere Herstellungsmittelpunkte hatten ihren eigenen Ausdrucksstil. Recuay sandte seine typisch weißen, mit Reliefszenen geschmückten Tonvasen nach Cuzco, Chancay seine Halskrüge in Form von Menschen- oder Tiergesichtern, oder mit schwarzen, unsymmetrischen Zeichnungen geschmückt. Weiter nördlich widmeten sich die Cara im Königreich Quito, besiegt und unterworfen, den Goldarbeiten und verfertigten Nadeln mit großen Köpfen, Brustschilde, Zierate an der Speerschleuder[29].

In der Gegend des Titicacasees wurden einfache Vasen im heute sogenannten Stil von Tiahuanaco, zylindrisch, mit langem Hals, der oftmals von einem Reliefband unterstrichen ist, hergestellt. Ihre Motive, meist geometrisch, in den Farben orangegelb, orangerot, kastanienbraun, graubraun oder weiß, umfaßten manchmal Darstellungen von Gottheiten in Menschen- oder Tiergestalt, aber keine szenischen Kompositionen.

Viel schöner waren die hübsch verzierten Calchaqui-Urnen aus dem Nordwesten der heutigen Republik Argentinien. Auf ihren Wänden wie auf manchem Halbrelief fallen uns zuweilen Gesichter von Gottheiten auf, die wir weinerlich zu nennen geneigt sind, weil kleine Linien unter ihren Augen uns den Eindruck von Tränen vermitteln – eine seltsame und vermutlich unrichtige Deutung[30].

Auch die Künstler aus Cuzco hatten ihren eigenen Stil; sie zeichneten sich besonders aus im Modellieren der *aryballes,* hochhalsiger vollbauchiger Vasen mit konischem Fuß, die an zwei am unteren Teil befestigten Henkeln getragen wurden. Die Nüchternheit der Verzierung und die Zurückhaltung in den Farben trugen zur Eleganz der Formen bei. Ein paar Farnkräuter oder Spinnen, geometrische Linien, die Verwendung von Schwarz, Weiß und Ockerrot – damit bestritt der Schöpfer dieser schönen, unserer Museen würdigen Stücke das Repertoire seiner Phantasie.

Schließlich kamen vom gesamten Hochland die Gewebe aus feiner Vicuñawolle, die Spitzenschals, die sorgfältig gearbeiteten Gewänder, und aus den östlichen Wäldern strömten die Halsbänder aus den Flügeldecken der Goldkäfer, aus Affenzähnen, aus roten oder gelben Kernen, und die Mäntel aus Vogelfedern feinster Tonfärbung ins Reich.

Die Gebrauchsfähigkeit der Kunstgegenstände

So eigen die Indianer in Fragen der Form waren, so scheinen sie stets bemüht gewesen zu sein, ihr eine vernunftgemäße Stütze zu geben. Eine Kunstübung im Sinne des «L'ART POUR L'ART» ist bei ihnen auf wenig Gegenliebe gestoßen. Die Motive der Gewebe und Töpfereien sind zugleich schön und lebendig gewesen; sie sind nicht nur zum Ansehen da, sondern auch um aufgenommen und verstanden zu werden. Sicherlich darf man auch hierbei nicht übertreiben und in jeder Zeile, in jeder Farbe einen tieferen Sinn suchen. Die Phantasie war zwar kein leerer Begriff, jedoch stand über allem ein zweckgerichteter Sinn.

Die rituellen Tänze der Vornehmen

Zu dieser statischen Ästhetik gesellt sich die dynamische Ästhetik. Bei den Peruanern stand der Tanz hoch im Ansehen. Bei der Elite bewahrte er in religiösem Sinne wie alle Ausdrucksformen des Daseins seine rituelle Bedeutung, während er bei der Masse als Anlaß zur Fröhlichkeit und Ausschweifung einen profanen Charakter anzunehmen neigte[31].

Die Familie des obersten Inka tanzte die *way-yaya* auf dem großen Platz von Cuzco; sie bildete zwei Reihen, die eine aus Männern, die andere aus Frauen, oder auch eine einzige Reihe, Hand in Hand. Zum dumpfen Klang einer riesigen Pauke schritten die Tänzer, zwei Schritte vorwärts, einen zurück, in langsamem Takt auf den Herrscher zu.

Der Schlangentanz war eine malerische Abwandlung der *way-yaya:* Die Indianer, die Männer zur einen, die Frauen zur anderen Seite, hielten mit beiden Händen einen dicken bunten Strick zwischen sich, der in einem Schlangenkopf endete. Das lange Reptil wellte und schwebte zwischen den farbenfrohen Kostümen der Tänzer; die Mumien, aufgereiht auf einer Seite des Platzes, und der Herrscher, ebenso unbeweglich auf seinem Thron wie sie, schauten zu[32].

Die Glieder der Oberschicht tanzten auch in Gruppen zu dreien, der Mann faßte dabei mit jeder Hand eine Frau, die er ohne Unterlaß um sich hin und her kreisen ließ.

Musik und Instrumente

Die Musikinstrumente, welche die Tänze begleiteten, waren zahlreich. Die Langflöte – *quena* –, aus Knochen oder Rohr mit Löchern und genauem Ton, stand an erster Stelle. Dann kamen die Panflöte aus Rohr-, Holz-, Metall-, Feder- oder Tonröhren, ein Nebeneinander verschiedener Längen; die Trommeln und Tamburine aus Lamafell, die Okarina, die Schellen aus Kupfer, Silber oder riesigen Hülsenschalen, die wie Halsbänder aufgereiht waren und um die Fesseln getragen wurden; die Trompeten aus Ton, Holz, Flaschenkürbis und Meerschnecken. Die Indianer waren berühmte Flötenspieler. Der Wohlklang dieses Instrumentes paßt gut zu dem weichen und schwermütigen Charakter des Musikanten, und die Lieder wirken um so sehnsüchtiger, als sie auf einer Fünftonleiter komponiert und meist in Moll gestimmt sind[33]. Mitunter improvisieren ein paar Spieler eine Art Kanon, wobei ihre Begabung für Tonart und Takt zutage tritt. In der Szenerie des Andenhochlands ist der Flötenton der

Ausdruck eines entsagungsreichen Lebens und enttäuschter Hoffnungen geblieben.

Die komponierten Gesänge waren rhythmisch, aber nicht gereimt und entzückten den Indianer bei seinen Festen; sie waren einfach, einfältig, mal poetisch, zuweilen kriegerisch, oftmals religiös. Sie sind es auch geblieben. Kein derber Ton entstellt sie.

Beispiele der Dichtkunst

Hier geben wir die Übertragung zweier Gedichte, deren erstes aus den *Königlichen Anmerkungen* von Garcilaso de la Vega stammt, der es auf *Quechua*, Lateinisch und Spanisch wiedergibt[34].

Schöne Prinzessin,
Dein Bruder
hat Deine Vase
zerbrochen,
drum dröhnt der Donner, das Wetter leuchtet,
und der Blitz schlägt ein.
Doch Du, Prinzessin, Du
mußt uns Wasser geben,
mußt's regnen,
auch frieren
und schneien lassen.
Der Schöpfer der Welt
Pachacamac
Viracocha
hat Dich
dazu
erschaffen.

Das zweite, von P. A. Means nach Poma de Ayala zitiert, hat einen ganz anderen Tonfall[35]:

Wir werden aus seinem Schädel trinken,
Seine Zähne sollen unser Schmuck sein,
Aus seinen Knochen machen wir Flöten
Und tanzen zum Klang der Trommel aus seiner Haut.

Das Theater

Gedichte, Gesänge und Sagen waren hauptsächlich das Werk der Amauta. Doch sind diese «Weisen» noch weiter gegangen. Sie haben aus dem Charakter der Pantomime Nutzen gezogen, in die die Eingeborenentänze sich zu kleiden liebten. Diese gaben mythologische Szenen oder bei den Volksfesten sogar geschichtliche oder alltägliche Begebenheiten wieder, zum Beispiel Kämpfe oder Feldarbeit. Angeregt von diesen Pantomimen, haben die Amauta aus Sage und Tanz Gesamtkunstwerke, und das heißt, Theaterstücke ersonnen. Dabei sind aus den Tänzern Schauspieler geworden.

Die mimisch dargestellten Geschichtsberichte dienten als Gedächtnisfeiern von Ruhmestaten. Derartige Vorstellungen wurden bei den großen Festen, die anläßlich eines Triumphzuges veranstaltet wurden, in den Straßen von Cuzco gegeben; zum Thema hatten sie Schlachten, an denen der Herrscher teilgenommen, und sollten lebendiger als ein trockener Bericht die Ruhmestaten der Peruaner aufleben lassen.

Selbst bei dem Leichenbegängnis des Inka wurden

Schaustellungen gegeben, welche die hauptsächlichsten Ereignisse aus dem Leben des Verblichenen darstellten, ein höchst lebendiger und recht parteiischer Geschichtsunterricht.

Von den Stücken ist nur eines auf uns gekommen, auch dürfte seine Form sehr wahrscheinlich von dem literarisch gebildeten Spanier, der es übernommen und niedergeschrieben hat, abgeändert worden sein. Heute glaubt man, daß dieser Schriftsteller ein ausgezeichneter Kenner der Quechua-Sprache war, ein Indianer mit dem spanischen Namen Espinoza Medrano, Kantor und Erzpriester der Kathedrale von Cuzco, ein berühmter Redner, Philosoph und Theologe, der von 1632 bis 1688 lebte[36]. Der Kern des Dramas ist indessen unbestreitbar alt, und etliche Kenner führen ihn bis in die Inkazeit zurück.

Das Schauspiel «Ollantay»

Die Handlung der Tragödie ist folgende: Cuzco in der Regierungszeit Pachacutecs. Auf dem Hauptplatz unterhält sich der tapfere General Ollantay, einer der ruhmreichsten Heerführer des Reiches, mit seinem Edelknaben «Leichtfuß» über seine Liebe zu einer Tochter des obersten Inka mit Namen «Freudenstern», was den beiden Gesprächspartnern erlaubt, Vergleiche mit den glitzernden Gestirnen der Nacht, poetisch beim einen, scherzhaft beim anderen, anzustellen. Leichtfuß sieht, daß sein Herr dabei ist, sich in ein gefahrvolles Abenteuer zu stürzen, und wird ängstlich.

Nun tritt der Hohepriester auf, er versucht, den General von seinen Liebesplänen abzubringen, fordert ihn aber angesichts seiner fruchtlosen Bemühungen auf, sich dem Herrscher anzuvertrauen. Wir werden in den Palast versetzt, in dem Freudenstern der Mutter von ihrer Liebe zu Ollantay spricht und klagt, daß sie ihn nicht zu sehen bekomme. Der Monarch tritt hinzu, bezeugt der Tochter seine Zuneigung und ist erstaunt, sie in Tränen anzutreffen. Nun setzen Gesang und Tanz ein bis zu dem Augenblick, da Freudenstern allein zu sein verlangt und von neuem zu weinen anhebt.

In einem anderen Saal des Palastes bespricht der Herrscher einen Feldzugsplan mit den Generalen Ollantay und «Steinauge», um dem Vormarsch eines aus der Gegend von Chayanta im südlichen Teil des Reiches heranrückenden Heeres Einhalt zu gebieten. Eigentlich möchte er eine friedliche Unterwerfung durchsetzen, allein die beiden Krieger zeigen Kampfeslust. Ollantay benützt die Unterredung, um den Monarchen um eine Privataudienz zu bitten. Diesem Wunsche wird stattgegeben. Nachdem der General seinen Herrn an seine Kriegstaten erinnert hat, wirft er sich ihm zu Füßen und gesteht ihm seine Liebe zu Freudenstern. Der ungehaltene Herrscher erwidert ihm mit der brutalen Weigerung: «Denke daran, daß du ein einfacher Lehensmann bist», und gebietet ihm, sich zurückzuziehen.

An einem nicht besonders bezeichneten Ort läßt dieser seinem Zorn freien Lauf und sinnt auf Rache. Leichtfuß teilt ihm mit, daß Freudenstern und ihre

Mutter aus dem Palast verschwunden sind und daß bewaffnete Männer sie suchen. Wieder wird Gesang eingelegt. Im Palast rast Pachacutec vor Wut, weil er befohlen hat, Ollantay festzunehmen, dieser aber unauffindbar ist. Ein Sendbote langt aus dem Urubambatal an und bringt einen Quipu. Steinauge legt den Sinn der Knotenschnur aus: Ollantay hat sich die Krone aufs Haupt gesetzt. Der Botschafter bestätigt, daß der treulose General von den Bewohnern des Tals zum Herrscher ausgerufen wurde. Steinauge erhält den Befehl, sich an die Spitze von fünfzigtausend Mann zu setzen und den Aufrührer festzunehmen.

Szenenwechsel: Wir sind in Tambo, in der Festung bei den Anhängern Ollantays, die ihm zujubeln und sich auf die Zurückschlagung der Leute aus Cuzco vorbereiten. Ein ins einzelne gehender Verteidigungsplan wird ersonnen: die Stellungen der Truppen werden mit allen Ortsnamen angegeben. Man läßt den Feind ein- und durchmarschieren, dann stürzen die auf den Bergspitzen und längs der Abhänge versteckten Krieger Felsblöcke auf den Gegner hinab, andere schneiden ihm den Rückzug ab.

Die nächste Szene spielt nach der Schlacht. Steinauge jammert, er sei auf keinen einzigen Gegner gestoßen, seine Soldaten seien unter Steinlawinen begraben worden, er selbst habe fliehen müssen.

Die nächsten Dialoge gehen im Innern des Palastes der «Erwählten Gattinnen» vor sich. Wir lernen ein junges Mädchen mit Namen «Wieschön» kennen; eine ihrer Gefährtinnen, sodann eine der Äbtissinnen trachtet, sie zu überreden, ihr Leben dem Kloster zu weihen.

Später erfahren wir, daß sie die Frucht der Liebe von Ollantay und Freudenstern ist, und begreifen, daß der General in nahen Beziehungen zu seiner Geliebten stand, was wir im übrigen nur einigen zwischen der jungen Frau und ihrer Mutter gewechselten Sätzen entnehmen können. In dieser Beziehung ist die Handlung des Dramas recht eigenartig verhalten.

Die Begegnung zwischen dem Hohenpriester und Leichtfuß in einem Gäßchen von Cuzco zielt offensichtlich darauf ab, uns mitzuteilen, daß der große Pachacutec tot ist und daß Tupac Yupanqui ihm auf dem Throne nachfolgt. Tatsächlich läßt der Dichter uns an dem kurzen, von dem neuen Monarchen im Thronsaal veranstalteten Empfang teilnehmen: einige Worte des Herrschers, eine günstige Vorhersage des Hohepriesters, ein Tadel des Kaisers für Steinauge, das ist alles. Jedoch geht aus der Antwort des Generals hervor, daß er einen Rachezug vorbereitet; aus dem Einwurf des Priesters, daß er furchtbar sein wird.

Steinauge gebraucht eine Finte. Von Wunden bedeckt erscheint er vor der von den Aufrührerischen gehaltenen Festung. Bei Ollantay in Audienz vorgelassen, erklärt er, daß Tupac Yupanqui, der Thronerbe, ein wütender Tyrann sei und ihn zur Strafe für die vor Tambo erlittene Niederlage seinen Henkersknechten ausgeliefert habe, die ihn dergestalt zugerichtet hätten. Ollantay nimmt den Flüchtling auf und läßt ihm Pflege angedeihen.

Neuer, plötzlicher Szenenwechsel: Wieschön erfährt von ihrer Gefährtin, daß ihre Mutter in einem Kellerloch schmachtet; es gelingt ihr, sie zu sehen; sie wechseln zärtliche Worte der Kindes- und Mutterliebe.

Wir kehren zum Herrscherpalast zurück. Der Hohepriester teilt dem Kaiser mit, daß Tambo in Flammen stehe. Ein Bote bringt einen Quipu, der den Sieg bestätigt und folgende Einzelheiten mitteilt: Die Truppen des Inka hatten sich in den der Festung benachbarten Berghöhlen versteckt. Während Ollantay und seine Soldaten beim Sonnenfest saßen und sich allgemeiner Trunkenheit hingaben, waren sie auf ein verabredetes Zeichen mit Steinauge zu nächtlicher Stunde geräuschlos in den Festungsgürtel eingedrungen. Die überraschten Feinde wurden gefangengenommen, Steinauge hat Ollantay eigenhändig gefesselt. «Zehntausend Gefangene sind auf dem Wege nach Cuzco», schließt der Bote seinen Bericht.

Bald erscheint Steinauge und empfängt den Glückwunsch des Herrschers. Ollantay wird gefesselt vorgeführt und sagt nur: «Frage uns nichts, Vater, unser Verbrechen schreit zum Himmel.» Tupac Yupanqui wendet sich an den Hohepriester und Steinauge: «Was für eine Strafe verdienen diese Aufrührer?» Der General verlangt Todesstrafe, der Priester rät zur Milde. Da befiehlt der Monarch, den Gefangenen die Fesseln zu lösen, und, zu Ollantay gewandt, gibt er ihm seine Befehlsgewalt zurück. Der Schuldige bricht in Tränen aus, er stößt schluchzend Worte des Dankes hervor. Der Herrscher will ihm sogar eine Gattin geben, doch der General erwidert, er sei schon verheiratet. Der Herrscher ist erstaunt, davon nichts gewußt zu haben. Inzwischen erscheint Wieschön, wirft sich dem Herrscher zu Füßen und bittet um die Freilassung ihrer Mutter, die in einem Verlies schmachte und auf den Tod darniederliege. Immer verwunderter befiehlt Tupac Yupanqui, Ollantay solle gehen, dann begibt er sich auf das Drängen des jungen Mädchens selbst dorthin.

Am Eingang zum Kellerloch sehen wir die Gruppe wieder: Ollantay befreit seine Frau, und das Stück endet in allgemeiner Freude.

Es besteht kein Zweifel darüber, daß das Drama stellenweise verwirrend ist. Manche Situationen werden zu spät erklärt, gewisse Szenen muten uns unausgeglichen, ja zusammenhanglos an. Wichtige Stellen werden mit ein paar Worten abgetan, belanglose wiederum umständlich ausgeführt. Zehn Jahre vergehen zwischen Anfang und Ende, ohne daß man sich dieses Zeitablaufes bewußt würde. Manchmal möchte man an eingeschobene oder ausgelassene Auftritte glauben, was durchaus möglich ist.

Aber abgesehen davon sind die Personen gut gezeichnet, die dramatische Spannung wird durch das Auftreten des Spaßvogels Leichtfuß geschickt aufgelockert, die Krieger haben Größe und die Frauen Zartheit. Manch ein Gedanke hat verständlicherweise rein indianisches Gepräge[37]. Pachacutec ist hart und hartnäckig, wie es einem Monarchen geziemt, dessen Macht auf einer tyrannischen Staatsordnung fußt, an der kein Tüpfelchen geändert werden darf. Doch hätten die übrigen Personen auch anderswo leben können. Steinauge ist ein brutaler und grausamer Kriegsmann, Leichtfuß ängstlich und verschlagen,

Freudenstern spielt ihre Rolle als große Liebende ohne Fehl zu Ende, nur Ollantay strotzt von Leidenschaften ohne Schattierung[38].

Im großen ganzen hinterläßt das Stück einen tiefen Eindruck. Der Leser wird sich erstaunt fragen, wie es möglich gewesen sei für ein technisch so wenig entwickeltes Volk, das weder das Rad noch die Schrift kannte, sich auf eine solche Stufe der Kultur emporzuschwingen[39].

Eine Erzählung und eine Fabel

Wenn das Theater der Inkazeit nur durch ein einziges Stück vertreten ist, so hat uns die reiche peruanische Volksdichtung dagegen mehrere Erzählungen aufbewahrt, die der präkolumbischen Epoche zugeschrieben werden. In folgender Geschichte treten uns Mensch und Natur ganz im Sinne der alten Indianer entgegen. Sie heißt: *Der habsüchtige Bruder*[40].

«Zwei Brüder gehörten mit ihren Frauen und Kindern zu derselben Gemeinde. Der eine war reich, der andere arm. Eines Tages, als der Reiche inmitten von zahlreichen Geladenen das «Abschneiden des Haares»-Fest eines seiner Söhne feierte, erschien der Arme.

Einer der Gäste bemerkte ihn und fragte: «Ist das nicht dein Bruder? Warum forderst du ihn nicht auf hereinzukommen?» «Der Mann ist ein Diener», entgegnete der Reiche. Der Arme hörte es. Betrübt über die Verachtung, die ihm sein Bruder zuteil werden ließ, beschloß er, sich von ihm loszusagen, und zog wie gewohnt auf die Suche nach Kräutern aus, die seiner Familie zur Nahrung dienten.

Auf einem Hügel der *puna* rastete er und beklagte sein Geschick. Da hörte er, wie die Puna zu ihm zu sprechen, ihn zu trösten begann und ihm einen Weg zeigte, der zu einer Höhle führte. Diesen Rat befolgte er und fand einen ehrwürdigen Greis, der ihm einen Stein gab, ihn damit zurückkehren hieß, ihn aber ermahnte, den Stein unter keinen Umständen aus den Händen zu geben.

Eilends machte der Arme sich auf den Weg, aber die rasch sinkende Nacht zwang ihn haltzumachen. Mit dem Stein auf der Schulter suchte er Unterschlupf in einer Grotte. Aber einschlafen konnte er nicht, denn er hatte Hunger und war unglücklich, doch während er dahindämmerte, hörte er, wie der Hügel, die *puna* und die *pampa* zu reden anhuben.

Die Puna fragte den Hügel, warum der Mann weine. «Weil er arm ist und sein reicher Bruder ihn verachtet.»

Die Pampa fragte: «Worüber klagt der Unglückliche?» «Über seinen Bruder, der reich ist und ihn Hungers sterben läßt», erwiderte der Hügel.

«Wenn das so ist, will ich ihm eine Brühe aus weißem Mais geben.»

«Und ich aus braunem Mais», rief die Grotte aus.

«Und ich aus gelbem Mais», erklärte der Hügel.

Da erwachte der Schläfer jäh: drei kleine Schüsseln standen vor ihm.

Begierig aß er aus jeder und ließ in jeder einen Rest für seine Familie. Dann versank er in einen tiefen Schlaf.

Bei Tagesanbruch schickte er sich an, seine Straße zu ziehen, als er bemerkte, daß es ihm nicht gelingen wollte, seine Last aufzuheben, so schwer war sie geworden. Er betrachtete sie und stellte zu seiner Freude fest, daß die Brühe aus gelbem Mais zu Gold, die aus weißem zu Silber und die braune zu Kupfer geworden war.

Er vergrub einen Teil seines Reichtums und kehrte froh nach Hause zurück, wo er seiner Familie erzählte, was ihm zugestoßen war.

Als der Reiche gewahrte, daß sein Bruder plötzlich reich geworden, nannte er ihn einen Dieb. Um seine Unschuld zu beweisen, erzählte der Neureiche ihm sein Abenteuer. Damit entfachte er den Neid seines Bruders, der in der kommenden Nacht zur Höhle aufbrach, wo er den Alten vorfand. Der gab ihm einen Stein. Auch er schlief ein, aber der Hügel gab ihm Hörner, die *pampa* ein Fell und die *puna* einen Schwanz. Verwandelt erwachte er.

Zu Hause angelangt, weigerte sein Weib sich, ihn als ihren Mann zu erkennen, und ließ die Hunde auf ihn los. Seitdem flieht der zu einem Tier Verwandelte über Pampas und Punas.»

Eine andere Fabel – *Der Nachtfalter* – schließt die wie die meisten Geschichten indianischer Herkunft eine Moral in sich, ohne sie zu nennen.

«Ein Ehepaar lebte glücklich mit seinem Kind. Der Mann unternahm manche Reise und ließ seine Frau, die ihre Nächte durchwachte und nähte, stets tränengebadet zurück.

Eines Nachts konnte das Kind nicht einschlafen und

fragte seine Mutter, was denn da herumflattere und mit ihr spreche. Die Mutter antwortete nur: «Es ist mein Geliebter, mein zärtlicher Freund, der mir Gesellschaft leistet.»

Eines Tages kam der Mann nach Hause, als die Frau aus war. Er begann mit dem Kind zu plaudern und fragte es, was denn die Mutter mache, wenn er weg sei. Das Kind erwiderte, daß der Geliebte seiner Mama jede Nacht komme, daß sie dann spät aufbleibe und mit ihm spreche.

Kaum hatte der Mann dies vernommen, suchte er nach seiner Frau und schlug sie tot.

Eines Nachts, als sein Geist wanderte, schwermütig in Erinnerungen versunken, schaute er in den Lichtschein, der das Zimmer erleuchtete, als das Kind plötzlich rief: «Da ist Mamas Geliebter, ihr ‹Gefährte›», und deutete auf einen Falter. «Der kam immer, wenn die Mutter nicht schlafen konnte.»

Der Mann erkannte seinen Irrtum, fiel der Verzweiflung anheim und starb vor Kummer.

DRITTER TEIL

Das Leben der Masse

1. Das religiöse Leben

Die lauernden Geister

Wir wissen bereits, daß der Massenmensch nicht die gleichen Begriffe und Vorstellungen hat wie der Angehörige der Oberschicht, doch sind die Kultbräuche gleich, nur formengebannter, strenger, kleinlicher. Das ganze Dasein umklammert ein Netz von Riten, die unablässige Aufmerksamkeit erheischen. Was wir Geister nennen, das heißt, die unbelebten Dinge, Naturkräfte oder Wesenheiten, vermutete und von den Dingen losgelöste Präsenzen, bildet eine anspruchsvolle Schar, die weder Gleichgültigkeit noch Zerstreuungen duldet. Es ist bemerkenswert, daß noch heute der Indianer weder schimpft noch flucht, weil er unweigerlich gehört und unverzüglich bestraft würde.

Das bewirkt, daß alle, auch die belanglosesten Umstände eine tiefe Bedeutung für den Menschen haben: wenn eine Fledermaus ins Haus hineinfliegt, wenn ein doppelter Maiskolben sich bei der Ernte zeigt, wenn ein Pfiff unerkannten Ursprungs ertönt..., sofort muß ein vollständiges Abwehrsystem in Aktion treten, wie die ganze Nacht hindurch tanzen und dabei bestimmte, für diesen Zweck geeignete Lieder singen; Waffen in der Luft schwingen und dabei ein wildes

Kriegsgeheul anstimmen, damit kein Hagel falle; und viele andere Verhaltensweisen im Einklang mit der Überlieferung[1].

Es versteht sich von selbst, daß der Traum, so wenig sein Inhalt erklärlich sein mag, als Vorzeichen angesehen wird. Träumt die Frau von Schlangen, wird ihr Kind ein Knabe; von Kröten, wird es ein Mädchen. Gefährlich ist, wenn sie im Traum ein Tier genau unterscheiden kann, denn dann wird das Neugeborene ihm ähneln[2].

Welche Menge von Schutzmaßnahmen müssen getroffen werden, um keine dieser Wesen zu vergrämen, die uns umlauern! Welcher Wert muß auf Gegenseitigkeit gelegt werden! Vor jeder Landarbeit ist es angebracht, Coca und Chicha zu verschütten, denn so wird der Boden einen guten Ertrag geben und das Gleichgewicht wiederherstellen. Bevor man einen Fluß überschreitet, erfordert es die Höflichkeit, daß man einen Schluck Wasser aus seinem Bett trinke und ihn geziemend bitte, dem Übergang hold zu sein. Bevor man eine Grotte betritt, gebietet es die Vorsicht, den unbekannten Geist, der vielleicht darin haust, recht hübsch um Einlaß zu bitten, um nicht seinen Unwillen herauszufordern. Auf eine Bergspitze, die man soeben erklommen hat, wirft man einen Kiesel als Zeichen der Ehrung und Dankbarkeit für den gelungenen Aufstieg: Noch heute kann man auf den größten Steigungen der Straßen jene Steinhaufen – *achachila* – sehen, die ständig anwachsen[3].

In Bedrängnis seinen Schutzgott anzurufen, ist das Gegebene; doch empfiehlt es sich, die wirksamste

Gottheit anzugehen, so wie heute noch gewisse Lateineuropäer bestimmte Heilige anrufen, die in dem Rufe stehen, bei Verlust von Gegenständen und bei der Heilung gewisser Krankheiten bewährte Hilfe zu leisten.

In Ayacucho erklettert noch heute das Opfer eines Diebstahls einen bestimmten Berggipfel, dessen Geist als starker Schirmherr des Privatbesitzes gilt, und bringt ihm Gaben dar.

Indessen fühlt der Indianer aus dem Volk sich seinen Hausgöttern näher verbunden als den mächtigen Götterbildern, die in den Tempeln thronen. Die Hausgötter, die Konopa, gehören seiner eigenen Sphäre an; er stellt sie in einer Wandnische seiner Behausung auf oder bewahrt sie sorgfältig in Lappen gewickelt, aus denen er sie befreit, wenn er sie anruft. Von Zeit zu Zeit macht er ihnen Geschenke.

Auch die Geister der Dinge werden nicht vernachlässigt. Ein kleines hohles Lama aus Ton wird, wie wir gesehen haben, in einer Wandnische aufgestellt und erhält Maiskörner vorgesetzt. Alle übernatürlichen Wesen haben ihren eigenen Geschmack. Auch auf diesem Gebiet werden die uralten Bräuche von Geschlecht zu Geschlecht weitergegeben. Zum Beispiel weiß man, daß im Reich der Unsichtbaren die Chicha beliebt ist, wenn man ihr ein wenig *espingo,* eine würzige Waldpflanze, beimischt[4].

Eine Unzahl Talismane wurden und werden noch heute von den Indianern sorgsam gehütet: schwarze und rote Bohnen der tropischen Täler, Figuren von Menschen, von Tieren, von Mais, Kartoffeln, insbesondere von «Bezoarstein», einem Stein, der sich besonders im Labmagen des Lamas bildet und dessen Zauberkraft viel zugetraut wurde. Unter den wirksamsten Zeichen trat bei den Aymara das Hakenkreuz auf.

Die Menge der Huaka

Außerhalb der Hütte, in der die Konopa herrschten, nahm der Kult der Huaka einen großen Teil der Zeit, die der Indianer nicht der Arbeit widmete, in Anspruch. Die lange Liste der Huaka, die in dem umfangreichen Werk des Paters Barnabas Cobo stehen, ist überwältigend. Alles findet man unter ihnen: Bergspitzen, Felsen, Quellen, Flüsse, sogar den Titicacasee und das Haus des Inka in Tambomachay! In Machu Picchu hat jedes Stadtviertel einen Stein als religiösen Mittelpunkt; die neunte Huaka des Weges von Chinchasuyu zählt nicht weniger als fünf Steine[5]. Es stimmt, daß zahlreiche Legenden von Menschen sprechen, die zu Steinen wurden.

Beim Studium der Chroniken fällt auf, daß der Sinn des Wortes Huaka nicht scharf umrissen ist: Die Peruaner bezeichneten damit alles, was sich in einem beliebigen Gegenstand verkörpern kann, und nannten dann den Gegenstand ebenso[6]. Es ist schwer zu sagen, ob diese Bezeichnung die umfassende Bedeutung des polynesischen Mana erreicht hat, jener unpersönlichen und undifferenzierten Kraft, jener Wirksamkeit, die sich in allen Kundgebungen des Kosmos äußert, die in die Weite wirkt und übertragbar ist – eine lebendige

Kraft, welche die «menschlichen Akkumulatoren» auflädet und deren Berührung gefährlich sein kann; daher das Tabu[7]. Der Huaka hat schon in vorkolumbischer Zeit an Bedeutung verloren. Man weiß von einer Chanca-Huaka, die aus einer von Frauenkleidern umhüllten Vase bestand; die Gewänder waren mit Goldnadeln zusammengehalten. Dieses Wort bedeutete schließlich auch «Begräbnis» oder war nur noch eine einfache Landschaftsbezeichnung[8].

Das Hauptopfer für die Huaka war die Chicha. Wir wissen, wie der Indianer betete, aber oftmals begnügte er sich mit einem Anruf, gefolgt vom Heben der offenen Hände in Richtung auf den Heilsort. Er kniete nicht nieder[9].

Die Opfergaben waren häufig und wurden dadurch so kostspielig für ein armes Land, daß sich hierin ein Umschwung vollzog. Die Bräuche blieben unverändert bestehen, aber die dargebrachten Gegenstände schrumpften langsam ein, bis sie zu kleinen, für jeden Gebrauch unverwertbaren Modellen wurden. Diese Miniaturnachbildungen sind in den Gräbern gefunden worden, für die der Brauch die Niederlegung der im Jenseits lebensnotwendigsten Gegenstände forderte. Wirtschaftliche Erwägungen haben nach und nach die religiösen Belange überwogen, und die Wirklichkeit hat vor dem Sinnbild das Feld geräumt.

Die erstaunlichen Einflußkräfte der Zauberer

Es ist nicht überraschend, daß in einer Welt, in der Natürliches und Übernatürliches so nahtlos ineinander übergingen, die Zauberer sich großen Ansehens erfreuten. Poma de Ayala gibt uns in seiner Handschrift mit den malerischen Zeichnungen eine Vorstellung davon. Dank seiner Schilderung wohnen wir dem Erscheinen des Feuerdämons bei, der entsetzlich große Hörner und Klauen hat. Dann folgt ein magischer Vorgang in drei Abteilungen: der Traum, seine Auslegung durch den Dämon und das Absaugen der Krankheit durch ebendiesen Dämon, der jetzt die Rolle eines Engels spielt. Endlich stellt der Zauberer sich uns inmitten einer ganzen Menagerie von Vögeln, Reptilien, Faltern und dergleichen vor[10].

Es gab mehrere Kategorien von Hexenmeistern, von denen ein jeder sein Sonderfach innehatte: der Heiltätige, der Verzauberer, der Fachmann in Liebeshändeln, der Kräuter zum Keimen von Liebesgefühlen verkaufte, dazu eine Frucht, deren bloße Gegenwart die allzu hastigen Bewerber vertrieb[11].

Heute werden Missionar und Ingenieur vielfach diesen Magiern gleichgestellt und damit zum Gegenstand der Furcht und des Mißtrauens in den entlegenen Dörfern des Andenhochlandes.

Diesen Wesen traute man die umfassendsten Kräfte zu, man hielt sie für fähig, sich in Tiere zu verwandeln und sich selbst aufzulösen. Nach ihrer Auffassung können die einzelnen Teile des Körpers nach Wunsch sich selbständig machen, mitunter kann dies sogar unbewußt geschehen, und zwar meist im Schlaf. Natürlich macht der Zauberer von dieser Möglichkeit Gebrauch und verschickt seinen Kopf, wohin er will. Handelt es sich dabei um eine Frau, so fliegt ihr Kopf durch die Luft, ihre Haare flattern wie Vogelschwingen, zudem gibt sie einen pfeifenden Laut von sich, der eine Gänsehaut verursacht. Ist es ein Mann, so galoppiert sein Kopf in großen Sätzen dahin und gibt dabei das rhythmisch wortmalende Geräusch mit Namen *tactac* von sich.

Noch heute wird der Fall eines Indianers erzählt, der eines Nachts in die Hütte seines Nachbarn tritt, um ihn um eine Arznei zu bitten, und nur dessen Rumpf auf dem Boden ausgestreckt vorfindet, ohne daß ein einziger Tropfen Blut auf eine Enthauptung schließen ließe. Kurz darauf hört er das berühmte *tactac* des fliegenden Kopfes.

Noch entsetzlicher ist die Geschichte jenes Indianers, der, ohne es zu wissen, eine Zauberin geheiratet hatte. Eines Nachts bemerkte er, daß nur der Rumpf seiner Frau neben ihm lag. Wütend warf er seine Decke darüber. Als der Kopf zurückkam und nicht wußte, wo er sich hinlegen sollte, rächte er sich an dem Gatten und setzte sich auf seine Schulter, die dadurch mit einem Mal zweiköpfig wurde[12].

Wenn der Heilkundige dem Übel mit Heilkräutern und Beschwörungen nicht beizukommen vermag, nimmt der Zauberer zur Hypnose Zuflucht. Er stellt sich vor den Kranken hin, sieht ihn scharf an, sagt Gebete auf und schleudert Verwünschungen gegen das

Übel; dann läßt er seine Hände über Haar und Stirn des Kranken, hernach über den ganzen Körper gleiten, behutsam, langsam, wie um die Ströme des Übels abzuziehen, und schüttelt schließlich seine Hände, um loszuwerden, was ihm zu fangen gelang[13].

Das Behexen

Der gefährlichste dieser magischen Vorgänge ist das Behexen. Es beginnt damit, daß das Opfer mit einem Gegenstand gleichgesetzt wird, der es darstellt, genauer genommen, der es verkörpert, sei es eine derbe Puppe, ein Tier, meist eine Kröte. Die Puppe besteht aus Stoffetzen und muß «Bestandteile» des Opfers enthalten: Haare, Stücke von Finger- oder Fußnägeln, Kot. Die Kröte ist gleichfalls eingewickelt. Nach Gebeten und Beschwörungen nimmt der Zauberer Dornen zur Hand und sticht den Gegenstand an der Stelle, die dem Opfer Schmerzen verursachen soll. Er muß die feste Absicht haben, das Übel hervorzurufen, anders ausgedrückt, er muß den gewünschten Zweck heftig verfolgen. Diese Bedingung ist besonders auffallend, nämlich, daß geistige Kräfte zum Erfolg des Übertragens im Spiel sind.

Wenn alle diese Vorbereitungen beendet sind, nimmt der Zauberer den Gegenstand an sich, verläßt die Hütte, ohne sich umzublicken, und versteckt den Gegenstand in der Behausung des Opfers. Ist dies unmöglich, verbirgt er ihn an einem Ort, an dem der Betreffende vorüberzugehen pflegt, oder wirft ihn auf das Dach.

Wenn das Opfer gewahrt, daß es einer Behexung anheimgefallen ist, läßt es einen Zauberer kommen, der unter Gebeten und Anrufungen das Haus des Verzauberten umschreitet, bis er die Puppe oder die Kröte gefunden hat und sie ins Wasser wirft.

Er mag auch soweit gehen, das Opfer wissen zu lassen, daß eine Verzauberung im Gange sei; damit schafft er eine Stimmung des Schreckens, die das Opfer dazu bringt, sich die Verzauberung selbst einzureden, wodurch es «sich seinem Häscher in die Hände spielt»[14].

An der Küste besteht der folgende Brauch: Man nimmt den Geist des Behexten «gefangen», das heißt, man beschwört ihn in ein Gefäß hinein. Von dort soll er in den Körper eines Tieres eingehen, das gequält wird.

Die Sternkunde

Es scheint, daß der Astrologe auf einer höheren Stufe der magischen Rangordnung stand, da er zugleich als Weiser galt. Demnach gab es eine volkstümliche Astrologie, von der wir wenig wissen.

Poma de Ayala erzählt, daß die Götter einst auf der Erde lebten, wo sie, im geistigen Urstoff aufgehend, in dem alles verschwamm, Gesicht und Wesen änderten. Hernach sind sie sozusagen zum Himmel aufgestiegen und haben sich dort mit den Sternen gleichgesetzt. Daher ist das Studium der Gestirne wichtig geworden.

Diese Gottheiten verwandeln sich mit Vorliebe in idealisierte, mit übernatürlichen Kräften begabte

Tiere, seltener in menschliche Helden. Nehmen denn nicht die Sterne auch Tiergestalten an? Die Plejaden vergegenwärtigen in wunderbarer Anschaulichkeit eine höchste Gottheit, die uns als Blitz entgegentritt und imstande ist, Sonne oder Mond in den Eklipsen zu verschlingen. Die Schlange stellt, linienhaft gesehen, ziemlich genau den Blitz dar. Der Kondor versinnbildlicht die Sonne, denn der Indianer hatte beobachtet, daß diese Vögel das Tagesgestirn bewachten; der Fisch, weniger auffällig in seinem Habitus, ist das Symbol des Mondes. Orion wird zum Lama, das jede Nacht vom Himmelszelt herabsteigt, um am Meer zur Tränke zu gehen und damit zu verhindern, daß die Wasser des Pazifiks über ihre Ufer treten und das Land überschwemmen.

Eine der berühmtesten Urwaldlegenden, die Sage von den Zwillingen, die in verschiedenen Gegenden des Hochlands auftritt, erklärt die Entstehung von Sonne und Mond. Eine Indianerin, Sinnbild der Muttererde, der Natur, der Fruchtbarkeit, bringt Zwillinge verschiedenen Geschlechts zur Welt. Sie ist die Gattin einesteils des Gottes Pachacamac, andernteils eines Tiergottes (in Gestalt eines Jaguars). In der ersten Lesart ertränkt ihr Gatte sich im Meer und verwandelt sich in eine Insel. Da bricht die Witwe in der Nacht, die über der Erde herrscht, auf und gelangt zur Höhle eines bösen Geistes mit Namen Wa Kon, der versucht, sie zu verführen; da es ihm nicht gelingt, verschlingt er sie. In der zweiten Fassung ist es der Jaguar, der sich an der Unglücklichen gütlich tut. Die Zwillinge werden gerettet: einmal von der Familie des Fuchses, der

«SONNENFINSTERNIS»
VERTREIBUNG DES UNGEHEUERS, DAS
DIE SONNE VERSCHLUNGEN HAT

natürlich schlau ist und den Elenden in einen Abgrund stürzt, in dem er umkommt – das andere Mal von der Mutter des Jaguars, die sie in einem Flaschenkürbis, in einem Baumwollknäuel oder dergleichen versteckt bis zu dem Tage, da ein Vogel den inzwischen herangewachsenen Kindern das Verbrechen verrät und diese das Ungeheuer umbringen. In allen Wendungen steigen die Zwillinge schließlich zum Himmel auf, mitunter auf sehr poetische Weise, indem sie sich einer Liane bedienen; beide verwandeln sich in wohltätige Gestirne, der eine in die Sonne, der andere in den Mond, die Beschützer des Menschengeschlechts[15].

Der Indianer wandte sich lieber an den Mond als an die Sonne. Der Mond kam ihm vertrauter, zugänglicher, wandelbarer und weniger streng als die Sonne. Die Sonne war die offizielle Gottheit, das großartige Gestirn, das die größere Anzahl Tempel besaß und sich stets gleichblieb; der Mond hingegen war weicher, weiblicher und wechselte öfters sein Aussehen: jede seiner Phasen hatte eine andere Bedeutung. Unvorsichtig, wer bei Vollmond säte; gut beraten, wer eilends zu ihm betete und Opfer darbrachte, sowie ein orangefarbener Silberschimmer, der Künder des Unheils, sein Antlitz umgab.

Mutter Erde

Noch mehr als die Sterne wurde die Erde von diesem Volk von Ackerbauern verehrt: Pacha Mama, die Mutter Erde, die große Ernährerin. Um sie fruchtbar zu machen, grub man gewisse Steine in den Feldern ein. In andere Steine, wie in den Stein Yslla in der Gegend von Ayavaca, auf dem die dortzulande häufig auftretenden Reptilien dargestellt sind, wurden gefährliche Tiere eingeschnitten, um sie ungefährlich zu machen[16].

Zwei Gebete

In den meisten der auf uns gekommenen Dichtungen, deren Ursprung uns verhüllt ist, finden wir dieselben Gedanken und Worte, nur in verschiedener Anordnung, wieder. Auf diesem Gebiet scheint der Wortschatz beschränkt zu sein, und gewisse Redewendungen, oftmals wiederholt, tragen wohl einen eigenen magischen Wert in sich, eine Macht über den Gegenstand des Gebets.

Die Volkskunde hat uns einige volkstümliche Gebete übermittelt[17].

O Schöpfer! Der Du am Ende der Welt bist, der Du ohnegleichen bist, der Du dem Menschen Dasein und Wesen gibst und einem jeden sagst: «Sei dieser Mensch», «Sei diese Frau», der Du, so sprechend, sie schufst und ihnen Leben gabst – schirme die Menschen, die Du geschaffen, damit sie leben heil und wohl, behütet vor Gefahren und im Schutz des Friedens. Wo bist Du? Auf dem Gipfel des Firmaments oder darunter im Rollen des Donners und im Gewölk der Stürme? Hör mich an, antworte mir, sei mir gnädig, gib uns das ewige Leben, führ uns mit Deiner Hand. Nimm dies Opfer an, wo Du auch seist, o Schöpfer!

Und noch dieses, das den Herrscher erwähnt:

O Schöpfer! Mögen die Untertanen des Inka, die Völker, die ihm unterworfen sind, und seine Diener in Friede und Sicherheit leben unter der Regierung Deines Sohnes, des Inka, den Du uns zum Herrscher gesetzt hast. Solange seine Regierung währt, mögen sie sich mehren und heil bleiben, es möge eine Zeit des Wohlstandes sein, alles möge wachsen und gedeihen, Felder, Menschen und Vieh. Führe den Monarchen stets mit Deiner Hand, dem Du Licht und Leben geschenkt hast, o Schöpfer!

2. Das Familienleben

Die Kargheit der Natur auf dem Andenhochland zwingt den Menschen zu größter Findigkeit. So hatte sich der Indianer eine bemerkenswerte Kenntnis der Pflanzen erworben. Er kannte sechs Kornarten, sieben Sorten Früchte, vier Wurzel- oder Knollengewächse und zwei Gewürze[1]. In unserer Zeit und schon lange zuvor hat dies vollkommen aufgehört. «Kein Land der Erde» – schreibt ein zeitgenössischer Geschichtsforscher – «hat sich eine größere Anzahl Pflanzen von solch hohem Nährwert zunutze zu machen gewußt wie Peru»[2].

Was aß der Indianer?

Die hauptsächlichen Tiere und Pflanzen, die einst auf dem Andenhochland gediehen, haben wir aufgezählt. Die daraus gewonnenen Nährstoffe wurden zum Zweck ihrer Erhaltung und Aufbewahrung einer sorgfältigen Behandlung unterzogen. Um unangenehme Überraschungen zu vermeiden, war es notwendig, als Vorbeugemaßnahmen gegen die Launen der Jahreszeiten Familienvorräte anzusammeln. Zu diesem Zweck wurden Mais und Quinua zu Mehl verarbeitet, wurden die Knollenfrüchte zu Chuño gemahlen, wurden Kräuter, die den Gattungsnamen Yoyo trugen, massenhaft zwei- oder dreimal in Wasser gekocht und an der Sonne getrocknet. Diese Landeserzeugnisse wurden in irdenen Krügen oder in Trögen aus Maisstengeln aufbewahrt oder in Ermangelung solcher Behälter in tiefen Erdlöchern vergraben.

Um das Korn zu mahlen, zerstampften sie es auf einer flachen Steinplatte mit einem halbrunden Stein, den sie an beiden Enden hielten und auf und ab wiegten.

Die angedeutete Zubereitung der Chuño mochte Kartoffel, Yuca und Oca einschließen.

Grundsätzlich durfte das Lama nicht geschlachtet werden, es diente ausschließlich zur Gewinnung von Wolle und als Beförderungsmittel. So verblieben allein die zahmen Meerschweinchen, eßbar erst zwölf Stunden nach dem Schlachten, und das Wild, das aber nur mit Erlaubnis der Behörden gejagt werden durfte. Alles Fleisch wurde in Streifen geschnitten, gesalzen, getrocknet und als *charqui* – Trockenfleisch – aufbewahrt[3].

Vögel, Frösche, eßbare Würmer, bremsenähnliche Insekten und Pilze würzten die Suppen.

Nun wären noch einige Früchte, besonders die der Kaktus, die *tuna,* getrocknete Schnecken und die Fische der See- oder Meeresgegenden zu nennen. Diese gab es an der Küste im Überfluß, wo die Fischer sie gegen Hochlanderzeugnisse einhandelten. So stellten sie zum Beispiel fast das einzige Austauschmittel der Uru am Titicacasee dar.

Hatte der Indianer genug zu essen[4]? Gewährten ihm seine vielfältigen Erfindungen und sein Arbeitseifer ein Mindestmaß an Lebensunterhalt in einem Lande zunehmender Bevölkerung, in dem nach Polo de Ondegardo der Boden mitunter sechs oder sieben Jahre brachliegen mußte und wo auf dem Hochland drei von fünf Ernten durch Frost verdarben?

Wären die Untertanen des Inka kränklich und elend gewesen – so hat man es ausgedrückt –, hätten sie derart gewaltige Leistungen nicht zu vollbringen vermocht. Doch die Vollkommenheit ihres Staatswesens, ihre Zuchtstrenge und besonders die gänzliche Hintansetzung von Mühe und Menschenleben genügen als Antwort auf diese Fragen.

Neuere Berechnungen verleiten zu der Annahme, daß ihre Nahrung kalorienmäßig ungenügend war; heute errechnet man im günstigsten Falle zur Erntezeit 3400 Kalorien täglich, doch dürfte sie damals diesen Gehalt nicht erreicht haben. Die Technokraten übertreiben, wenn sie ein Höchstmaß von 2000 Kalorien angeben und darin die Ursache für die Unterlegenheit der roten Rasse im Vergleich zur weißen zur Zeit der Eroberung sehen[5].

Auch ein nahrungsmäßiger Ausgleich war nicht gewährleistet. Der Chuño enthält 76,5 vom Hundert Glukose gegen 8,5 vom Hundert Protein und 0,5 vom Hundert Lipoide;[6] folglich ist und war er an Kohlehydraten viel zu reich. Proteinhaltige Stoffe waren selten, lediglich Quinua, Cañihua und Mani enthielten davon 26,5 vom Hundert. Auf diesem Gebiet machte sich das Fehlen der Milch, der Eier und des Fleisches recht bemerkbar. Vitamine waren glücklicherweise in mehreren Erzeugnissen enthalten: Vitamin A gab es im *apichu* genug; A, B 1 und C kamen im Mais vor; A, B 1, B 2 und C in der Kartoffel. Kalzium und Eisen lieferten Quinua und der als Gewürz verwendete eßbare Ton, *Chacco* genannt; davon legen die schönen Zähne der Indianer ein sichtbares Zeugnis ab[7].

Die Aufbewahrungsmethode war folgende: in den feuchten Tälern wurden die Lebensmittel in Holzkisten mit Luftlöchern gepackt, eine große Menge *muña,* eine der Minze verwandte Pflanze, die insektentötend wirkt, wurde beigemischt. In den trockenen Ländern wurden die Erzeugnisse in einer Umhüllung von trockenem Stroh und Muña eingegraben. Die dergestalt aufbewahrten Kartoffeln waren nach acht oder neun Monaten Lagerzeit noch gut[8].

Was das Getränk, die berühmte Chicha, das von allen begehrte Genußmittel, betrifft, so wurde es aus Maiskörnern zubereitet, welche die Greise und besonders die alten Frauen, da sie weniger zu tun hatten als die Erwachsenen, zerkauten. Der Speichel beschleunigt die Gärung des mit Wasser versetzten Gemisches in den Tonkrügen, die zum Warmhalten eingegraben wurden. Starke alkoholische Getränke waren verboten. Ebenso war der Genuß von Coca der Masse des Volkes untersagt.

Einfachheit und Einheit der Kleidung

Auf dem Hochland war Kleidung witterungsbedingt eine Notwendigkeit, während das Gewand an der Küste und im östlichen Urwald lediglich eine Schutzmaßnahme darstellte – und in diesem Fall nur wenige empfindliche Stellen des Körpers bedeckte. Somit galt sie hauptsächlich der gesellschaftlichen Unterscheidung. Mit Moral hatte diese Frage nichts zu tun. Nacktheit war keineswegs entehrend oder verletzend. Wir haben bereits bemerkt, daß der geschlagene feindliche Herrscher als Gefangener im Triumphzug des Siegers nackt auf einer Sänfte mitgetragen wurde.

Die Bekleidungsvorschriften waren für die Masse streng. An seinem Hochzeitstag erhielt der Indianer aus öffentlichen Beständen zwei Kleider aus Lamawolle, eines für die Arbeit, das andere für Festtage. Er trug sie bis zum letzten Faden und flickte sie mit großer Geschicklichkeit, wobei er kaum hinter der modernen Technik des Kunststopfens zurückblieb[9].

Schnitt und Farbe waren für beide Geschlechter gleich. Die einzelnen Teile des Kleidungsstücks, die wir im Hinblick auf den Inka beschrieben haben, traten bei seinen Untertanen in einfacherer Form wieder zutage. Bei den Männern finden wir die Hose – *huara* –; das weiße ärmellose Hemd, das einem Sack mit drei Löchern, einem für den Kopf und zwei für die Arme – *cushma* oder *uncu* –, glich; den braunen Wollmantel – *yacolla* –, der über die Schultern geworfen und auf der Brust geknüpft wurde. Die Haartracht war, wie wir wissen, je nach Provinz verschieden. Bei den Frauen sehen wir die lange, von einem Gürtel umfaßte Tunika – *anacu* –, auf der Seite geschlitzt, um das Gehen zu erleichtern, und den grauen, auf der Brust mit einer großköpfigen Nadel befestigten Umhang – *lliclla* –. Im allgemeinen gingen Mann und Frau barfüßig. Indessen trug man zuweilen Sandalen – *usuta* –, die eine praktische Form aufwiesen: Die Sohle war aus Lamaleder, und zwar vom Hals des Tieres, wo das Fell am dicksten ist; sie war kürzer als der Fuß, damit die Zehen sich beim Steigen an den Unebenheiten des Geländes festhalten konnten; eine Wollkordel aus lebhaften Farben verband sie mit dem Oberleder, das den größten Teil des Fußes bedeckte und sich artig um die Fessel wand[10].

Das Ganze war einfach und einheitlich. Ohne besondere Erlaubnis seitens der Vorgesetzten durfte an der Kleidung nichts geändert werden. Wäre noch zu bemerken, daß Arme und Beine nackt waren, ein Beweis für die Widerstandsfähigkeit der Indianer, denn die Höhenluft ist scharf und zuweilen eiskalt[11].

Die indianische Wohnstätte bietet einen ärmlichen Anblick

Die Wohnweise des Mannes aus dem Volk war mehr als primitiv. Das Häuschen, das ihm bei der Hochzeit zustand, wurde von der Gemeinschaft gebaut. Die Wände bestanden aus Lehm oder an der Küste aus luftgetrockneten Ziegeln. Nur wer mehr leisten konnte als lediglich Ackerbau betreiben, durfte auch Steinbauten benützen. Solche besaßen ein Gras- oder Strohdach. Fenster kannte man nicht, denn durch etwaige Öffnungen wäre mit dem Licht auch die Kälte eingedrungen. Eine niedere Tür, einem Ofenloch vergleichbar, wurde mit einem Vorhang verschlossen.

In diesem dunklen und übelriechenden Unterschlupf, manchmal durch eine leichte Wand in zwei Räume unterteilt, drängten sich Kinder und Meerschweinchen um den kleinen Tonherd inmitten von Tonplatten, Gefäßen und Mörsern, die den Küchenrat ausmachten. Lamafelle, die doppelt auf dem Boden lagen – eine Hälfte diente als Unterlage, die andere als Decke –, taten den Dienst von Betten. War es die Behausung eines Häuptlings, wurde eine Lage Stroh oder Heu unter das Fell gelegt. Die Kleider wurden an den hervorstehenden Balken aufgehängt oder in Behältern aufeinandergeschichtet. Eine Kiste aus geflochtenem Schilfrohr enthielt die Aussteuer der Indianerin: Wolle, Spindel, Dornennadeln. Wandnischen bargen die Messer, Löffel, Nadeln, Spiegel, den Schmuck und die Götterbilder.

In diesen Bau verkroch die Familie sich nur nachts oder an Regentagen, sonst ging jeder seiner Beschäftigung nach oder kauerte in gewohnter Stellung auf der Schwelle, Füße geschlossen, Beine gekrümmt, Knie in Kinnhöhe.

Diese bescheidene Unterkunft wurde jährlich zweimal von Inspektoren begutachtet. Wurde die Mahlzeit drinnen eingenommen, mußte die Türe offengehalten werden, damit der Beamte sehen konnte, ob die Vorschriften eingehalten wurden. Schmuck und Verschönerung der Bleibe waren rundweg verboten, denn nichts durfte den Indianer von seinem auf die Staatswohlfahrt ausgerichteten Dasein ablenken.

Der Ablauf des menschlichen Lebens

Die Geburt

Nun kennen wir den Rahmen des Familienlebens und können den Untertan des Inka auf seinem Lebensweg begleiten.

Sowie die Indianerin schwanger ist, ruft sie die Konopa an und erhöht ihre Opfergaben, ändert aber nichts an ihrem arbeitsreichen Tageslauf. Wenn die Zeit der Niederkunft herannaht, wird die Wiege aufgestellt: sie besteht aus einem Brett mit zwei Seitenwänden und steht auf vier kurzen Beinen. Die zwei Beine am Kopfende sind etwas länger, damit der Säugling nicht ganz flach liege, und bilden nach oben einen Bogen. Darüber wirft die Mutter ein Stoffstück zum Schutz des Kindes gegen kalten Luftzug. Über das Brett wird ein Tuch gebreitet, um das Kleine aufzunehmen. Das Ganze ist so leicht wie möglich gebaut, damit die Mutter es mitnehmen kann, was häufig vorkommt, wie wir gleich sehen werden.

Die Indianerin kommt da nieder, wo sie sich gerade befindet, und das meist mit der größten Leichtigkeit. Mit einem Tonscherben oder mit den Fingernägeln schneidet sie die Nabelschnur durch, notfalls beschleunigt sie die Vernarbung durch Pflaster. Sie wäscht das Neugeborene in dem nächsten Bach und sich selbst dazu. Diese Waschungen werden natürlich mit kaltem Wasser vorgenommen, damit das Kind schon vom ersten Tag seines Erdenlebens an abgehärtet wird. Die Mutter bezeigt ihre Zärtlichkeit, indem sie es nicht in das kalte Wasser taucht, sondern den Mund voll nimmt und den zarten Körper des Kindes besprüht.

Die Deformation des Schädels

Nachdem die Mutter das Kind in das Tuch gewickelt hat, bindet sie es auf dem Brett der Wiege fest und befestigt an seinem Kopf die Brettchen, welche ihn verformen sollen, falls der Brauch es will.

Zu diesem Behuf gibt es mehrere Verfahren: Stirn und Hinterkopf werden mittels Woll- oder Faserschnüren zwischen Brettchen gezwängt, oder der Kopf des auf dem Rücken liegenden Kindes wird am waagrechten Brett der Wiege angebunden. Manchmal genügen auch festgewickelte Bänder, um eine Verformung des Schädels zu bewirken. Um vorübergehende Rückschläge zu vermeiden, zieht die Mutter diese Folterwerkzeuge jeden Tag etwas mehr an bis zu dem Tag, da die vorgesehene Kopfform erreicht ist, im allgemeinen im dritten oder vierten Lebensjahr[12].

Das Eingreifen des Zauberers

Da das Kind als hauptsächlicher Reichtum der Familie angesehen wird, gilt die Frühgeburt stets als Unglück. Ist dergleichen zu befürchten, ruft man zur Verhütung den Zauberer, der eine ziemlich verzwickte Zeremonie vornimmt. Er ergreift die Konopa, wickelt sie aus dem Stoffetzen und legt sie auf den Leib der Frau, dann wählt er zwei oder drei Steine von der Größe einer Hand und reibt sie an einem Stück Silber, das er mit etwas Coca, etwas gelbem Staub aus pulverisiertem Zinnober oder zerriebenen Meermuscheln aus einem Lederbeutel zieht. Er streut den Puder auf die Steine und stellt daneben Meerschweinchen, Gefäße mit Chicha und ein wenig *tejti,* das ist Chicha gemischt mit Mani. Auch ist es notwendig, daß der zur Bereitung der Chicha verwendete Mais von Jungfrauen oder von Frauen, die während der Bearbeitung keusch geblieben und weder Salz noch Pfeffer gegessen haben, vorgekaut wurde.

Der Zauberer legt die Konopa auf ein geeignetes Strohbett und beginnt mit der Befragung des Orakels in Art des «Kopf oder Schrift»-Spiels durch Hochwerfen eines harten Gegenstandes. Zunächst fragt er die Sonne, ob sie unzufrieden sei. Bei negativer Antwort werden bestimmte Huacas befragt. Das Spiel geht bis zu einem positiven Ergebnis weiter. So wird der Verantwortliche des Übelstandes herausgefunden, den es nunmehr durch Anrufungen, wie Opfer- und Sühnehandlungen zu besänftigen gilt. Der Zinnober- oder Muschelstaub wird in alle Winde geblasen. Aus der Lunge eines getöteten Meerschweinchens kann festgestellt werden, ob das Opfer angenommen wurde, ansonsten müssen weitere Tiere geschlachtet werden, bis die Opferschau günstige Ergebnisse erzielt. Dann wird Chicha auf den Boden gestreut und das letzte Tier geopfert[13].

Der Familienvater trägt zum Erfolg dieser Unternehmung durch Fasten bei. Während der ersten Tage nach der Niederkunft muß er an der Seite seiner Frau bleiben oder sich durch einen Familienangehörigen vertreten lassen, um die bösen Geister zu vertreiben[14].

Wenige Tage nach der Geburt gibt man dem Säugling einen vorläufigen Namen, der meist von einem bestimmten Körpermerkmal oder von einem besonderen Umstand abgeleitet wird, zum Beispiel «Dickkopf» oder «feiner Sand», was auf den Geburtsort anspielt. Da der Name nicht endgültig ist, wird er sorglos gewählt.

Scheint der Säugling schwächlich, empfiehlt es sich, ihm die Nabelschnur als Schnuller zu geben, die die vorsorgliche Mutter aufbewahrt hat.

Strenge Vorschriften von der Geburt an

Bis zum Alter von drei Monaten werden die Arme des Kleinen in Windeln gewickelt, um sie zu kräftigen. Die Vorschriften verbieten aufs strengste, daß das Neugeborene in den Arm genommen wird, weil es dies unweigerlich verweichlichen und verwöhnen würde. Will man es forttragen, nimmt man die Wiege mit, weshalb diese so leicht gebaut ist. Nach der Eroberung brachte die Indianerin ihr Kleines zum Gottesdienst in der Wiege mit.

Um ihm die Brust zu geben, beugt die Mutter sich über das Kind; es mehr als dreimal am Tag, morgens, mittags und abends zu säugen, ist verboten. Selbst wenn sie von hoher Abkunft ist, obliegt ihr allein die

Pflege des Kindes, mit Ausnahme von Krankheitsfällen[15]. Das Abstillen geschieht um das zweite Lebensjahr.

Es ist der Wunsch der Staatsführung, den Untertan des Reiches von der Geburt an mit einer strengen, bis ins kleinste durchgearbeiteten Vorschriftenordnung zu erfassen. Doch wird er sich an diese Fessel, die er zeit seines Lebens nicht los wird, ebenso gewöhnen wie an seinen deformierten Schädel und daher nicht mehr darunter leiden.

Um zu vermeiden, daß man das Kind auf den Arm nimmt, wenn die Zeit gekommen ist, um es von der Wiege zu befreien, legen die Eltern es in ein mit Stoffetzen ausgelegtes Erdloch. Beginnt das Kind auf allen vieren umherzukriechen, richtet es sich auf den Knien auf, um an der Brust der Mutter zu saugen, die sich zu ihm hinunterbeugt.

Erste feierliche Handlung: Beschneidung von Haar und Nägeln

Wenn es eine bestimmte Altersgrenze erreicht hat, die je nach der Gegend zwischen fünf und zwölf Jahren liegt, wird das Kind zum erstenmal der Gegenstand einer feierlichen Zeremonie. Die Familie versammelt sich und wählt den Paten, der die erste Beschneidung von Haar und Nägeln vornimmt. Er beginnt die Handlung mit einem Feuerstein und gibt das Schneidewerkzeug den anderen Familienangehörigen weiter, die mit dem Schneiden fortfahren. Haare und Nägel werden sorgfältig aufbewahrt, damit nicht ein Dritter sich ihrer bemächtige und damit Einfluß über das Kind gewinne. Hernach bekommt es seine ersten Geschenke und den endgültigen Namen.

Dieser Name umfaßt zwei Teile: der eine bezeichnet die Einverleibung in seine Sippe – Ayllu – und entspricht im allgemeinen der eigentlichen Huaka des Ayllu, der andere meint das Wesen selbst und betrifft einen bestimmten Umstand. Pater Arriaga zitiert zum Beispiel den Namen Paucar Libiac; das erste Wort bezeichnet die Huaka, das zweite bezieht sich auf den Blitz, weil das Kind sich einmal in der Nähe eines Einschlages befand, ohne selbst getroffen zu werden[16]. Der Chronist fügt hinzu: «Es gibt kein noch so kleines Kind, das nicht den Namen der Huaka seiner Sippe kennt[17].» In manchen Gegenden werden die abgeschnittenen Haare in die Huaka getragen und dort aufgehängt[18].

Das Fest endet wie gewöhnlich mit Tanz, Gesang und Trunk. Die Feier geht auf einen alten Ursprung zurück und hat eine tiefe Bedeutung. Denn von diesem Augenblick an muß das Kind sich seiner Solidarität mit der Gruppengemeinschaft bewußt sein und alle dem Ayllu zugefügten Kränkungen persönlich auffassen. Bei seinem Tode wird es an der Stelle beigesetzt, wo seine Ahnen ruhen.

Es ist aber seiner Kindespflichten keineswegs enthoben. Seinem Vater schuldet es unbedingten Gehorsam, wie dieser ihn dem Staat gegenüber schuldet.

Für einen Knaben besteht die erste Aufgabe im Verjagen der Vögel aus den Maisfeldern, was ihm gestattet, sich im Gebrauch der Schleuder zu üben;

dann muß er die Lamas führen, die seine besten Freunde sind und von ihm zärtlich geliebt werden. Das Mädchen hilft im Haus, lernt nähen und spinnen.

Zweite Feierlichkeit bei der Geschlechtsreife

Ein zweites Fest versammelt die Familie von neuem, wenn das Kind je nach Heimatbrauch das Alter von zwölf, dreizehn oder vierzehn Jahren erreicht hat.

Die Alten peitschen die Beine des Jünglings und rufen ihm seine Pflichten gegen seine Eltern und seine Vorgesetzten ins Gedächtnis, dann übergeben sie ihm eine Art Schurz – *huara*–[19].

Auch das Mädchen wird der Gegenstand einer Feier, wenn die Menstruation eintritt, doch mag sein Schicksal anders verlaufen, wenn die Gesandten des Inka auf es aufmerksam werden und es in eines der «Häuser der Erwählten» aufnehmen, die wir bereits kennen[20].

Als Vorbereitung zu dieser Feierlichkeit fastet das Mädchen achtundvierzig Stunden. Am dritten Tag nimmt es ein wenig rohen Mais zu sich, wäscht sich am vierten, empfängt neue Kleider und flicht das Haar zu Zöpfen. Dann wird ihm der endgültige Frauenname gegeben.

Die Nutzehe

Wir kommen zum heiratsfähigen Alter. Zwang zur Einehe besteht nicht, doch trifft sie praktisch für die Masse zu, da der Indianer nur Land zur Ernährung von zwei Personen bekommt und infolgedessen eine zweite Frau nur unterhalten kann, wenn er eine weitere

Landzuteilung erhält. Zwischen der Frau und den anderen Gütern, die den Familienbesitz ausmachen, besteht vollkommene Übereinstimmung: Für alle Untertanen des Reiches gibt es ein Existenzminimum, das die unbedingten Notwendigkeiten deckt. Alles, was darüber hinausgeht, wird als Luxus angesehen und nur für besondere Verdienste gewährt.

Bestand nicht auch die Gefahr, daß durch die Vielweiberei eines Teiles der Bevölkerung ein Überschuß an Männern entstand, zumal die Sonnenjungfrauen recht zahlreich gewesen sein müssen? Es ist im Gegenteil wahrscheinlich, daß auf diese Weise das Gleichgewicht zwischen den Geschlechtern hergestellt wurde, denn es fehlte gerade an Männern infolge der unaufhörlichen Kriege, von denen einige, wie zum Beispiel die in Ecuador gegen die Cara geführten Fehden, lang und blutig gewesen sind.

In vorkolumbischer Zeit ähnelt die Ehe stark dem, was sie heute in den Anden noch ist: eine ökonomische Einrichtung oder, noch genauer, eine nutzbedingte Paarung[21]. Ein moderner Rechtsgelehrter gibt dafür folgende Formulierung: Vereinbarung zur Zeugung und gegenseitigen Hilfe, deren Dauer von Lust und gegenseitiger Zuneigung abhängt[22].

Die Versuchsehe

Die auf diesem Gebiet maßgebende Gewohnheit hat auf dem Andenhochland seit Urzeiten die Versuchszeit oder die Probeehe – *servinacuay* – eingeführt, das heißt das gemeinsame Leben der Brautleute, welches je nach der Gegend von einigen Tagen bis zu zwei Jahren dauern kann. Darüber verständigen sich die Eltern. Diese Probezeit erlaubt dem jungen Mann, sich von den Fähigkeiten seiner etwaigen Zukünftigen, die für ihn kochen, nähen und ihm bei seiner Feldarbeit helfen soll, einen Begriff zu machen. Außerdem gibt sie in zweiter Linie der jungen Frau die Möglichkeit, den Charakter ihres Bewerbers kennenzulernen und auf diese Weise zu vermeiden, daß sie ihr Leben an das eines Trunkenbolds oder Rohlings kettet[23].

Wenn die Eheanwärter einander nicht verstehen, kehrt die junge Frau zu ihren Eltern heim und erleidet dadurch keinerlei moralische Einbuße. Wurde ein Kind aus dieser vorübergehenden Verbindung geboren, verbleibt es bei der Mutter. Dadurch erleidet der Vater einen nicht unbeträchtlichen Verlust, weil er damit eine wertvolle Hilfskraft hergeben muß.

Wir dürfen nicht übersehen, daß der Servinacuay in keiner Weise eine wilde Ehe darstellt und in dieser Form auch nur in einem System der «Wirtschaftsehe» vorkommen kann. Zu einer Probeehe aufgefordert worden zu sein, ist und bleibt für das junge Mädchen ehrenvoll. Jungfräulichkeit stand bei den Indianern der Pazifikstaaten nicht hoch im Kurs und tut dies auch heute noch nicht. Die junge Frau, die zu Männern Beziehungen unterhalten hat, beweist damit lediglich ihre Anziehungskraft und gewinnt dadurch nur an Ansehen[24]. Pater Cobo setzt auseinander, daß «Jungfräulichkeit als Makel angesehen wurde, denn der Indianer behauptete, Jungfrau bleibe nur, wer es nicht fertigbringe, von irgend jemand geliebt zu werden»[25].

Zur Zeit der Eroberung führen die Chronisten manch charakteristischen Fall an: Ein Indianer widersetzt sich der Ehe seiner Schwester mit einem ehrenwerten Anwärter mit der Begründung, das junge Paar habe noch keinen Geschlechtsverkehr miteinander gehabt; ein Ehemann wirft seiner Frau im Streit vor, sie habe vor der Ehe keine Liebhaber gehabt[26].

Zur Inkazeit trat der Indianer bei der Verheiratung aus der Obhut seiner Eltern und empfing ein Stück Land und ein eigenes Haus.

War die Ehe pflichtmäßig bedingt?

Die Hochzeitsfeier hatte nicht den weihevollen Anstrich, den sie unter der spanischen Besetzung bekam, sie war ein reiner Verwaltungsakt ohne jegliche religiöse Weihe. Ein Inspektor als Vertreter des obersten Inka kam an einem bestimmten Tag in die Ortschaft, ließ Jungmänner und Jungmädchen in zwei Gliedern gegenüber Aufstellung nehmen und fragte, wer von ihnen zur Heirat bereit sei und ob eine Probeehe stattgefunden habe. Im allgemeinen war die Angelegenheit bereits beschlossen, die Eltern hatten die Hochzeit schon vorher anberaumt, oder das junge Mädchen hatte sie von seinen Beziehungen zu jungen Männern und gegenseitigen Abmachungen in Kenntnis gesetzt.

So blieben also nur die jungen Männer übrig, die noch keine Braut hatten. Daher forderte der Inspektor sie nacheinander auf, ein junges Mädchen zu wählen, und begann damit bei dem Höchstgestellten der Verwaltungsordnung. Zögerten sie, wies der Inspektor ihnen einen Ehepartner zu[27].

Das Zölibat war nicht gestattet. Die Bevölkerung war Träger wirtschaftlichen Reichtums und militärischer Macht; niemand durfte sich seiner Verpflichtung als Lieferant von Arbeitskräften und Soldaten entziehen. Das Reich war eine Menschenfabrik.

War die offizielle Feier vorüber, begab der junge Mann sich zu den Eltern des jungen Mädchens, um sie von dem Ergebnis in Kenntnis zu setzen. Alles weitere hing von den Ortsbräuchen ab. Nicht selten schob der Ehemann feierlich eine Sandale an den rechten Fuß seiner neugebackenen Gattin, wie es symbolisch auch der Inka tat; dann reichte er seinen Schwiegereltern Geschenke, ein Überbleibsel der alten Kaufehe[28].

Zeremonien aus alter Zeit finden wir heute noch mehr oder weniger entstellt wieder. So zündet man bei den Einwohnern von Pacasmayo ein Feuer an, auf das man einen Topf mit Mais und Fett stellt, dann ergreift der Pate folgendermaßen das Wort: «Ihr seid verheiratet, ihr müßt zusammen arbeiten, wie ihr zusammen gekocht habt, und ihr werdet beide verliebt sein, denn es ist nicht gut, daß der eine abkühlt, solange der andere vor Leidenschaft brennt[29].»

Im allgemeinen hatten die Alten die Aufgabe, den Neuvermählten ihre Pflichten vorzuhalten, und die Familien tauschten Geschenke aus. Natürlich wurde dabei mächtig gefeiert und Chicha genossen.

Die dergestalt verehelichte Frau galt als rechtmäßige Gattin, die Heirat wurde als endgültig angesehen. Daß eine Frau verstoßen wurde, kam nur bei den Konkubinen vor. Ehebruch und Schändung wurden mit dem Tode bestraft, doch fiel die Strafe bei dem zweiten Vergehen geringer aus, wenn das Opfer einen Ehemann fand. Dann stand nämlich das Allgemeinwohl nicht mehr auf dem Spiel; das war die Hauptsache, da ja daraus kein zölibatsähnlicher Zustand entstand, was den Staat hätte belasten können.

Werfen wir einen Blick in die Hütte des Indianers

Betreten wir nun das Innere einer indianischen Behausung, «die wir Hütte oder Strohhütte nennen müssen und nicht Haus», erzählt uns Pater Cobo[30]. Um unter dem Sturz hindurchzugehen, müssen wir uns bücken, nicht selten heißt es, auf allen vieren hineinzukriechen, was den spanischen Missionaren wenig zusagte.

Zunächst können wir wegen der Dunkelheit, die innen herrscht, nichts erkennen, da die Öffnung, durch die wir hereingeschlüpft sind, der einzige Licht- und Luftspender ist. Ein scharfer widerlicher Geruch von Strohmist und Urin schnürt uns die Kehle zu. Die Wände sind mit einer Kruste aus Staub und Schweiß bedeckt. Als die Spanier die Indianer, die sich taub stellten, aus ihren Behausungen aufscheuchen wollten, schlugen sie mit Stöcken auf die Dächer ein. Da fiel solch eine Ladung Dreck auf die Insassen herunter, daß niemand drinnen zu bleiben wagte[31].

Für die Nachtruhe zog der Indianer einfach seine Yacolla, die Indianerin ihre Lliclla aus, beide legten sich auf den Boden oder auf ein Fell, wie wir es schon beschrieben haben: «Auf diese Weise brauchen sie sich morgens nicht anzuziehen», bemerkt Pater Cobo humorvoll und fügt hinzu: «Ihre Kleider sind stets flekkig, denn sie haben weder Handtücher noch Taschentücher.»

Zweimal am Tag wurde gegessen, morgens und bei Sonnenuntergang. Die Mahlzeiten wurden auf dem Familienherd aus Ton bereitet, die irdenen Kochtöpfe auf seinem oberen, durchlöcherten Teil aufgestellt. Das Reiben zweier Stäbe aneinander entfachte das Feuer aus Holz oder zumeist aus Lamamist, der als Brennstoff diente.

Die Tonplatten wurden auf den Boden oder wie bei einem Picknick auf eine Decke gestellt. Jedermann kauerte sich hin, nahm einen Löffel und einen halben Flaschenkürbis, der als Eßgefäß diente. Mann und Frau setzten sich Rücken an Rücken nieder. Die Gerichte waren oft schlecht gekocht und wenig verlockend, dafür würzte man sie unmäßig mit Salz und Pfeffer.

Wenn die Frau aus demselben Napf aß wie der Mann, war er beleidigt, doch steckten die Meerschweinchen und Hunde gern ihre Schnauze in sein Essen: vorwitzige Gesellen, die abwechslungsweise verwöhnt und verwarnt wurden.

Aus dem Holzbecher trank niemand, bevor er nicht aufgegessen hatte. In manchen Provinzen gebrauchten die kultiviertesten Indianer zum Trinken eine *pakcha*. Dies war ein zweifüßiges Holzinstrument und bestand aus einer Tasse mit einem Henkel auf der einen und einem langen, schlangenförmigen Schnabel auf der anderen Seite, damit die Flüssigkeit durch einen dünnen Kanal langsam in den Mund läuft[32]. Auf diese

Weise wird die Chicha, in kleinen Schlückchen genossen, zu einem göttlichen Getränk!

Zu Hause aßen die Indianer wenig. Nahmen sie aber an einem Festessen teil, überluden sie sich wie alle Unterernährten den Magen. Daraus schlossen die katholischen Missionare, daß ihre sonstige Mäßigkeit eine Folge der Armut und nicht der Enthaltsamkeit war. Einer von ihnen empört sich bei der Feststellung, daß seine Gemeindemitglieder sich bei jeder Gelegenheit «wie die Wölfe den Wanst vollschlagen und sich besaufen, bis sie umfallen»[33].

Der zweite Raum der Hütte, wenn es ihn überhaupt gab, hatte eine Tür zum Hauptraum und enthielt Wasserkrüge und Töpfe, in denen die Lebensmittel aufbewahrt wurden. Dort drängten sich die Meerschweinchen, deren Mist den Boden bedeckte, und stanken mörderisch. Es wimmelte von Flöhen und Zecken, die Kleider und Körper verpesteten. Diese Tierchen und dazu die üblichen Läuse bewirkten, daß die Bewohner sich dauernd kratzten[34].

Vergessen wir nicht zwei wichtige Hausgenossen, die diesem wenig ansprechenden Familienbild eine Note von Eleganz und Adel verliehen: die beiden Lamas, die im Gemeindepferch standen. «Das einzige Tier» – sagt so hübsch Flora Tristan –, «das sich als Haustier nicht erniedrigt hat, denn es macht sich nur nützlich, wenn man es bittet, und nicht, wenn man es kommandiert[35].»

Sicherlich ist das eben gezeichnete Bild reichlich düster. Allerdings ändert es sich, sowie wir auf der Stufenleiter der Gesellschaftsordnung emporsteigen.

Schon die unteren Häuptlinge hatten weiträumige und saubere Häuser. Außerdem gilt unsere Beschreibung nur für die Zeit der Inka und den Beginn der Kolonialperiode. Dank des Fortschritts der Hygiene hat sie heute keine Gültigkeit mehr, vielleicht mit Ausnahme gewisser entlegener Gegenden. Dennoch hat die indianische Hütte oftmals ihr erbärmliches Aussehen bewahrt, und der Indianer genießt deshalb keine Bequemlichkeit, weil er sich im allgemeinen nichts daraus macht.

Das harte Los der Frau

Im Hausstand der vorkolumbischen Epoche war die Frau weniger angesehen als der Mann. «Sie war eben ein Ding» – schreibt ein Chronist – «und wurde dementsprechend behandelt.» Eine richtige Beobachtung, denn sie gehörte zum Besitz und wurde mit dem Erbe weitergegeben. Dem Manne völlig untertänig, war sie von Pflichten geradezu erdrückt: Brennholz sammeln, Kräuter und Früchte pflücken, Essen kochen, Pflege der Kinder und Haustiere, Besorgung des Gemüsegartens, Spinnen und Weben der Kleider, Hausandachten, Mithelfen bei der Feldbestellung und von Zeit zu Zeit Warentausch auf benachbarten Märkten.

Das kleine Kind, das zwar die Wiege schon verlassen hatte, aber noch nicht laufen konnte, nahm sie in der Falte ihres Umhangs auf dem Rücken mit, wie sie es heute noch tut – ein reizendes Bild, wenn das Köpfchen mit den wachen Augen neugierig den Fremden beäugt und sich dabei unter den Haaren der Mutter versteckt. Wenn aber die Reise mehr als einen halben Tag dauerte, führte sie auch noch die Nahrung für die Familie mit, die Chichaflasche, die Kürbisflaschen, die Stäbchen zum Feuermachen. Gelang es ihr, die Hände frei zu behalten, spann sie im Gehen oder kaute Mais, um ihre Zeit auszunutzen. Und wenn sie erschöpft auf der Schwelle der Hütte niedersank, entlauste sie ihre Kinder, wobei sie das Getier zwischen den Zähnen zerdrückte oder das Köpfchen mit einem Aufguß von *cebadilla* einrieb[36].

Unter diesen Umständen blieb der Frau kaum Zeit für sich selbst. Als junges Mädchen und kurz nach der Ehe bewahrte sie vielleicht noch ein wenig Koketterie: sie wusch ihre Kleider und reinigte sie durch Reiben mit den stachligen Blättern der Cabuya, was den Nachteil mit sich brachte, daß sie eingingen; um ihren Mantel zu schließen, wählte sie eine Nadel mit einem großen, geraden und glattpolierten Kopf; sie frisierte sich mit einem Kamm aus Kaktusspitzen und einem Spiegel aus Obsidian; sie entfettete ihre Haare mit ihrem Urin und rupfte sich die grauen Haare aus durch eine Behandlung mit Asche, gemischt mit heißem Urin.

Wenn sie aber älter wurde und der Last ihrer häuslichen Pflichten erlag, vernachlässigte sie sich, wusch sich selten und hielt ihre Kleider, anstatt sie zu flicken, nur noch mit Nadeln zusammen, von denen immer eine ganze Anzahl auf ihrer Brust stak. Im allgemeinen war sie «so schmutzig und zerzaust, daß sie Mitleid erregte», so verbraucht vom Leben, daß sie im Alter von dreißig wie fünfzig aussah[37].

Der Mann wusch sich kaum öfter als die Frau; er kämmte seine Haare, die er je nach Brauch kurz oder lang trug – kurz bei den Cuzcoleuten, lang bei den Colla und den Rucana. Bart hatte er keinen. Die Indianer und selbst der Herrscher Atahualpa nannten die Spanier verächtlich die «Bärtigen», wogegen die Chronisten mit der Behauptung Einspruch erheben, daß der Bart ein Zeichen «von Kühnheit, Ausdauer und Weisheit» sei[38].

Wir wissen, daß die Zähne des Indianers von Natur schön sind. Um das Zahnfleisch rot zu machen, wurde, zumal bei den Frauen, ein besonderes Verfahren angewandt. Kochendheiße Kräuter wurden auf die Schleimhäute gelegt, die sich so entzündeten, daß die Betreffende tagelang nur flüssige Nahrung zu sich nehmen konnte. Waren die Tage der selbsterwählten Tortur jedoch um, löste die tote Haut sich ab, und das Zahnfleisch schimmerte leuchtend rot.

Viele Feste

Gab es auch während der Tagesarbeit wenig Freizeit, so waren die Festtage recht zahlreich: jeden Monat wurden drei abgehalten, aber viele andere gesellten sich zu ihnen und dauerten mitunter sehr lange, so daß ein Forscher die erkleckliche Zahl von einhundertachtundfünfzig Festtagen im Jahr gezählt hat[39]. Immerhin waren gewisse Feste nur für die Oberschicht gedacht. Einige davon haben wir bereits beschrieben. Nun wollen wir noch andere erwähnen, bei denen die Masse der Bevölkerung sich zusammenfand.

Während des zweiten Monats im Jahr – das zur Wintersonnenwende begann – das heißt ungefähr gegen Ende Januar und in der größeren Hälfte des Februar, begaben die Langohren sich zu den Wasserbehältern in der Oberstadt Cuzcos, warfen die Asche der im abgelaufenen Jahr dargebrachten Opfer ins Wasser, zogen die Schutzbretter aus den Schleusen, damit die beiden Flüßchen der Hauptstadt, Huatanay und Tulumayu, dazu der Urubamba, in den alle Wasserläufe des Tales mündeten, diese wenig anziehenden Opfergaben mitnehmen konnten. Sodann wurden Indianer an allen Biegungen dieses letztgenannten Flusses bis nach Ollantaytambo aufgestellt, um sicherzugehen, daß die Asche von der Strömung mitgenommen wurde.

Im fünften Monat wurde das Fest des Maises gefeiert. Singend bewachten die Indianer eine kleine, auf einen Umhang gelegte Menge Maiskörner drei Nächte hintereinander, während ein Zauberer seine Gebetsformeln sprach.

Im sechsten Monat fand mit großem Gepränge das Sonnenfest statt.

Der siebente Monat wurde besonders von den Frauen verehrt, weil es der Monat der Herrscherin war. In diese Zeit fiel das bereits beschriebene Fest Situa.

Bei allen Zeremonien waren Festessen Ehrensache: Die Geladenen brachten ihre Gerichte mit, stellten sie auf den Boden und kauerten sich in zwei parallelen Reihen darum. Die Hurin und die Hanan saßen im allgemeinen einander gegenüber.

Der Statthalter der Provinz, der Curaca oder ein anderer hoher Beamter, führte in einem Sessel an einem Ende der beiden Reihen den Vorsitz. Dann folgten Gesang, Tanz und die Vorträge der Sprecher. Die Geladenen forderten sich gegenseitig zum Trinken auf, wie wir es beim Inka am Sonnenfest gesehen haben.

Man darf nicht glauben, daß der im allgemeinen schweigsame Indianer in Gesellschaft Zurückhaltung bewahre und mit Wort und Gebärde geize. Er liebte im Gegenteil sich hochtrabend auszudrücken, hatte keine Angst vor Übertreibungen und begleitete seine Rede mit passendem Mienenspiel. Wenn man dem Bericht des Bruders Domingo de Santo Tomas Glauben schenken darf, verliehen Augen und Hände seinen Gefühlen fast mehr Ausdruck als sein Mund. Nur seine Zwischenrufe schmolzen auf den Lippen, namentlich sein *«gua!»,* das der Bewohner von Lima bewahrt hat und noch heute gebraucht[40].

Mehrere Volkstänze haben sich erhalten

Die Volkstänze erforderten nicht selten besondere Gewänder, mitunter mußten die Ausführenden sich sogar das Gesicht anmalen oder Masken tragen. An der Küste kamen als Verzierung gewisse Bewegungen mit einem Federfächer dazu. Manche Tänze, die Sprünge einschlossen, wurden nur von Männern ausgeführt. Auch gab es solche, denen ein religiöser Gedanke zugrunde lag, aber die Mehrzahl bezog ihre Anregungen aus den Obliegenheiten des Alltags, was natürlich ist, da sie als Ergänzung der getanen und als Anreiz zur kommenden Arbeit gedacht waren. Wie wir es bei der

Elite schon beobachtet haben, nahmen sie nach und nach das Merkmal von feststehenden Figuren oder gemimten Parodien an, in denen fast schattenhaft geschichtliche Erinnerungen oder Gefühlsregungen wie Kummer, Spott oder Hoffnung zu spüren waren.

Die Tänze, die wir jetzt beschreiben wollen, werden noch heute aufgeführt[41]. Bei dem langsam-feierlichen Tanz der Lamahirten werden zu den weichen Klängen der Flöten die Tiere umkreist, die, geschmückt mit Glöckchen und Ringen und bedeckt mit Geweben aus ihrer eigenen Wolle, gleichgültig wie Götter dastehen.

Der Tanz der *puli-puli* ruft Jagd und Fang der Vögel wach, die diesen Namen tragen; die Teilnehmer müssen mit Federn geschmückt sein. Gleichermaßen müssen die Darsteller des *pariane*-Reihertanzes sich mit den roten Federn dieser Vögel verkleiden. Dieser Tanz begleitete einst eine der wichtigsten Zeremonien des Jahres: die Kanalübergabe an das Haupt des Ayllu. Wie den meisten dieser Tänze wohnte ihm ein mythologischer Sinn inne, da er der Wassergottheit geweiht war.

Um den *chaco* zu tanzen, bilden die Paare einen Kreis um die Musikanten, wie sie es bei der Jagd des Herrscherhauses um die Tiere tun, die Männer mit Schleudern, die Frauen mit Stecken bewaffnet.

Beim Tanz der Feldbestellung trägt ein jeder einen Trittspaten, und beim Kriegertanz wird ein Scheinkampf aufgeführt.

Die Bedeutung des Kartoffeltanzes ist mimisch klar, da die Frauen dabei ihre Umhänge mit beiden Händen schütteln, als ob sie Saatkartoffeln auf der Scholle verteilten.

Schließlich wäre die *huaïllia,* der berühmteste aller Bauerntänze, zu nennen: Die Schritte sind klein und hastig bis zur Raserei und vermitteln den Eindruck, als wollten die Füße das Erdreich nach dem Säen festtrampeln.

Einige Spiele

Neben den Tänzen boten die Festtage gleichermaßen Zeit für die Veranstaltung verschiedener Spiele, die sich in drei große Gruppen unterteilen lassen.

1. Für Kinderspiele blieb kaum viel Zeit, weil Kinder schon seit dem zartesten Alter zu Hause mit tätig sein mußten. Für altersgemäße spielerische Betätigung kamen also nur die Festtage in Frage, während die Eltern tanzten und tranken. Im übrigen sind hier die Auskünfte der Chronisten unergiebig. Poma de Ayala stellt den Kreisel als uralt hin; wir wissen nicht, ob Ballspiele üblich waren; es ist uns nicht einmal bekannt, ob die kleinen Mädchen Puppen verfertigten, wie sie es auf der ganzen Welt tun. Menschenähnliche Puppen aus Flicken und Stoffresten sind oftmals in Grabstätten zutage getreten, doch könnte es sich eher um Amulette als um Spielzeug gehandelt haben.

2. Bewegungsspiele führten Erwachsene in vielfältiger Weise aus. So kannte man Laufen, Springen, Ringen, Ayllo-Werfen und die Abhaltung von Scheinkämpfen.

3. An Glücksspielen gab es etliche. Für ein Würfelspiel zählten die Seiten des Würfels aus Holz oder Knochen 1, 2, 3, 4, 5 und 20 Augen.

Beim *wayru* rückte der Spieler je nach Punktzahl mit Kieselsteinen oder Bohnen in den Löchern einer Steinplatte vor.

Wie Pater P. J. de Arriaga ausführt, hatte dieses Spiel rituelle Bedeutung, doch mag dies ebensogut nicht zutreffen. Es verdankt nämlich seinen Namen einer Konkubine des Inka Tupac Yupanqui, die in dem Landhaus von Yucay eines Tages an einer Partie teilnahm, der auch der Herrscher beiwohnte. Er gewann haushoch, schrieb sein Glück ihrer bezaubernden Gegenwart zu, schenkte der jungen Frau das Kleinod, welches der Einsatz des Spieles war, und entschied, das Spiel solle hinfort den Namen derjenigen tragen, die die Spielrunde so geschickt zu leiten verstand.

Bei der *chuncara* gab es fünf Löcher im Wert von zehn bis fünfzig; wer diese Ziffer zuerst erreichte, hatte gewonnen. Wir kennen die Einzelheiten dieses Würfelspieles nicht, bei dem man Bohnen verschiedener Farben gebrauchte; zweifellos gab man ihnen verschiedene Werte.

Man sagt, die *apaytalla* sei von der Frau des Inka Pachacutec erfunden worden: der stehende Spieler läßt aus einer Schote runde Bohnenkerne herausspringen; wessen Bohne am weitesten fliegt und beim Auffallen den größten Lärm verursacht, ist Sieger. Wahrscheinlich ist dieses Spiel bei den Chimu zu Hause, denn sicherlich handelt es sich bei den Vasenbildern um die Darstellung dieses Zeitvertreibs, obwohl es nicht feststeht, ob die Zeichnungen nicht auch Schriftzeichen bedeuten, wie manche behaupten.

4. Ein rituelles Spiel bestand im Peitschen der Beine mit Stricken. «Die peruanischen Eingeborenen haben eine Vorliebe für Selbstgeißelungen», stellte ein Fachmann fest[42]. Bei der Beschreibung der Beisetzungsfeierlichkeiten werden wir noch auf ein charakteristisches rituelles Spiel zu sprechen kommen.

Die Beisetzung

Die Beisetzungsbräuche richten sich nach Gewohnheit und Brauch. In den mittleren Gebieten des Reiches wurde der Leichnam angekleidet und während der ersten Nacht von Familie und Freunden bewacht. Die Frauen schnitten sich die Haare ab, warfen ihren Mantel über den Kopf, weinten und jammerten, wobei sie das Lob des Verblichenen sangen. Den Geladenen wurde Speise und Trank gereicht. Dann erhoben sich Trauergesänge, die Tänze ablösten – religiöse Tänze höchstwahrscheinlich, die mitunter bald in ein gewöhnliches Tanzvergnügen ausarteten. Dies ist noch heute in vielen indianischen Ortschaften der Fall, wo der Totentanz erst an der Grabstelle des Friedhofs zu Ende geht[43].

Unterdessen wurden einige persönliche Andenken des Verstorbenen verteilt, die ihm nicht ins Grab folgen sollten. Das Würfelspiel, dem man sich nun hingab, nahm magische Bedeutung an: der Tod selbst bestimmte die Begünstigten und schenkte ihnen ihre Glückswürfe.

Der Leichnam wurde im allgemeinen in die Stellung des Embryos gebracht – der Kreis des irdischen Daseins war geschlossen, der Mensch endete da, wo er begonnen hatte. Man wickelte ihn in seine Kleider. An der Küste war auch Urnenbestattung gebräuchlich. In Jauja diente ein Lammfell als Hülle, das die Gestalt des Toten annahm und auf das ein derbes Gesicht aufgemalt wurde[44]. Der Beigesetzte steckte schließlich in einem richtigen Mumienpaket.

Die Gräber waren je nach den Gegenden sehr verschieden. Auf dem Hochland wurden sie häufig in den Felsen gehauen, dann teilten sich mehrere Leichname in eine Kammer. In Collao errichtete man Mausoleen, deren Türen der aufgehenden Sonne entgegenblickten. Ihre heutigen Ruinen gleichen viereckigen Türmen wie zum Beispiel bei Acora, oder runden wie bei Sillustani[45]. In Paracas an der Küste hatte das Grab die eigenartige Form einer dickbauchigen Flasche mit senkrechtem Hals, der die Erde mit einer Öffnung berührte, das Ganze umgeben von einer kleinen Rundmauer.

Zaubergegenstände, Talismane, Handwerkszeug, Mais und ein Gefäß mit Chicha wurden mit dem Toten begraben.

Nach dem Begräbnis nahmen die Hinterbliebenen eine gemeinsame Mahlzeit ein, hernach badeten sie. Einige Tage später versammelten sie sich von neuem und brachten dem Toten Gerichte dar.

Freilich fanden die Grabfeiern in ungezählten Abwandlungen statt, doch begegnen wir bei jeder Totenklage Gesang, Leichenschmaus und Trinkgelage.

Die erbmäßige Weitergabe der Güter

Wie es ein kundiger Soziologe ausgedrückt hat, war die Nachfolge der Inka eine Sache des öffentlichen Rechts; die des Indianers aus dem Volk gehörte jedoch dem Privatrecht an[46].

Im letzten wie in manch anderem Fall, über den wir gelesen haben, waltete die Tradition mit der gleichen Strenge wie das Gesetz. Davon ausgenommen waren die vom Inka empfangenen Geschenke, die einer besonderen Rückgabevorschrift unterlagen. Aber hiervon haben wir bereits gesprochen.

Die Erbschaft bezog sich im allgemeinen nur auf sehr kleine Vermögen, da das Recht des Privatbesitzes beschränkt war. In manchen Gegenden bestand wohl eine gewisse Verfügungsfreiheit, wie bei den Chincha, wo der Vater den Erben unter seinen Söhnen oder im Notfall unter seinen Verwandten oder Freunden auswählte[47]. Das alte Matriarchat kam dort wieder zu Ehren, wo mütterlicherseits der Bruder oder Sohn einer Schwester erbte oder wo, was selten vorkam, die Nachfolge der Frau angebracht schien[48].

Das zwangsläufig mündlich abgefaßte Testament bestand aus Erklärungen, die vor Zeugen ausgesprochen wurden.

Unter den Familienpflichten wären Kindererziehung und Unterstützung der nächsten Verwandten zu nennen.

Nach dem Tode

Der Tod bedeutete nicht das Ende des irdischen Daseins. Das Fortleben des Verstorbenen im Unsichtbaren war geglaubte Wirklichkeit. In der irdischen Umgebung weilte nach wie vor eine Art «Doppelgänger», Gedanken und Wünsche der Verblichenen blieben gegenwärtig. Daher erfreute sich auch der Ahnenkult großen Ansehens.

«Nach Aussage der Huaka waren die *malqui* tiefster Verehrung und Anbetung würdig», schreibt P. de Villagomez[49]. Diesen Namen gab man den Ahnengräbern. Man brachte ihnen Landeserzeugnisse dar, man schmückte ihr Grab mit Geweben und Federn, man stellte ihnen Werkzeug zur Verfügung, damit ihr zweites Leben unter den bestmöglichen Voraussetzungen ablaufen sollte.

Wir müssen uns klarmachen, daß der Doppelgänger mit dem irdischen Leib, dem er entsprungen, eng verknüpft blieb. Wie gesagt, der Leichnam lebte weiter. Damit dies aber möglich war, mußte er in heilem Zustand bewahrt werden. Das war der tiefere Grund für die Mumifizierung der Leiche, das war auch der Anlaß, warum der Indianer sich besonders vor der Verbrennung fürchtete. Atahualpa willigte in die Bekehrung zum Katholizismus – den er verabscheute – nur ein, weil man ihm versprach, daß er nicht verbrannt würde. Auf diese Weise entging er dem leiblichen Vergehen und sicherte sich so ein Weiterleben.

3. Das Wirtschaftsleben: Ackerbau und Fischerei

Der Anbaukalender

Der Indianer war vor allem Ackerbauer; im Sinne der Anbauzeiten wurde der Kalender von Ernte und Verbrauch folgendermaßen ermittelt[1]:

Der erste Monat des Jahres, stets vom 21. Dezember an gerechnet, stand im Zeichen des Mondes, auf dessen Bedeutung wir bereits hingewiesen haben. Der Monat selbst hieß auf Quechua «Mond» – *quilla*. Der Indianer häufelte Kartoffeln, Mais, Oca und säuberte die Felder; vielleicht ging er auch fischen oder half den Kindern, die mit ihren Schleudern die Tiere aus den Feldern scheuchten; auch seine Frau tat mit und schlug ihr Tamburin.

Da es in dieser Jahreszeit häufig regnet, war die Familie längere Zeit an ihre Hütte gefesselt. Dann beschäftigte sie sich mit Nähen und Flicken der Kleider, reinigte sich durch Gebet, durch Buße und Opfer[2]. Es war eine Zeit der Sammlung und Vorbereitung. Die Ernährung bestand aus Vorräten wie Mais, Frühkartoffeln, Kräutern, Früchten und, wenn vorhanden, aus Fischen; dies alles war in irdenen Töpfen und Krügen aufbewahrt.

Der zweite Monat des Jahres, annähernd unser Februar, war der Monat der Hoffnung, denn die Ernte stand bevor. Auf den regennassen Feldern fiel die Bereitung leicht. Ein jeder tat sein Bestes, die Anbaufläche mit Hilfe seines Nachbarn zu erweitern; Wege und Kanäle wurden instand gesetzt.

Der dritte Monat war der Mond der Reife: der Mais durchbrach die Krume, und die Kinder hatten alle Hände voll zu tun, um die Früchte des Feldes gegen die Vögel zu verteidigen. An der Küste war jetzt der Fischfang in vollem Gange, der Trockenfisch gelangte auf dem Wege des Austausches bis hinauf in die entlegensten Winkel der Sierra.

April, der vierte Monat, brachte Überfluß an Blumen und Früchten, eine Huldigung für den Souverän war fällig; daher war dies sein Festmonat.

Mai, der fünfte Monat, wurde mit Recht als der wichtigste im ganzen Jahr betrachtet. Nun erntete die Familie ihren Mais, zog die Blätter ab, entkernte die Kolben. Wenn sie umsichtig war, sonderte sie jetzt die Saatkerne ab. Der zarte Mais mundete, war aber zur Bereitung der Chicha nicht geeignet; außerdem hieß es jetzt Kräuter sammeln und trocknen, vielleicht auch den Charqui – das Trockenfleisch – aufhängen; der Mai war der Monat der Jagd.

Im Juni kamen Kartoffeln und Oca an die Reihe; in diesem Monat wurden sie aus der Erde geholt und in Chuño verwandelt[3]. Zwischenhinein mußte man den Quinua pflücken, die Hütte in Ordnung, Wege und Kanäle sauber halten. Beamte machten ihre Inspektionsreisen durch das Land, gaben acht, daß jede

DIE ZWÖLF MONATE
MIT DARSTELLUNGEN AUS DEM
BÄUERLICHEN JAHRESLAUF

TRAVAXO

TRAVAXO

TRAVAXOS

TRAVAXA

TRAVAXA

TRAVAXO

Familie Lebensmittel anhäufte, und erfaßten Bevölkerung und Vorräte in ihren Statistiken.

Die Gemüseernte ging im Juli vor sich. Nun bestellte der Indianer die Ländereien von Inka und Sonnengott. Dabei nahm er Düngemittel zu Hilfe, kümmerte sich auch um seine eigenen Parzellen und begann mit der Aussaat des Maises. In diese Zeit fiel die Verteilung des Kommunallandes unter die Familien der Gemeinde[4].

An die Aussaat des Maises schloß sich im August die der Kartoffeln. Gebet und Opfer trachteten danach, die Gunst der Götter für kommende Ernten zu erwirken. Auch wurden in diesem Monat Gemüse, Salz und Pfeffer hereingeholt, die als Vorrat beiseite gelegt wurden.

September war der Erntemonat; in dieser Zeit wurde das Fest der Kaiserin gefeiert. Fiel Trockenheit ein, nahm man seine Zuflucht zu religiösen Zeremonien, um sie zu vertreiben.

Oktober war der Monat der Vorbereitung: Bewässerung der Saat, Holzholen, Seilflechten, Instandsetzung der Hütte. Ließ der Regen auf sich warten, wurde fleißig gebetet und an Opfern nicht gespart.

November und Dezember waren den Toten und der Sonne geweiht, gelebt wurde von den Vorräten. Im letzten Monat des Jahres war an Früchten allerdings kein Mangel. Vor Jahresende pflanzte man nochmals Kartoffeln, Oca und Gemüse.

Das Anbaugelände, von dem wir soeben gesprochen haben, waren die Äcker der Gemeinde. Doch war die Anbaufläche mit der Bevölkerungszunahme, zunächst durch unvermittelte Privatinitiative, hernach dank dem staatlichen Eingreifen des Inkasystems nach und nach erheblich angewachsen. In beiden Fällen war das Verfahren das gleiche: Gemeinschaftsarbeit und Verwendung von Dünger.

Extensive Wirtschaft: Terrassenbeete und Kanäle

Die Terrassen, die es in allen Teilen der peruanischen Welt gibt, machen aus Abhängen waagrechte Beete, die die Nutzung des Bodens erleichtern. Manch ein Andental ist auf diese Weise in Stufenbeete verwandelt worden. Die aufgeworfene Erde wurde durch Steinmauern gestützt, deren Höhe sich nach dem Neigungswinkel des Erdreichs richtete, sie war leicht nach dem Hang geneigt, um dem Druck der herangeholten Erde besser zu widerstehen. In den Hügel eingebaute Wasserrinnen ermöglichten das Ablaufen des Regenwassers.

Nicht weniger eindrucksvoll waren die Kanäle. Mitunter zwanzig, dreißig oder vierzig Kilometer lang, durchliefen sie Berge und Täler: Ein Bewässerungssystem, von dem ein Chronist ausruft: «In Murcia oder Mailand findet man es nicht besser[5].»

Das Wasser ist immer das Sorgenkind der Peruaner gewesen. Seine große Bedeutung ersehen wir schon aus der Liebe, mit der Krüge und Behälter für das kostbare Naß angefertigt wurden. Mehrere vorkolumbische Legenden zeigen, wie weit Drang und Sehnsucht nach Wasser gehen konnten: In Ica, heißt es, verliebte der Kaiser Pachacutec sich in ein junges Mädchen, das sich seiner Werbung verschloß, weil es einen jungen Mann liebte. Weit entfernt, sich durch solchen Freimut verdrießen zu lassen, wurde der Monarch von Bewunderung ergriffen und fragte das schöne Kind, was sein Herz denn begehre. Es erwiderte, es hege keinen Wunsch, würde sich aber glücklich preisen, wenn sein Dorf genug Wasser bekäme. Da befahl der Herrscher seinen vierzigtausend Soldaten, die Waffen niederzulegen, die Hacken zu ergreifen und den Kanal zu graben, der noch heute das Tal bewässert.

Eine andere Sage ähnelt dieser, wenn sie auch nicht den gleichen Hauch von Schönheit ausströmt. Ihr Schauplatz ist die Gegend von Chachapoyas. Als der Herr von Cuzco diese Provinz unterwarf, verliebte er sich in die Tochter des Häuptlings, des Curaca, der ihn um Heranführung von Wasser bat. Unglückseligerweise erfuhr der Kaiser, daß die Prinzessin mit dem Sohn eines Edlen aus der Nachbarschaft durch zarte Bande verknüpft war. Weniger großherzig als Pachacutec ließ er wutentbrannt die Arbeiten einstellen und schlug mit solcher Wucht auf den Boden, daß er sich spaltete. Noch heute zeigen die Indianer diesen Riß. So komme es, bedeutet man dem Fragesteller, daß die Stadt nur wegen einer unerhörten Liebe an Wassermangel leide[6].

Die Terrassen- und Kanalarbeiten wurden von Mitgliedern der Gemeinschaft ausgeführt, die in Arbeitsgruppen – *minca* – eingeteilt war. Dabei galt als Regel, daß die an der Gemeinschaftsarbeit Beteiligten während der Arbeitsdauer vom Nutznießer ernährt werden mußten. Wenn die in Frage stehenden Arbeiten der Staatswohlfahrt dienten, empfingen die Beteiligten ihre Kost aus den Händen der Beamten, und damit aus den Speichern der Gemeinde.

Intensive Wirtschaft: Düngemittel

Die Intensivierung des Ackerbaus ging gleichzeitig mit der Anbauerweiterung durch die Anwendung von Dünger vor sich. Einst wurde auf dem Hochland Tier- und Menschenkot verwertet; an der Küste düngten die Eingeborenen mit den Köpfen der Fische, die sie aßen, und insbesondere mit dem Vogelmist, dem Guano. Die Inka begannen mit der methodischen Auswertung dieses Düngers und teilten die Chincha-Inseln, auf denen sich ganze Berge davon fanden, unter die Provinzen des Reiches auf. Dabei gaben sie die Jahreszeiten an, in denen die Indianer sich dort den benötigten Vorrat holen durften. Wer Vögel tötete oder sie beim Brüten störte, war des Todes schuldig.

Grundsätze der Verteilung

Da der Ertrag auf diese Weise durch die gleichzeitige Anwendung von extensiver und intensiver Bodenkultur wuchs, wurde das Gelände von der Beamtenschaft und im Sinne des in Cuzco entworfenen Rationalisierungsplanes unter die Untertanen des Kaisers verteilt. Die indianische Gemeinschaft durfte im Grunde nur mit den Einkünften der eigenen Arbeit rechnen; da aber alles Unvorhergesehene der Verantwortung des Staates oblag, so erhielt dieser den die lebensnotwendigen Bedürfnisse der Bevölkerung überschreitenden Überschuß, um Notzeiten lindern zu können.

Wollte man diesen Grundsatz im Wortsinne anwenden, so hätten die Landeserzeugnisse der Kommune zusammengetragen und anschließend an jeden einzelnen je nach Bedürfnis ausgegeben werden müssen, während der Rest den Staatsspeichern zufiel. Indessen hätte dieses im Grunde kommunistische System die Ortsbräuche über den Haufen geworfen. Hier haben die Führer in weiser Voraussicht eventueller Nachwirkungen die Forderungen eines «integralen Rationalismus» nach ihren Bedürfnissen ausgelegt und den Boden, nicht den Ertrag, aufgeteilt. Dabei haben sie den ungeheuren Vorteil gewahrt, dem Indianer eine gewisse Initiative und ein Maß von Verantwortung zu lassen. Zwar gehörte ihm nicht der Acker, aber die Früchte waren sein. Auf diese Weise wurde eine der gefährlichsten Folgen des kommunistischen Systems, der Bruch jeglicher menschlichen Bindung zwischen Ertrag und Verbrauch, vermieden, ein Bruch, der die Staatsmacht zwingt, zwischen zwei zwangsläufigen Möglichkeiten zu wählen: entweder dadurch, daß jedem die Erfüllung seiner Mindestbedürfnisse garantiert wird, den Anreiz zur Arbeit zu ertöten, was zur Hungersnot führt, oder aber auf die Zwangsarbeit, also ein diktatorisches und totalitäres Verfahren, zu verfallen[7].

Zur Zeit der Inka wurde dank der angewandten Verwaltungsform der Faule bestraft, weil der ihm anvertraute Boden nicht seinen Lebensunterhalt gewährte und ihn an den Rand der Hungersnot trieb. Der Arbeitsame wurde belohnt, weil er nicht nur zu essen hatte, sondern auch noch einen Ernteüberschuß erbrachte, mit dem er anstellen konnte, was ihm beliebte; so ließ sich damit zum Beispiel ein Austausch gegen andere Landeserzeugnisse vornehmen. Natürlich konnte die Natur die Entstehung dieses Überschusses je nach Laune begünstigen oder vereiteln: Hagel und Frost entzogen sich den Vorschriften der kaiserlichen Verwaltung. Immerhin: drohte die Strafe streng zu sein, so war die Belohnung bescheiden. Dies war eben der wesentliche Antriebsmechanismus des Staatshaushalts.

Jetzt begreifen wir auch, warum jeder Hausstand bei der Hochzeit ein Landstück erhielt, welches das Auskommen des Ehepaares bestreiten sollte und *tupu*[8] hieß. Diese Anbaufläche richtete sich natürlich nach der Bodenbeschaffenheit. Bei der Geburt eines jeden Sohnes wurde dem Elternpaar ein zusätzliches Tupu übergeben und bei der Geburt einer Tochter ein halbes. Auf diese Weise war das Mindestauskommen der Familie gesichert. Waren alle Familien der Gemeinde mit Land versorgt, fiel der Überschuß an Ackerboden an Inka und Sonnengott, das heißt an Staat und Tempel. Und Überschuß wurde gerade dank der Planungs- und Anbauarbeit erreicht, die der Souverän von Cuzco unter der Leitung seiner Fachleute durchführen ließ.

Somit wurde an der alten Dreiteilung der Bauerngemeinde nichts geändert: Wälder und Weiden blieben zur Verfügung der Gemeindeglieder ohne Aufteilung unter sie, Häuschen und Pferche gehörten den Familien, das Bauland wurde jedes Jahr unter Berücksichtigung des Brachlandes unter sie aufgeteilt. Jedes Familienoberhaupt hatte Anrecht auf ein Lamapaar, das ihm Wolle und Dünger gab. Auch diente es zur Beförderung; abschlachten durfte man die Tiere nicht, mit Ausnahme von einzelnen Gegenden, in denen die Herden groß waren – zum Beispiel bei den Colla. Zuweilen behielt die Gemeinde auf ihren Weiden eine Anzahl Lamas zurück, deren Wolle unter ihre Mitglieder verteilt wurde.

Die Indianer der Kommune mußten außer ihrem eigenen Land auch das der Greise, Kranken, Witwen und Waisen bestellen. Dies könnte man Gemeindehilfsdienst in Naturalien nennen. Dazu kam der Ackerdienst bei den Kuraka im Einklang mit dem Ortsbrauch, daneben der Pflichtanbau für Inka und Sonnengott.

Das Land des Sonnengottes und des Inka

Die der Sonne eingeräumten Ländereien waren je nach der Bedeutung der Tempel und Huaka, die sie beliefern sollten, mehr oder minder ausgedehnt. Anders ausgedrückt: die Anbaufläche richtete sich nach der Zahl der Priester und dem Umfang der Opfer.

Die Ländereien des Inka waren somit die einzigen, deren Größe nicht nach den bestehenden Einheitsbegriffen festgesetzt war, sondern die einfach «den Rest» darstellten. Unter diesen Umständen wird begreiflich, mit welchem Feuereifer die Staatsmacht sich jedes Mittel zunutze machte, um den Landertrag zu steigern. Allen sichtbaren und unsichtbaren Wesen war ein Mindestauskommen gesichert, die wirtschaftliche und religiöse Grundlage ruhte auf festen Füßen, jeder Überschuß kam dem Staat zugute.

Die Domänen der Inka wurden von Sonderbeauftragten überwacht, die auf den Gütern wohnten und nicht unbedingt zur Gemeinde gehörten.

Die Lage wurde kritisch, wenn als Folge des Bevölkerungszuwachses und der Rauheit des Bodens eine Landgemeinde nicht mehr imstande war, aus ihren Äckern das Existenzminimum herauszuwirtschaften. Wir wissen, daß in diesem Fall eine bestimmte Anzahl von Familien durch die Staatsmacht umgesiedelt werden konnte. Doch wurde mitunter auch eine andere Lösung angestrebt, insbesondere, wenn es sich nur um den Ausfall gewisser Erzeugnisse handelte: dann wies die Zentralverwaltung der Gemeinde Land in den Küstentälern zu mit der Auflage, dort mit allen Mitteln Aussaat und Ernte vorwärtszutreiben[9].

Die Staatsspeicher füllten sich nicht nur mit den Landesprodukten des Inka und des Sonnengottes, sondern auch mit der Wolle der Lamaherden, welche den beiden Gottheiten gehörten und nur auf gewissen Hochweiden zu finden waren. Auch die Wolle der auf den kaiserlichen Jagden erlegten Tiere und namentlich die der Vicuñas wurden in denselben Schuppen gelagert.

Mit dem Indianer bei der Arbeit

Versetzen wir uns in die Zeit der letzten Inka und begleiten wir den Indianer an einem schönen Julimorgen zu seiner Arbeit. Ein unabänderliches Gesetz will es, daß das Land von Inka und Sonnengott den Vorrang genießt. Nichts ist gerechter. Schon in aller Frühe erklimmt der Trompeter den Hügel über dem Städtchen und ruft die Einwohner mit seiner Schneckentrompete zusammen. Unter Anführung ihrer Gruppenführer, die Spaten über der Schulter und begleitet von ihren Frauen, haben sie sich alle in ihrer Festtracht eingefunden. Dem Gott des Lichts oder seinem irdischen Vertreter zu dienen ist ja keine Arbeit, sondern eine Freude. Zumal jeder weiß, daß sogar der Kaiser jedes Jahr zur selben Zeit auf das dem Gottesdienst geweihte Feld von Kolkampata hinauszieht und als Huldigung für seinen Schöpfer die Scholle wendet.

Sobald der kleine Trupp an Ort und Stelle angelangt ist, verteilen die Beamten die Arbeit unter die Dekurios. Diese teilen sie wiederum unter ihre Leute auf und zwar so, daß jeder einen langen schmalen Streifen Land zugewiesen bekommt. Auf diese Art und Weise braucht der Bauer lediglich langsam rückwärts zu schreiten, alle anderen neben ihm tun desgleichen. Diese Arbeitsweise hat wie die Verteilung der Parzellen unter die Angehörigen einer Gemeinde den Vorteil, daß die Verantwortung des einzelnen klar zutage tritt. Wer mit seiner Arbeit zuerst fertig ist, braucht dem anderen nicht zu helfen, «sonst würden sie ja keinen Streich tun», führt ein Rechtswissenschaftler aus. Übrigens beendet keiner seine Arbeit vor oder nach den anderen, denn die Indianer stellen sich in einer Linie, jeder auf seinem Streifen, seine Frau voran, auf. Sie singen im Chor und bewegen sich im Takt langsam rückwärts. Der Kehrreim, der die allgemeine Fröhlichkeit wiedergibt, geht auf den Ruf «Sieg» – *haylli* – aus, Sieg über die Natur, über die bösen Geister, über die Hungersnot, über den Tod.

Das Ackerwerkzeug ist ein einfaches Gerät, das die Scholle umwendet, die *taklla,* ein Stück Hartholz von etwas über einen Meter Länge; in Ecuador ist zur besseren Handhabung gegen die Mitte zu eine Vertiefung eingelassen. In Peru ist ein zweites, aber gebogenes Stück Hartholz an dem ersten in der Mitte angebracht; dies ergreift die Rechte, während die Linke den langen Schaft festhält. Bei beiden Modellen sind ein paar Zentimeter oberhalb des dünnen unteren Endes zwei gekreuzte Stöcke befestigt, auf die der Ackersmann den Fuß setzt, um den Pfahl wie einen Spaten ins Erdreich zu stoßen. Dieser wird jedoch weniger geschätzt als die Taklla, da er Erdklumpen aussticht, während die Taklla sie zerbröckelt[10].

Poma de Ayala zeigt uns in einer köstlichen Zeichnung Adam, den ersten Menschen, wie er mit Hilfe einer Taklla die Erde umgräbt[11].

Zum Umgraben hob der Indianer sein Werkzeug und stieß es mit aller Kraft in die Erde, dann half er mit Fuß und Armen nach, indem er die Erde mit einer Rückwärtsbewegung losbrach. Seine Frau las mit der Hand die Steine heraus und zerbrach vollends die Schollen mit einem Steinhammer.

Die Feldbestellung gestaltete sich also als Folge von Löchern, in die die Saat gestreut wurde, und nicht als fortlaufende Furche.

Wenn einmal solch eine Reihe unzusammenhängender gleichlaufender Linien gegraben war, hob derselbe Arbeitstrupp eine neue Serie ebensolcher, senkrecht zu den ersten verlaufenden Löcherlinien aus.

Anstatt eines Ehepaares arbeiteten zuweilen auch drei Leute zusammen, zwei Männer und eine Frau, um das Erdreich tiefer umgraben zu können.

Die Gegenwart der Frau hatte hierbei nicht nur wirtschaftliche, sondern auch magische Bedeutung. Die Erde wurde eben als weiblich angesehen, sie war die Ernährerin, die Amme; man hielt die indianische Frau für der Erde inniger verbunden und mit ihr vertrauter als den Mann.

Das Ackergerät fiel je nach Land etwas verschieden aus. Bei den Araucanern nahm die Taklla die Form eines Dreizacks an, ein am Griff befestigter durchbohrter Stein verlieh ihr mehr Gewicht. Auf den Chiloe-Inseln handhabten zwei Indianer das Werkzeug; der eine trieb es in den Boden, der andere hob mit einem Pfahl die versenkte Spitze auf und wendete so eine schwere Scholle um[12].

Zum Häufeln der Kartoffeln bediente der Ackerbauer sich eines bronzenen Dachsbeils mit einem gekrümmten Holzgriff.

Nach der Bestellung der Inka und Sonnengott gehörigen Domänen machten die Indianer der Gemeinde sich an das Land der «Arbeitsunfähigen», also an den Gemeinschaftsboden jener Hilfsbedürftigen, von denen wir schon gesprochen haben. Nun legten sie ihre Alltagstracht an und wurden von ihren Vorgesetzten überwacht. Ging es schließlich an das eigene Fleckchen Erde, teilten sie die Arbeit nach Gutdünken ein. Begonnen wurde immer mit der sorgfältigen Abgrenzung ihrer Parzelle durch Steine oder Agaven; dann beschlossen sie die Reihenfolge der anzugreifenden Arbeiten[13].

Um ihren Acker zu bewachen, nahmen sie ein besonders praktisches Verfahren zu Hilfe, das heißt, sie beauftragten gewisse Steine damit. Da auf Erden alles lebt, erfüllten wohltätige Felsen am besten diesen Dienst: man nannte sie *huancas*. Derartige Steine sind noch an mehreren Orten zu sehen. In Piruro in der Provinz Huanuco gilt ein Felsblock seit unvordenklicher Zeit als Wächter von Feldern und Tieren, die er vor dem Blitz beschützt. Um ihn günstig zu stimmen, schmücken die Beteiligten ihn mit Feldblumen und begießen ihn mit Chicha. Auf die Gegenwart dieser stummen Hüter, die als anspruchslos und wirksam gelten, wird von den spanischen Missionaren auf der Suche nach Götzen besonders hingewiesen[14].

Der Fischfang

An den Ufern des Titicacasees und des Pazifischen Ozeans ernährte die Familie sich vom Fischfang. Die Indianer gebrauchten die Angel, das Netz, die Reuse und des Nachts die Stocklaterne, mit deren Hilfe sie die vom Licht angezogenen Fische mit blitzartiger Geschicklichkeit erschlugen.

Das Boot des Titicacasees glich aufs Haar dem, welches der Reisende noch heute vom Deck des Dampfers aus, der den Dienst zwischen dem peruanischen Puno und dem bolivianischen Guaqui versieht, mit Vergnügen betrachtet. Es ist aus enggeschnürten *totora*-Rohrbündeln gefügt, vier bis fünf Meter lang auf eineinhalb Meter breit; ein gelbes Schiffchen mit zwei kleinen Masten, die ein ebenfalls aus Totora hergestelltes Segel tragen. Das Boot schlüpft wie ein Aal durch das Rohrdschungel, welches die Ausmündung des Desaguadero verbirgt. Seine Erbauer sind wie vordem die berühmten Uru, auf deren uralte Herkunft wir bereits hingewiesen und deren allmähliches Aussterben wir beklagt haben[15].

Der zum Fischfang an der pazifischen Küste gebrauchte Nachen ist auch aus gebündeltem Rohr hergestellt, doch primitiver. Er ist zigarrenförmig, sein Mittelteil erinnert an den Rücken eines Rennpferdes, sein Bug ist aufgebogen, was ihm von den Spaniern den Namen «das Rohrpferdchen» eingetragen hat. Die Beine des Reiters hängen ins Wasser, er treibt sein Pferd mit einem schaufelartigen Ruder vorwärts.

Für einen größeren Fischzug bedient der Küstenbewohner sich des Floßes. Dieses mitunter recht große Fahrzeug war aus *balsa*-Stämmen zusammengezimmert, einem in den Wäldern, die nördlich Tumbez an den Ozean grenzen, heimischen, sehr leichten Hartholz. Diese nebeneinander festverknüpften Stämme waren von gleicher Dicke, aber von verschiedener Länge; der Mittelbalken war der längste, die anderen verjüngten sich nach links und rechts wie die Finger einer Hand. Das Ganze bedeckte ein Fußboden, auf dem eine Kajüte aus Weidengeflecht stand. Ein Baumwollsegel an einem mäßig großen Mast nahm den Wind zu Hilfe, ein dicker, mit einem Seil verbundener Stein diente als Anker[16]. Kielschwerter oder Abweichbretter waren geschickt zwischen die Holzbohlen in einiger Entfernung vom Mast gesteckt, dienten als Kiel und ersetzten das Steuer. Wenn also die hinteren Abtriftbretter mehr Widerstand boten als die vorderen, bewirkte der Druck des Windes auf das Segel ein Beidrehen des Bugs; im umgekehrten Fall änderte das Heck die Richtung. Es genügte also, mehr oder weniger tief Abtriftbretter durch die Bohlen zu stecken, um durch ihr Zusammenwirken die beabsichtigte Fahrtrichtung zu erzielen[17].

Die Chango der Tarapacagegend ersetzten das ihnen fehlende Balsaholz durch die Häute der Seewölfe, die sie wie Schläuche aufbliesen und zusammenbanden.

Schließlich glitten auf den Flüssen des Amazonasdschungels an den unsicheren Grenzen des Reiches die klassischen Pirogen der Indianer dahin.

4. Das Wirtschaftsleben: Handwerk und Arbeitsdienst

Die Untertanen des Kaiserreiches waren zugleich Lieferanten von Waren und Arbeit. Soweit sie keine besonderen Aufgaben zu erfüllen hatten, verdingten sich die meisten als Handwerker. Die Beamten lieferten ihnen aus den Staatsspeichern das nötige Rohmaterial dazu; die entsprechenden Anweisungen wurden von der Wirtschaftsleitung erteilt; diese wiederum richtete sich nach den Forderungen der Statistik. Die hergestellten Güter wurden hernach den Lagerwächtern ausgeliefert, weshalb die Spanier bei ihrer Ankunft solch eine Menge von Reichtümern vorfanden.

Mangelhaftigkeit der Werkzeuge

Dieses umfassende Herstellungsprogramm war um so erstaunlicher, wenn man das primitive Werkzeug betrachtet. Im Allgemeingebrauch standen Bronzemeißel und Kupferhacke; ein schwerer, beidhändig gewuchteter Stein diente als Hammer, ein polierter Feuerstein als Messer. Die Grundwaage bestand aus einem hohlen Holzstock, der mit kleinen runden, murmelähnlichen Steinchen gefüllt war. Ein an einer Schnur aufgehängter Stab gab das Richtlot ab. Genagelt wurde nicht, nur gebunden. Agavenseile, sorgfältig geflochten, waren außerordentlich widerstandsfähig.

Daß das Rad unbekannt war, erscheint uns bei einem Volk, welches den Kreis kannte und dessen Führung sich einer geradezu überspitzten Rationalisierung befleißigte, deren Auswirkungen wir mit aller Deutlichkeit gesehen haben, mehr als erstaunlich. Diese Unkenntnis des Rades scheint trotz ihrer sonstigen Anstrengungen darauf hinzuweisen, daß die Peruaner gehorsame Schüler der Nation blieben, wie wir es im ersten Kapitel des Buches anzudeuten versuchten. Tatsächlich ist das Rad ein Erzeugnis der Vernunft und nicht der Natur. Weder unsere körperliche noch unsere biologische Umwelt liefert uns hierfür ein Beispiel.

Wieder einmal stellen wir fest, daß die Hauptfaktoren der Produktion, die heute ziemlich verwischt sind, Zucht und Zeit waren. Wir wollen die gängigsten Techniken in den hauptsächlichsten Erwerbszweigen wirtschaftlicher Tätigkeit in Augenschein nehmen.

Die Technik der Töpferkunst

Schon verschiedentlich haben wir auf die Vollkommenheit und Verschiedenartigkeit der indianischen Töpferarbeiten aufmerksam gemacht. Auch hier bewies der Handwerker wieder einmal seine große Geschicklichkeit, denn die Töpferscheibe war ihm unbekannt. Er formte die verschiedenen Teile, fügte sie zusammen und heftete nach Fertigstellung des Hauptstücks Henkel und Hals daran. Der Ton, dessen er sich bediente, war oftmals mit gehacktem Maisstroh vermischt, um ein Springen beim Brennen oder Trocknen zu vermeiden. Man hat festzustellen vermocht, daß manche Töpfer von Nazca hölzerne Hüllen gebrauchten, um den Ofenstaub während des Brennens von den Malereien fernzuhalten[1].

Die Technik der Textilien

Die Herstellung von Webwaren war umständlich. Baumwolle und Wolle dienten als Rohstoff; wenn auch die erstere noch heute ihren Ruf der Güte nicht eingebüßt hat[2], so wächst sie doch nur noch in den heißen Westgebieten – an der Küste – oder im heißen Osten – Tucuman in Argentinien, Santa Cruz de la Sierra in Bolivien. Die Baumwollgewänder der kaiserlichen Familie stammten aus den Staatslagern dieser Provinzen und waren Geschenke, die Häuptlinge dieser entlegenen Gegenden in die Hauptstadt brachten. Auf dem Hochland war das Kleid des Indianers aus dem Volk aus Lamawolle.

Zum Spinnen von Baumwolle und Wolle verwendeten die Frauen eine zuweilen geschnitzte Spindel, die man an ihrem unteren Drittel trug. Sowie sie bei ihren gewöhnlichen Arbeiten einen Augenblick aufatmen konnten, trat die Spindel in Tätigkeit. Wie wir schon bemerkt haben, geschah dies besonders während ihrer Marktbesuche und Reisen, wenn ihre Hände nicht mit dem Tragen der Wiege, eines Kruges oder anderer

Gegenstände, die auf ihrem Rücken keinen Platz mehr fanden, beschäftigt waren.

Das Garn wurde um Stäbchen oder Schilfrohre als Strang oder Knäuel gewickelt. Die meisten in Gräbern gefundenen Gewebe sind mit doppeltem Garn gewebt.

Der Webstuhl war klein und senkrecht. Zwei parallele Holzstäbe hielten die Kette. Entweder staken beide in der Erde, oder der eine hing an einem Ast oder Pfahl, während der andere mittels eines Gürtels an der kauernden oder knienden Arbeiterin angebunden war, die die Spannung der Fäden durch die Bewegungen ihres Körpers ausglich. Zwei andere Holzstäbchen waren parallel zwischen die beiden Stäbe eingesetzt. Die ungleichen Kettfäden glitten über das erste und unter dem zweiten Stäbchen hin, die gleichen liefen entgegengesetzt. Nun ließ die Weberin zwischen die derart auseinanderliegenden Kettfäden eine Holznadel als Schiffchen gleiten, auf der der Schußfaden aufgewikkelt war[3].

Die Handwerker verwendeten die natürlichen Farbschattierungen der Wolle mit viel Geschmack. Wurde Farbe gewünscht, so färbten sie den Faden, nicht das Gewebe. Meist wurden pflanzliche Farbstoffe gebraucht, doch mußte in diesem Fall der Faden erst hart und porös gemacht werden; hierfür diente ein Bad mit Aluminium, Aluminiumsilikat, Kalksilikat oder Eisenoxyd.

Eine Vielfalt verschiedener Gewebe ist auf uns gekommen, die uns von der Geschicklichkeit des Handwerkers zu erzählen weiß. Bald weicht die Kette in Beschaffenheit und Farbton vom Schuß ab, bald leuchtet dieser in bunten Farben auf; mitunter sind feine Gold- oder Silberfäden unter die anderen verwoben. Auch verleihen regelmäßige Löcher manchmal dem Ganzen den Eindruck einer Hohlsaumstickerei[4].

Nach genauem Studium der peruanischen Gewebe hält es ein Forscher für unmöglich, sämtliche Webarten zu erfassen, so reich sei ihre Auswahl gewesen[5].

Die Knotennetze verdienen besonderer Erwähnung. Die Knoten wurden einfach mit dem Finger gemacht und wie unser «Macramé» eng aneinander gereiht – eine langwierige Arbeit. Die oftmals komplizierten Muster zeichneten sich durch die immer wiederkehrende, farbenfrohe Schrägführung aus. Dies ergab jene Stilisierung, die wir bewundern.

Die Schleiergewebe wurden auf die klassische Art und Weise hergestellt, indem die Kette um andere danebenliegende Kettfäden gedreht wurde. Wie man weiß, muß jede Drehung mit der Spitze der Spindel besonders vorgenommen werden. Auch diese Arbeit ist zeitraubend.

Bei den Stickarbeiten wurde eine große Anzahl Stiche angewandt: Stilstich, Kreuzstich; Hinterstich für die waagrechten, Überwindling für die senkrechten Linien.

Zur Anfertigung eines gestreiften Stoffes, der im allgemeinen ein verwickeltes und harmonisches Farbengemisch darstellte, bedurfte es einer Vorlage. Die hübschesten Wirkungen wurden zum Beispiel durch Verbindungen von Rot und Schwarz auf weißem Grund erzielt.

Für Putz und Garnituren eignete sich Wolle besser als Baumwolle, da sie leichter zu färben war. In Paracas erzielte man ein hübsches Grau durch Vermischung und anschließendes Spinnen von cremefarbener und brauner Baumwollfaser. Berühmt waren die Indianer aus dem Chinchatal wegen ihrer Gabe, feine Baumwollstoffe zu weben.

Zur Zeit der letzten Inka hatte die Herstellung von Geweben derartig zugenommen, und die Kleider der Indianer aus dem Volk waren so dauerhaft geworden, daß die Staatslager bis unters Dach mit Stoffen angefüllt waren und die Nachfrage nach Ersatzkleidern wesentlich zurückging[6].

Unter den geflochtenen Artikeln nahm die Schleuder die erste Stelle ein. Kein Kind, das nicht eine zur Wahrnehmung seiner Wächterpflichten auf den Feldern bekommen hätte. Sie waren aus Agavenfasern gefertigt und manchmal mit buntem Wollgarn überzogen[7].

Die Federtechnik

Schließlich verdient noch die Herstellung der Federgewebe erwähnt zu werden. Der Rohstoff bestand aus Federn aller Längen und Farben; die kleinsten lieferten die Kolibris der Sierra, die größten die Papageien des Urwalds. Die Feder gehörte zu den Gegenständen der Tributentrichtung.

Die Indianer der östlichen Wälder sind so wild, erklärt ein Chronist, daß sie keinen festen Wohnsitz haben. Ihre Jagdgründe sind so bar jeglichen Reichtums, daß als einziger Zwangsbeitrag von ihnen die Lieferung von Vogelfedern erhoben wird. Ihre Umwelt schenkt ihnen eine große Auswahl an Papageien, die sie zu zähmen und als «Wachhunde» abzurichten pflegen, denn sobald sich ein Unbekannter naht, stoßen diese fliegenden Klatschbasen kreischende Schreie aus, so daß in ihrer Nähe niemand unbemerkt vorbeizuschlüpfen vermag.

In den Lagerräumen wurden die Federn in getrennten Posten aufbewahrt. Pedro Sancho behauptet, in manchen habe man mehr als einhunderttausend getrocknete Vögel gezählt.

Der Federflechter ging etwa folgendermaßen zu Werke: er nahm die Feder, bog das Ende der Hornröhre um, band die so gewonnene Schnalle mit einem Baumwollfaden fest und fuhr mit dem Faden durch die Schlinge; damit war die Feder aufgehängt. Die Federn wurden schuppenförmig nebeneinander und übereinander gelegt, damit kein Zwischenraum entstand.

Ein Forscher schreibt von einem Zeremonienstab, der von Federn in drei Farben überzogen ist: dunkelorange, schwarzlila, chromgelb; ein anderes Stäbchen der gleichen Art sei zweifarbig, rot und blau. Das letzte stelle eine regelrechte Juwelierarbeit dar, denn die kleinsten Federn sind 11 auf 6 Millimeter und in einem Abstand von einem Millimeter aneinandergereiht. Es scheint unglaublich, daß ein Künstler eine derartige Feinarbeit ohne Pinzette und Lupe auszuführen imstande war[8].

Federwerk scheint nur als Zierat gedient zu haben, ohne jedoch ein ausschließliches Vorrecht der Inka gewesen zu sein, denn man konnte es erwerben, wobei es persönlicher Besitz blieb.

Die Federn wurden hauptsächlich als Haarbüschel und Kopfschmuck der Häuptlinge in der Art der *mascapaicha* oder eines Diadems verwendet. Bemerkenswert ist, daß der Inka für seinen Federschmuck die strengen Farbtöne eines Hochlandvogels der lebhaften Farbwirkung des Papageien vorzog.

An der Küste gab es Federfächer, deren Griff ein Bündel aus Totora-Fasern war und die bei den rituellen Feierlichkeiten gebraucht wurden.

Alle diese Herrlichkeiten haben die Bewunderung der Spanier erregt; die indianischen Kunsthandwerker erreichten Farbzusammenstellungen, die so zart und nuanciert waren, daß europäische Maler es ihnen wohl kaum gleichzutun vermocht hätten.

Das Schillern der Stoffe und der Glanz der Federbüsche verliehen den Festlichkeiten, die wir beschrieben haben, ein solches Gepränge, daß selbst heute die Erinnerung daran nicht erloschen ist.

Andere Techniken

Die den Untertanen des Reiches zugewiesenen Pflichtarbeiten konnten auch in der Herstellung von Gegenständen aus Stein, Leder, Holz, Knochen, Schnur oder Metall bestehen.

Die Museen Europas und Amerikas zeigen uns außer Mörsern, Opferschalen und Hämmern alle Arten von Äxten und Totschlägern aus poliertem Stein.

Das Fell des Lamas lieferte das gängigste Leder. Jeder Indianer verstand es zu trocknen, in uringefüllten Krügen zu halten, durch Schlagen geschmeidig zu machen, Schläuche daraus zu verfertigen und aus den Restabschnitten Sandalen zu nähen.

Holz wurde für die Herstellung von gewissen Waffen wie Keule und *estólica,* der Speerschleuder, sowie von Webstühlen, Spindeln, Sänften, Dachfirsten verwendet. Hübsche geschnitzte Holzbecher oder *kerus* wurden mit farbenfrohem Zierat geschmückt.

Aus Knochen verfertigte man Flöten, Löffel, Schmuck.

Zur Herstellung von Schnur trugen die Indianerinnen die *cabuya*-Faser zum Flußufer, wie sie es in gewissen Gegenden noch heute tun, stellten sich in einer Reihe auf, spülten, schwenkten und schlugen die Faser singend und schwatzend. Dann trockneten sie den Rohstoff an der Sonne und flochten ihn. Aus der Schnur wurden Netze und Hängematten geknotet.

Das Eisen war unbekannt

Unter den Metallen, die in vorkolumbischer Zeit bekannt waren, sind Gold, Silber, Kupfer, Blei, Platin und Zinn zu nennen. Eisen war unbekannt. Diese Tatsache ist bestritten worden, doch haben wir ein eigenartiges und verhältnismäßig neues Zeugnis dafür in Händen: Als hohe Würdenträger aus dem Gefolge des Inka Atahualpa kurz vor seiner Gefangennahme die Möglichkeit erwogen, sich weißer Eindringlinge zu bemächtigen und sie zu töten, bat einer unter ihnen um Schonung für den Hufschmied der spanischen Armee, damit er ihnen das Geheimnis seines Handwerks verraten könne[9].

Das geheimnisvolle weiße Gold

Platin wurde in kleinen Mengen an der Küste Ecuadors nördlich des Golfes von Guayaquil gewonnen. Heute wissen wir, daß es in einer Legierung mit Gold oder mit Gold und Silber Anwendung fand. Die Indianer der Gegend von Esmeraldas nahmen ungefähr 70 Teile Gold, 18 Teile Platin und 12 Teile Silber, um jenes Weißgold zu erzielen, das nach der Einnahme von Cuzco in der Urkunde der Beuteverteilung als «Platte aus Weißgold, die man überhaupt nicht wiegen konnte» aufgeführt ist. Man hat sich gefragt, was dieses Weißgold wohl sein könne, warum es das ungeheure Gewicht habe und aus welchem Anlaß die Herren von Cuzco ihr Gold, das, da göttlich, doch ihr wertvollstes Metall darstellte, veränderten und ihm seinen Glanz entzogen. Hier darf der religiöse Gesichtspunkt nicht außer acht gelassen werden: die Goldplatte, von der die Rede ist, wurde im Mondtempel aufgestellt und mußte im Gegensatz zur Sonne aus einem Edelmetall von der Farbe des Nachtgestirns verfertigt sein. Was ihr Gewicht betrifft, so wurde es in der erwähnten Urkunde mit mehr als einer Tonne Gold angegeben, was uns nicht überrascht, wenn man weiß, daß die Platte 8,10 Meter lang war. Man begreift auch, daß keine Waage diesen Koloß verkraften konnte. Die Verwiegung konnte erst nach dem Einschmelzen stattfinden[10].

Der Gebrauch von Platin und die Zuhilfenahme solcher Legierungen beweisen, wie stark die entlegensten Völkerschaften in das Tributsystem der Inka zur Befriedigung ihrer Rohstoffbedürfnisse eingespannt wurden, denn die Länder, aus denen das Platin stammte, waren der Lehensherrschaft Cuzcos nicht oder wenigstens nicht dauernd untertan.

Andere Metalle

Das Zinn wurde ausschließlich zur Gewinnung von Bronze verwandt, die schon vor den Inka bei den Aymara bekannt war.

Kupfer, das, geschliffen und poliert, scharf und schneidend wurde, ist in unseren Museen in Frm von großen Nadeln, Brustharnischen, Äxten und Messern zu sehen.

Diese Messer, *tumi* genannt, haben gewöhnlich eine halbrunde Form, wobei der Griff in der Mitte des geraden Teils angebracht ist; sie entsprechen eher gewissen modernen Kneifen als richtigen Messern. Die Äxte haben sich in einer natürlichen Entwicklungskurve von ihrem eigentlichen Verwendungszweck entfernt und sind dank einer fortschreitenden Stilisierung zu Schmuck und Münze geworden. Auffällig sind die Entwicklungsstufen in Peru, wo schwere und massive Streitäxte neben zarten und leichten

Beilen hergestellt wurden, die beim Tausch nur als «Geldzeichen» dienten. Diese Beobachtung trifft nicht nur auf die Inka, sondern auf ganz Südamerika zu, da diese Gegenstände auch in Mexiko, in Brasilien und in Ecuador gefunden wurden[11].

Das Schmelzen der Metalle wurde auf verschiedene Weise vorgenommen. Beim Kupfer genügte es, das zunächst zerstoßene Mineral in einen irdenen, stark erhitzten Schmelztiegel zu schütten. Man fügte das Zinn hinzu, erhielt so die Bronze und nahm zur Gewinnung der gewünschten Gegenstände Formen aus Ton oder Stein zu Hilfe.

Beim Silber war das Verfahren verwickelter, denn es schmilzt nicht durch Erhitzen. Unter Zusetzung von Blei mußte man es in große runde, mit Holzkohle und Lamadung angefüllte Töpfe aus dicker Tonerde, einen Meter hoch und vierzig Zentimeter im Durchmesser, werfen. Löcher in den Wänden ließen die Luft einströmen, doch verstopfte man die der Windseite gegenüberliegenden mit Ton. Unter jedem Loch erhitzte Kohlenglut die in den Ofen eindringende Luft. Zur Aufstellung dieser primitiven Öfen wählte man hochgelegene windreiche Lagen wie den Hügel von Potosi.

Das geschmolzene Metall floß in einen Behälter unter dem irdenen Topf. Nun brauchte man durch anschließende Schmelzvorgänge, die im Haus vorgenommen wurden, nur noch das Blei vom Silber zu trennen.

Die Metallurgie besaß in Peru mehrere Mittelpunkte, so in Nazca an der Südküste, in Lambayeque und Chavin im Norden, sowie in Tiahuanaco.

Gold fand sich in den Minen und besonders in Anschwemmungsgebieten. Die Minen umfaßten Brunnen in Mannshöhe oder enge, niedere und dunkle Galerien. Der Arbeiter brach mit einer kupferverstärkten Holzstange das Erdreich auf, füllte Schläuche aus Lamafell mit goldträchtiger Erde und schüttete ihren Inhalt auf polierte Steinplatten. Ein feiner Wasserfaden aus einem eigens hierzu angelegten Kanal wusch allmählich die Erde weg und ließ das Metall zurück. Wachposten am Eingang und im Umkreis der Minen paßten auf, daß niemand Goldbrocken entwendete[12].

Die Metallgegenstände

Hier finden wir die Verschmelzung der primitiven Technik und der modernsten Verfahren, die im vorkolumbischen Peru so häufig ist. Wenn die Gewinnung des Metalls mit allzu einfachen Mitteln vor sich ging, so war die Herstellung der Gegenstände dagegen recht verwickelt. Die Indianer kannten die Fournierarbeit durch Hämmern und die Einlagen verschiedener Metalle; sie verstanden das Silber zu schweißen und in das Metall andere Stoffe, wie bunte Muscheln, einzulegen; sie waren mit der Technik der getriebenen Arbeiten vertraut. Manch eine Ortschaft war wegen ihrer Goldschmiede berühmt, nicht nur in Peru, sondern auch in Gegenden, in denen diese Kunst sich vor der Inkazeit entwickelt hatte, so in Chordeleg (dem heutigen Ecuador) und im Gebiet der Chibcha (Kolumbien)[13].

GOLD- UND SILBERSCHMIEDE BEI DER ARBEIT

Die Sage von einem «goldenen Königreich» El Dorado berichtet über den mit Goldstaub bedeckten Mann, der in einem See sein kultisches Bad nimmt. Die immer wieder erzählte Geschichte rund um das Lösegeld Atahualpas hat viel zum legendären Ruf des Inkagoldes beigetragen.

Die Indianerinnen des Kaiserreiches, gleichviel welcher Herkunft, trugen an Festtagen Armbänder, Ringe, Anhänger und besonders kunstvoll gearbeitete Nadeln – freilich nur soweit es die Vorschriften zuließen. Im allgemeinen legten sie mehr Geschmack an den Tag als ihre Gatten[15].

Die Kunst der Einbalsamierung

Eine besondere und schwierige Kunst, die auf dem Hochland geübt wurde, war die Einbalsamierung. An der Küste war sie unbekannt, denn die Trockenheit der Luft erhielt dort die Leichen. In den feuchten Tälern der Kordillere hingegen mußte man den Balsam von Peru und Tolu, das in Minze und Steinklee enthaltene Menthol, die Alkaloide, das Tannin und die Saponine aus dem sogenannten Panamaholz zu Hilfe nehmen. Der mit Baumwolle ausgestopften, mehrfach eingewickelten Mumie, die einem großen Paket glich, wurde ein aus Holz, Metall oder nur Stoff gefertigter derber Kopf aufgesetzt. Man begreift, daß infolge der technischen Schwierigkeiten und der Kostspieligkeit dieses Verfahren nur bei hohen Persönlichkeiten angewandt wurde.

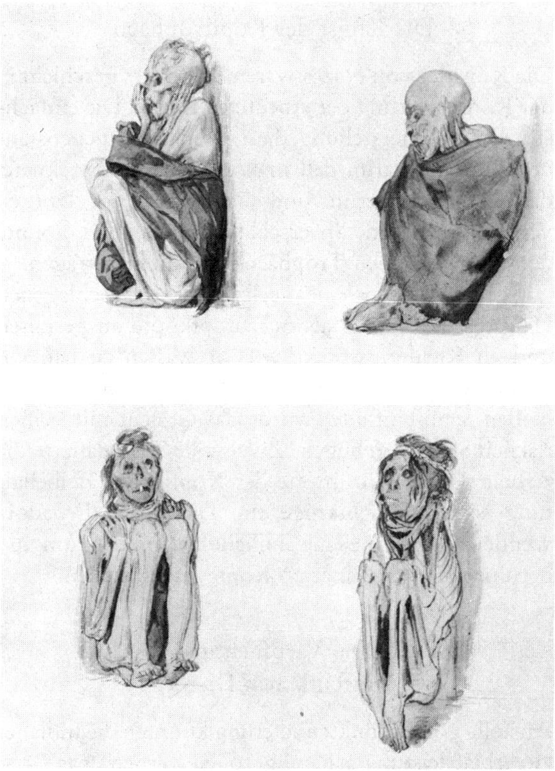

PERUANISCHE MUMIEN

Die Kunst der Kopftrophäen

Die Künstler von Nazca waren besonders geschickt in der Konservierung der erbeuteten Köpfe. Die einfachste Art zur Herstellung dieses «Schmuckgegenstandes» bestand darin, daß man die Haut austrocknete, das Gehirn entfernte und die Lippen mit Dornen verschloß. An eine Speerschleuder gebunden, konnte der Besitzer seinen Trophäenkopf mit sich tragen.

Es bestand auch eine Technik, die abgeschlagenen Häupter der Feinde als Schrumpfköpfe zu gestalten und an Kleidungsstücke wie an Waffen zu hängen. Während man durch den Schlund immer wieder neuen heißen Sand einfüllte, wurde das Gesicht mit heißen flachen Steinen gebügelt. Zwei volle Tage dauerte die Arbeit. Dabei schrumpfte der Kopf unter Beibehaltung seiner Gesichtszüge ein. Die Jivaro Ecuadors wenden noch heute eine ähnliche Technik an, um ihre berühmten «verkleinerten Köpfe» herzustellen.

Die Verpflichtung zu öffentlichen Diensten

Anstelle von Produktenlieferung konnten die Indianer zu Arbeitsleistungen herangezogen werden, was Ortswechsel und Entfernung aus dem Familienkreis mit sich brachte. Dies geschah ja bereits aus alter Überlieferung zum Nutzen des Nachbarn, nicht als Folge einer Solidaritätspflicht, sondern aus Achtung für die Gewohnheit, die auf dem Gemeinschaftsgrundsatz der Gegenseitigkeit fußte.

Diese Gemeinschaftsarbeit in Form eines Ausgleichs von Hilfeleistung und Gegenleistung hieß *ayne*. In modernen Abhandlungen unterscheidet sie sich kaum von der *minca*. Beide bestanden in Gemeinschaftsarbeit, doch bezog die erste sich auf individuelle Arbeit, so zum Beispiel die gegenseitige Hilfe beim Hausbau künftiger Gatten; die zweite betraf ein Kollektivwerk für das Gemeinwohl, das eine Unterteilung in Arbeitsgruppen und gegenseitige Hilfestellung forderte, was namentlich bei öffentlichen Arbeiten vorkam. Da das Gemeinwohl dem Eigennutz voranging, war die Minca nicht eine Verallgemeinerung der Ayne[16].

Im Sinne des Staatsarbeitsdienstes wurde die Spezialisierung auf die Spitze getrieben; grundsätzlich wurde jeder nur für die Arbeit eingeteilt, für die er sich am besten eignete.

Aus einer veröffentlichten Handschrift lernen wir eine Abrechnung der Hilfsarbeit kennen, die die Provinz Chucuito dem Inka leistete. Dieser Landbezirk, der dank seiner geographischen Lage als Uferstamm des Titicacasees und kraft seiner Bevölkerungsdichte eine gewisse wirtschaftliche Bedeutung hatte, war einer der reichsten des Vizekönigtums. Im Jahre 1567 beläuft sich die Zahl der Abgabepflichtigen nach den Berechnungen maßgeblicher Persönlichkeiten auf fünfzehntausendvierhundert Seelen. Diese Tributzahler umfassen die Männer zwischen dreißig und sechzig Jahren, *yanacona* und *mitimaes* sind in dieser Gesamtzahl nicht eingeschlossen; man schätzt, daß ihrer ungefähr tausend in Jauja, Pacari, Cuzco und selbst in dem entlegenen Quito verstreut lebten. Zur Zeit der Inka dürfte es nach spanischen Untersuchungen mehr als zwanzigtausend Steuerzahler in dieser Provinz gegeben haben, doch hatten sie im Krieg zwischen Huascar und Atahualpa schwere Verluste erlitten; überdies war eine Anzahl Indianer in die Minen von Potosi verschleppt worden, andere hatten sich in die Berge geflüchtet, um dieser Auflage zu entgehen. Die Leistungen dieser zwanzigtausend Untertanen für den Inka waren folgende: die Bereitstellung von dreitausend Kriegern, zahllose Arbeiter für den Bau der Denkmäler in Cuzco, Diener für den Inka, Sendboten, Grabwächter, junge Mädchen für den Dienst des Sonnengottes, Minenarbeiter für die Hebungen in Chuquiabo – Gold – und in Porco – Silber –, endlich Männer, Frauen und Kinder als Opfer für die Sonne[17].

Die erstaunlich rasche Nachrichtenübermittlung

Es gab zwei Arten von Straßendienst, den Melde- und den Brückendienst. Die Botengänger wurden nur von der Verwaltung gebraucht und unter den gewandtesten und seit Kindesbeinen eingeübten Jungmännern ausgesucht. Sie wohnten in *chozas* oder Straßenhütten. Je nach der Bedeutung der Verkehrsader gebot die Vorschrift, daß diese Stafettenposten von vier oder sechs Boten besetzt waren. Der Dienst lief auf folgende Weise ab: zwei Indianer mußten stets auf der Schwelle der Hütte kauern und die beiden Straßenrichtungen beobachten. Sobald sich ein Kurier näherte, mußte diesem entgegen geeilt werden. An dessen Seite laufend, wurde die mündliche Botschaft entgegengenommen, unter Umständen war auch die mitgetragene Knotenschnur in Empfang zu nehmen. Dann lief er so rasch wie möglich allein auf die nächste Hütte zu und übermittelte dort die empfangene Botschaft auf dieselbe Weise. Schon von weitem waren die Läufer an ihrem weißen Federbusch erkennbar und kündigten ihre Ankunft mit einem Trompetenstoß an. Ihr Beruf verpflichtete sie zum Schweigen, ihre Waffen waren Keule und Schleuder.

Nach den glaubwürdigsten Schätzungen erreichte die Übermittlungsgeschwindigkeit kraft dieses Stafettensystems zweihundertvierzig Kilometer im Tag. Der Inka empfing in Cuzco Fische aus dem Titicacasee in zwei Tagen, was einer Tagesleistung von zweihundertfünfundzwanzig Kilometern entspricht[18].

Die Boten mit Namen *chasqui* überbrachten alle Arten leichter Pakete, wie zum Beispiel Schnecken für die Tafel des Inka. Größere Sendungen wurden Sonderträgern, genannt *hatunchasqui,* «die großen Boten», anvertraut, von denen jeder einen halben Tag lang marschierte[19].

Alle diese Sendboten wurden von den Staatsspeichern unterhalten und unterstanden einem hohen Würdenträger.

Wenn die Botschaft besonders wichtig war und vom Monarchen selbst stammte, war sie von einem roten Faden des Llautu oder von einem Stäbchen mit gewissen Kennzeichen begleitet, deren Sinn uns entgeht und die vermutlich von den Cañari im südlichen Ecuador stammen[20].

Schließlich stand neben jeder Choza oder Hütte ein Scheiterhaufen, der auf Befehl eines Häuptlings angezündet wurde, wenn ein schwerwiegendes Ereignis, ein Aufstand oder ein Einfall, eingetreten war; dann steckte jeder Läufer, der an der Überlandstraße Wache hielt, seinen Scheiterhaufen an. Dank dieses Lauffeuers erreichte die Nachricht die Hauptstadt ohne Verzug und setzte Kaiser und Kronrat von dem drohenden Unheil in Kenntnis. Ohne die Einzelheiten zu kennen, wurde das Heer mobil gemacht, um sofort in Richtung der Alarmmeldung abmarschieren zu können.

Einige andere Dienste

Der Brückendienst bestand in der eingehenden Überwachung dieser Kunstbauten, die den Unbilden des Wetters ausgesetzt waren, und in ihrer sofortigen Instandsetzung im Falle von Beschädigung. Stets mußte der Wächter zu diesem Zweck Holz und Seile bereit haben. Außerdem hatte er den Auftrag, auf die Beförderung gewisser Waren Brückengeld zu erheben. Dies traf zum Beispiel auf die Mantarobrücke südlich des Bonbonsees zu.

Der Minendienst wurde in Schichten – *mita* – durchgeführt, ein System, das die Spanier beibehielten. Auf diesem Gebiet ist nach der Eroberung viel Mißbrauch getrieben worden. In Gegenden, wo die Gewinnung in großer Höhe und demnach bei grimmiger Kälte vor sich ging, war die Arbeit auf einen halben Tag – von Mittag bis zum Sonnenuntergang – beschränkt und dauerte nur vier Monate im Jahr[21].

Der Leibdienst der kaiserlichen Familie verlangte ein umfangreiches Personal. Im Inkapalast drängte sich eine unglaubliche Menschenmenge, die «als Gehalt nur Kost und Unterkunft» erhielt. Keiner durfte vor den Inka treten, wenn er nicht gerufen war, und dann nur barfüßig[22].

Manch uralter Stamm versah je nach Eignung Sonderdienste: die Chumbivilca entsandten Tänzer, die Collahuaya Heilkundige und die Rucana Sänftenträger für die Herrscherfamilie nach Cuzco.

Der Tribut der Läuse

Höchst eigenartig, aber gleichermaßen rationell war der Tribut, der von den ärmsten Bevölkerungsschichten, zum Beispiel den Pasto im nördlichsten Winkel des Reiches, erhoben wurde. Diese Ärmsten der Armen übersandten ihren Vorgesetzten ein mit Läusen gefülltes Horn, abgezählt nach Abgabepflichtigen. Wir haben dieses Thema schon berührt, als wir die Eroberungen des Inka Tupac Yupanqui erörtert haben. Auf diese Weise konnte sich niemand rühmen, dem Zoll zu entgehen. Somit machte der Staat seinen Einfluß auf den bescheidensten Untertan geltend und vollbrachte gleichzeitig ein höchst heilsames Werk.

5. Das Wirtschaftsleben: Der Tauschhandel

Wenn der Austausch auch bescheiden war, so spielte er, vom psychologischen Standpunkt aus, im Leben des Indianers doch eine wichtige Rolle. Der Tauschhandel erinnerte ihn an die Vergangenheit, also an eine Zeit vor der Einführung des Plansystems durch die Inka. Hauptsächlich brachte er Abwechslung in die Eintönigkeit seines Daseins: Für den Mann, noch mehr aber für die Frau stellte ein ein- oder mehrtägiger, vom Ortsvorsteher gebührend genehmigter Ausflug auf den Markt des nächsten Städtchens, beladen mit ein paar ärmlichen Waren und begleitet von ein paar Nachbarn oder Nachbarinnen, ein aufregendes und abwechslungsreiches Abenteuer dar.

Für jede Stadt von einiger Ausdehnung war es Vorschrift, dreimal im Monat Markt zu halten. Der Indianer, der zu einem derartigen Volkstreffen aufbrach, mußte für die Dauer seiner Reise Proviant mitführen. Er war nicht berechtigt, auf Kosten der Tambo zu leben, konnte dort aber eigene Erzeugnisse gegen andere, die er benötigte, austauschen, auch durfte er die Nacht im Staatsspeicher zubringen. Sonst schlief er unter freiem Himmel, als Kopfkissen diente ihm ein flacher Stein.

Wenn man tagelang Lebensmittel und Chicha schleppen mußte, war der Weg lang und die Last schwer. Dafür entschädigte der Trubel auf dem Hauptplatz des Fleckens, wo oftmals ein Fest mit dem Markttag zusammenfiel, bei dem Sänger, Tänzer und Geschichtenerzähler ungewohnte Fröhlichkeit verbreiteten.

Natürlich konnte man von solch einem Markt ohne berufsmäßigen Handel keinen bedeutenden Warenaustausch erwarten. Was hier vor sich ging, war ein beschränkter Tauschhandel privater Art wie vor der Eroberung durch die Inka und später unter spanischer Besetzung. Dabei kauerte die Indianerin sich auf die Erde nieder, baute ihre kleinen Haufen von Korn, Kartoffelmehl, Quinua oder Pfeffer vor sich auf und verharrte nach ihrer Gewohnheit regungslos. Sie war glücklich, einem Schauspiel beizuwohnen, das in seiner Belebtheit für sie neu war und ihren Träumen neue Nahrung gab.

Der stumme Handel

Blieb eine Frau vor der «Auslage» der Wartenden stehen, hockte sie sich gegenüber und holte eigene Tauschware hervor. Etwa legte sie eine Handvoll Salz vor einen Haufen Pfeffer. Träumte die Verkäuferin unbekümmert weiter vor sich hin, mußte die Salzmenge vielleicht verdoppelt werden. Jetzt erwacht die Verkäuferin aus ihrer Regungslosigkeit, nimmt das Angebot an sich und läßt die andere ihren Verkaufsposten mitnehmen. Keine der Parteien hat bei diesem

Austausch ein Wort gesprochen, geschweige denn einen höflichen Gruß mit der andern gewechselt[1].

Dieser «stumme Handel» nimmt mitunter lange Zeit in Anspruch, denn die Indianerin hat keine Eile. Im übrigen ist es nicht immer so: trotz der Einheitlichkeit von Umwelt und Lebensart sind alte Einflüsse unbekannter Herkunft wachgeblieben und haben die Seelenregungen in gewisser Weise verschieden bestimmt. Bedürfnisse und Verhalten der Parteien weichen je nach Stammeszugehörigkeit stark voneinander ab. In Cuzco wußte jedermann, daß der Einwohner von Aucaylly die Bedingungen des Tausches sorgfältig auszurechnen trachtete, um einen Gegenwert im Hinblick auf die Beschaffenheit zu erhandeln, während der Mann aus Chinchero lediglich auf mengenmäßigen Ausgleich bedacht war[2].

Manch einer vertraute wenig auf seine persönliche Urteile und nahm lieber die Waage zu Hilfe. Diese, an der Nordküste des Reiches seit langem im Gebrauch, wo sie hauptsächlich zur Verwiegung von Edelmetallen diente, stellte ein einfaches Modell dar. Man hielt sie an einem Hebel in der Mitte hoch, an beiden Enden hing ein Sack. Den zu wiegenden Gegenstand legte man in den einen, das Gewicht in den anderen Sack. Es gab auch eine Art römische Waage mit einem verschiebbaren Gewicht. Diese beiden Instrumente hielt man in der Hand. Sie waren empfindlich und genau genug, um zuverlässige Ergebnisse zu erzielen, was bei dem hohen Wert gewisser Waren – Edelmetalle – oder bei ihrer Eigenart – toxische Medizinalpflanzen – ins Gewicht fiel.

Die Gewichte bestanden in ausgewählten Steinen, um eine Vervielfältigungsleiter zu gewinnen. Ein in der Umgebung von Huacho gefundener Sack enthielt zwei Reihen dieser Gewichte, eine von neun, die andere von vier Steinen[3].

Ein Indianer, der kein passendes Tauschobjekt fand, nahm auch Geldzeichen entgegen, zum Beispiel winzige Kupferbeile oder Muscheln ausgefallener Schattierungen, die von den Tropenmeeren herkamen und als Schmuck auf Schnüre gezogen werden konnten.

Ein kurzer Blick auf den Markt

Alle Tauschgegenstände wurden auf dem Boden ausgebreitet, und da die Tauschhändler während der Verhandlungen regungslos auf der Erde kauerten, gewann der Indianer, der stehenblieb oder durch den Markt schlenderte, einen glänzenden Überblick und konnte sich an dem farbenfrohen Bild erfreuen. Gewohnt, sich langsam zu bewegen, stieß er weder an die in allen Richtungen ausgelegten Waren, noch warf er dabei etwas um. Er genoß den scheinbaren Überfluß an herangeschlepptem Hausgut, eine Vorspiegelung von Reichtum, die nur für die Dauer eines Tages anhielt.

Die Lamajungen, Nachwuchs des Lamapärchens, auf das jede Familie Anrecht hatte, standen unbeweglich neben den von Chuño überlaufenden Säcken und den wie Schlangen aufgerollten Seilpaketen, während ihre Eltern, die alle diese Waren herbeigeschleppt hatten, zwischen den gelblich-runden Töpfen, den schlank-braunen *aribalos* oder Traggefäßen und den mit hieroglyphischen Zeichnungen bedeckten Tonschalen würdig umherschritten. Beim Heilkundigen, der zwischen einem Aufbau von Kästchen mit Heilkräutern saß, wartete der Kunde, bis die Reihe an ihn kam, um sich Rat zu holen. Zierat aus Federschmuck in hinreißenden Farben, der, aus entlegenen Wäldern stammend, eine lange Reise hinter sich hatte, brachte einen fremdländischen Farbton in die im Sand aufgereihten Sandalen und Gürtel.

Im Grunde gab es da nicht allzuviel zu sehen. Wie hätte es denn anders sein können, da dieser «Miniatur-Handel», um den Ausdruck eines zeitgenössischen Verfassers[4] zu wählen, nur von dem mit großer Mühe, zusätzlicher Arbeit oder dank ausnehmend günstiger Klimaverhältnisse erlangten Überschuß lebte.

Immerhin spürte man hier einen Hauch von Frohsinn und genoß den Zauber der Farben, man begegnete Menschen aus anderen Gegenden und hoffte auf Tanz und Gelegenheit zum Trinken. Auf viele Besucher kam wenig Handel; kein Umtrieb, kein Streit unterbrach das stille Treiben – nur ein sanfter Lärm, den das dumpfe Trippeln der Lamas unterstrich.

Aber ein Gefühl flüchtiger Entspannung machte den Markt zu einer eigenartigen Quelle der Freude: der strenge Rhythmus des Alltags war vorübergehend unterbrochen.

Die Beziehungen zum «Ausland»

Der Indianer der großen Masse hatte vom «Ausland» keine Ahnung; dieses Wort besaß für ihn eine sehr unbestimmte Bedeutung. Nur die Feldtruppen hatten eine genauere Vorstellung vom «Ausland»: Der Fremde war der Feind, den es zu bekämpfen galt, oder der Barbar, dessen Land man zu besitzen verschmähte, weil es zu erbärmlich war.

Die Mitglieder der Oberschicht empfingen auf dem Tauschwege Waren aus fernen Ländern, namentlich wenn sie in Grenzländern wohnten. In diesem Fall handelte es sich, zumal beim Indianer aus dem Volk, um Beziehungen, die vor der Eroberung durch die Inka angeknüpft worden und zuweilen uralten Ursprungs waren.

Einer der ersten spanischen Eroberer, der Lotse Ruiz, begegnete vor seiner Ankunft in Tumbez auf dem Pazifik einem Floß, das von Indianern und Untertanen des Inka bemannt war und mit einer Ladung von Stoffen, Spiegeln, Muscheln, Edelsteinen und Edelmetall gen Norden segelte[5].

Solange die harte Staatsgewalt der Inka das Leben des Handels nicht erstickte, blieb er in den kürzlich unterworfenen Provinzen und längs der Grenzen in Blüte; jedoch verlor er allmählich an Bedeutung. Dem Herrscher lag nichts daran, ihn gänzlich auszulöschen, da er selbst Nutzen daraus zog und Erzeugnisse hereinholte, die auf dem Andenhochland unbekannt waren, auch weil er die Handelsleute gerne als Spione verwendete.

Zu erwähnen wären beispielsweise im Süden des Reiches die Pehuenches der Sierra von Mendoza, die mit Salz, Tierfellen, Trockenfleisch, Pfeilspitzen und Halsbändern aus grünen und blauen Steinen, Federn von Meervögeln und eßbaren Algen handelten[6]. Als Geld bedienten sie sich kleiner, durchbohrter, zu Halsbändern aufgezogener Muscheln.

Mit den Waren kreisten auch die Nachrichten[7]. Wenn der Indianer aus dem Volk, der auf seiner Scholle saß, wenig von der Außenwelt erfuhr, so waren dagegen die Nachbarn des Reiches, die Nomaden der südlichen Pampas, die unbändigen Araukaner, die Bewohner der brasilianischen Urwälder oder der Westecke des heutigen Ecuadors über die Ereignisse im Inkareich stets auf dem laufenden. Das Gebilde des wie aus einem Block gegossenen Staates erfüllte jeden, der von ihm vernahm, mit Staunen oder Schrecken.

Was über die Reichsgrenzen hinausdrang, war das Echo der Siege, der Triumphe, der Bauwunder, der vollkommenen Statistik. Daneben entstanden Sagen, die Macht und Reichtum des Herrscherlandes mehrten. Die Strahlenkraft des Reiches war so stark, daß genaue, auf Wahrheit beruhende Einzelheiten des indianischen Alltags von außen schwer zu erkennen waren.

Schluß

Die erste offensichtliche Schlußfolgerung unserer Darstellung lehrt wieder einmal die Relativität aller Dinge. Ebensowenig, wie wir uns in Schmutz und Düsterkeit zu Hause fühlen, womit der Indianer sich völlig abfand, könnten wir uns heute an ein Plansystem gewöhnen, das ihm gemäß schien. Wer Freiheit und Eigenbesitz nicht kennt, wird sie nicht vermissen. Wir aber, die wir beides schätzen gelernt haben, würden ohne Qual und Auflehnung nicht auf sie verzichten können.

Der Inka hat nichts anderes angestrebt als eine opportunistische Lösung, die beste, die er zu erreichen vermochte, um seine Macht zu begründen, und hat einen gewaltigen Verwaltungsapparat ins Leben gerufen, der den natürlichen, geschichtlichen und geistigseelischen Bedingungen seiner Untertanen Rechnung trug. In dieser Übereinstimmung lag das Geheimnis seines Erfolges[1].

Wir wollen uns nicht fragen, was geschehen wäre, wenn die Spanier nicht in Tumbez gelandet wären. Ein kluger Kopf hat behauptet, das Inka-Regime habe eine Etappe auf dem Weg zur Freiheit dargestellt[2]. Daß die Güter der Elite Privatbesitz wurden, scheint diese

These zu bestätigen, aber die wachsende Verhärtung der Masse spricht dagegen.

Mit den Augen des zwanzigsten Jahrhunderts gesehen, vermittelt der Alltag des Indianers zur Zeit der letzten Inka den Eindruck, als sei dies feststehende Getriebe von bedrückender Vollkommenheit für alle Zeiten geschaffen gewesen. Das Unbedingte und Endgültige herrschte als unumstrittene Macht. Für den Massenmenschen gab es nichts zu lernen, als zu gehorchen, nichts vorauszudenken, nichts anzustreben. Er kannte keine Selbstversenkung und keine innere Ausstrahlung. Inka und Kronrat bildeten allein das Gehirn dieses kollektiven Kolosses.

Riesenhaft, aber dennoch begrenzt und gebunden; ein überwältigender Augenblick, jedoch unverändert wiederkehrend; Wirklichkeit gewordener Traum einer Unermeßlichkeit ohne Ausdehnung und einer Dauer ohne Folge: so tritt uns das Kaiserreich entgegen.

«Eintönigkeit, die erschöpft, Traurigkeit, die übermannt» – so nennt es ein Beobachter[3].

Indessen verstand der Indio des 15. Jahrhunderts manchen Vorteil aus seiner Lage zu ziehen. Er verdankte ihr Ordnung und Sicherheit gegen Hunger und Feinde, er fand darin seine Seelenruhe und eine Heimat, wenn auch in völliger Teilnahmslosigkeit. Er brauchte sich um niemanden zu kümmern, alles besorgte der Staat, der sich der Greise und Arbeitsunfähigen annahm. «Was Barmherzigkeit, was Mitleid ist» – schreibt Pater Cobo –, «das wissen die Indianer nicht.» Der gleiche Berichterstatter hält sich über eine Frau auf, die an einem Kinde, das gefallen ist und weint, vorübergeht, ohne es eines Blickes zu würdigen[4]. Polo de Andegardo seinerseits ist ungehalten darüber, daß die Indianer, wenn sie einem der Ihren mit gebrochenem Bein begegnen, sich darauf beschränken, den verantwortlichen Beamten von dem Unfall in Kenntnis zu setzen[5]. Nichts scheint indessen natürlicher: man darf diese Menschen deshalb nicht verurteilen, das System allein ist dafür verantwortlich.

Vielleicht wäre hier zu wiederholen, was Aristoteles von dem kommunistischen *Zukunftsstaat* Platos sagt: ‹Was für eine rohe und reizlose Gesellschaft!›

Zum mindesten hätte man meinen können, der Indianer sei glücklich gewesen. Viele haben es angenommen[6]. Dürkheim glaubt, das hervorstechende Merkmal des primitiven Menschen sei die Zufriedenheit, womit der zivilisierte Mensch als der dauernd Unzufriedene gekennzeichnet wäre[7]. Pater J. de Acosta bemerkt, der Peruaner sei sklavisch und glücklich zugleich gewesen[8]. Wir glauben aber nicht, daß der Indianer selbst mit der Freiheit sein Glück zu erkaufen vermocht hätte. Sicherlich ist das Glück eine sehr subjektive Empfindung; glücklich ist eben, wer sich für glücklich hält. Aber die indianische Seele ist voll von Widersprüchen. Die Geborgenheit im Verein mit der Trägheit des Geistes, die Befreiung von der Qual der Wahl und von jeder Verantwortung – all dies mag eine Art von vegetativem Glücksgefühl oder doch von Leidlosigkeit hervorgebracht haben.

Es hiermit bewenden lassen, hieße freilich die Vorherrschaft des mystischen Elementes in der geistigen

Haltung des Andenhochländers übersehen. Als sei die Angst der menschlichen Natur unlöslich verbunden, als könnte sie nur gewandelt, aber nie getilgt werden, so fand sie, in der sichtbaren Welt überwunden um den Preis der Freiheit, im Jenseits neue Nahrung.

Gesegnete Angst! Auf einer höheren Ebene, die sich der den Zufällen von Geburt, Krankheit und Tod unterworfenen menschlichen Planung entzieht, entriß sie die indianische Seele einem Schlummer, in den die starre Vollkommenheit des peruanischen Staatswesens sie auf ewig zu versenken gedroht hatte.

Anhang

Editorische Notiz

Die vorliegende Ausgabe beruht auf der von Curt Meyer-Clason besorgten deutschen Übersetzung des Werkes *La vie quotidienne au temps des derniers Incas* (Paris 1955), die zuerst unter dem Titel *So lebten die Inkas vor dem Untergang des Reiches* (Stuttgart 1957) erschien.

Der Text der deutschen Übersetzung wurde für diese Ausgabe von dem Südamerikaspezialisten Dr. Ferdinand Anders, Klosterneuburg, kritisch durchgesehen und bearbeitet sowie durch die neu in diesen Band aufgenommenen dokumentarischen Bildbeigaben ergänzt. Die in der ursprünglichen Ausgabe verwendete Schreibweise der Eigennamen wurde unverändert beibehalten. Es sei an dieser Stelle jedoch auf die spanische bzw. südamerikanische Akzentsetzung hingewiesen: Chim*ú*, L*ú*como, C*á*pac, Pachac*á*mac, T*ú*pac, Chav*í*n, Pachac*ú*tec, Poop*ó*see, Hu*á*scar, Aymar*á*, Tucum*á*n und Guaran*í*.

Die kommentierte Auswahlbibliographie mit Werken der älteren und jüngeren Peruanistik, ebenfalls von Ferdinand Anders, vervollständigt das Bemühen um einen erweiterten Zugang zu diesem klassisch gewordenen Werk.

Wolfgang Stammler

Zum deutschsprachigen Schrifttum über Peru und das Inkareich

Kosmographien und Reisesammlungen mit zumeist aus der Phantasie der Illustratoren entspringenden Abbildungen bestimmten durch Jahrhunderte das Amerikabild im deutschsprachigen Raum. Hinzu traten später Übersetzungen nach französischen und englischen Sittengeschichten und Kostümkunden. Sie wirkten auch auf die Vorstellungen von Peru bestimmend ein. Namentlich Abbildungen zu Inhalten nach den *Comentarios Reales* des Garcilaso de la Vega, dessen Mutter eine Inkaprinzessin gewesen war, gehören zur klassischen Literatur der Aufklärungszeit.

Auf den Spuren Alexander von Humboldts folgten wissenschaftliche Reisen. Eines der Ergebnisse war unter anderen die erste peruanische archäologische Publikation, die 1851 als *Antigüedades Peruanas* durch den Schweizer Johann Jakob von Tschudi und den Peruaner Mariano Eduardo Rivero in Wien erschien. Wilhelm Reiss und Alfons Stübel leisteten Pionierarbeit durch ihre Grabungen und Untersuchungen von Ancon an der Küste und von Tiahuanaco im Hochland. Max Uhle setzte die Forschungen später fort; Generationen von Forschern fußen auf diesen Grundlagen. Ernst Wilhelm Middendorf legte die Grundlagen zur Sprachforschung durch sein vielbändiges Werk *Die einheimischen Sprachen Perus* (Leipzig 1890–91), das seinerseits auf Tschudis Untersuchungen zur Quechua-Sprache zurückgreifen konnte. Das Inkadrama *Ollantay* erlebte im 19. Jahrhundert alleine drei Übersetzungen und Bearbeitungen in deutscher Sprache. Es gehört zur Weltliteratur (vgl. Kindlers Literatur-Lexikon), seine Wiederentdeckung für die Bühne der Gegenwart steht noch aus. Middendorf schrieb auch die dreibändige Monographie *Peru. Beobachtungen und Studien über das Land und seine*

Bewohner (Berlin 1893–95). Zu Leben und Werk Tschudis als Pionier der Peruanistik vgl. bei Ferdinand Anders, *«Johann Jakob von Tschudi – Forscher, Reisender, Diplomat»* (Schaffhausen 1984).

Studien zu Sozial- und Wirtschaftsverhältnissen durch Heinrich Cunow fanden in der 1896 veröffentlichten Schrift *Die soziale Verfassung des Inkareiches* ihren zukunftweisenden Niederschlag, in populärer Form in der *Geschichte und Kultur des Inkareiches* (Amsterdam 1936). Das Gesamtwerk Baudins gehört in diesen Kreis gestellt. Die Rechtsforschung fand in Hermann Trimborn ihre Fortsetzung. *Das alte Amerika* (Stuttgart 1959) wie die monographische Edition *Francisco de Avila* (Berlin 1967), eine der Hauptquellen zur Religionsgeschichte Altperus, seien als Beispiele der Tätigkeit genannt.

Zu den verdienstvollen Bilddokumentationen zählt Heinrich Ubbelohde-Doering, *Auf den Königsstraßen der Inka* (Berlin 1941), ein in seiner Bildsprache bisher unübertroffenes Werk. Archäologische Forschung ohne Museumsarbeit ist undenkbar. Für symbiotisch rastlose Tätigkeit in diesem Sinne muß in erster Linie Berlin genannt werden, wo das Monumentalwerk *Altperuanische Kunst* von Arthur Baessler großen Einfluß auf Eduard Seler und seine Schüler ausübte. Einen späten Niederschlag fand er in der Publikation von Handzeichnungen W. von den Steinens als *Nordperuanische Keramik* (Berlin 1954). Den Reichtum der Berliner Sammlungsbestände bezeugen die bisher erschienenen drei Katalogbände *Altperuanische Kulturen* durch Dieter Eisleb (Berlin 1978–1980). Aus anderen deutschen Sammlungen muß auf die großenteils noch erhältlichen Kataloge wie jene von München (Zerries, *Altamerikanische Kunst*, München 1977), Stuttgart (Schulze-Thulin, *Im Zeichen des Jaguars*, Stuttgart 1974), Köln (Ingeborg Bolz, *Sammlung Ludwig*, Recklinghausen 1975), Münster (Ingeborg Bolz, *Altperu*, Recklinghausen 1972), Frankfurt am Main (*Herrscher und Untertanen*, Frankfurt 1974), Hannover (*Christian Theodor Wilhelm Gretzer: Ein Hannoveraner in Lima*, Hannover 1985) und Hildesheim (*Alt-Peru. Auf den Spuren der Zivilisation*, Hildesheim 1986) verwiesen werden; die peruanischen Schätze des Museum Rietberg Zürich finden sich in Wolfgang Haberland, *Die Kunst des Indianischen Amerika* aufgeführt.

Einführende Arbeiten sind eine Reihe greifbar. So erschien in *Kindlers Kulturgeschichte* von J. Alden Mason *Das alte Peru* (englisch 1957, deutsch Zürich 1965), von Geoffrey H. S. Bushnell *Peru von den Frühkulturen zum Kaiserreich der Inka* (Köln 1957) und in der Serie *Archaeologia Mundi* von Rafael Larco Hoyle *Peru* (Genf 1966), ein bemerkenswerter Band, weil er aus der persönlichen Sicht eines der größten Sammlers Perus verfaßt worden ist. Weite Verbreitung durch etliche Ausgaben fanden von Hans Dietrich Disselhoff *Geschichte der Altamerikanischen Kulturen* (München 1967) und *Das Imperium der Inka und die indianischen Frühkulturen der Andenländer* (Berlin 1974). Einen besonderen Hinweis verdienen sein Beitrag im Band *Altamerika* in der Reihe *Kunst der Welt* (Baden-Baden 1964, zuletzt sogar als Taschenbuch erschienen), wie sein *Alltag im Alten Peru* (München 1967). All den späteren Nachdrucken hängt die durch den Forschungsstand rasch veralternde Chronologie nach, wodurch die Bekanntheit wissenschaftlicher Erkenntnisse für das breite Publikum mitunter einen Nachzieheffekt von Jahrzehnten erhält.

Immer noch mit Gewinn zu lesen ist William Prescott, *Die Eroberung von Peru*, von dem seit 1848 zahlreiche Ausgaben erschienen sind – zuletzt lediglich unter Benützung des Namens sogar Bildbände mit spärlicher Textverwendung. Eine historische Quellensammlung stellt Lieselotte und Theodor Engl, *Die Eroberung Perus in Augenzeugenberichten* (München 1975) dar; *Glanz und Untergang des Inkareiches* (München 1967) gibt eine gut bebilderte Darstellung von den gleichen Autoren.

Viktor W. von Hagen, *Sonnenkönigreiche* (München 1962) war die Übertragung eines amerikanischen Jugendbuches, ebenso das durch seine Illustration ganz vorzügliche *Pizarro und die Eroberung von Peru* von Cecil Howard und Heinrich Pleticha in der «Ensslin-Bibliothek der Weltgeschichte» (Reutlingen 1968), ein Gegenstück zu dem weit verbreiteten Band der National Geographic Society, Washington, von Loren McIntyre, *The Incredible Incas and Their Timeless Land* (Washington 1975) oder Hammond Innes, *Die Konquistadoren* (Bern 1970) als Sachbuch. Jesus und Lucienne Romé, *Leben und Liebe in Peru zur Zeit der Inkas* (Genf 1978) ist ein Beispiel für die zahlreichen billigen, gut ausgestatteten Bände, die mehr durch Bild- als Textwahl bestechen, ausgezeichnet in Bildqualität und Text die Kunst- und Architekturbände von Henri Stierlin (Fribourg 1976 u.a.). Eine kritische Auseinandersetzung mit der Behandlung von Bildquellen im Sachbuch versucht Ferdinand Anders, *Im Reiche der Inka. Utopien und Wirklichkeit* (Wien 1985), wobei auch auf den Problemkreis der «Zinnfigur» eingegangen wird. Wie sehr unkritische Romantik in Schwarzweiß-Malerei ausarten kann, zeigt schon ein Buchtitel wie Fernand Salentiny, *Santiago! Die Zerstörung Altamerikas* (Frankfurt/Main 1980) an.

Seit dem Band der Skira-Kunstgeschichte von Samuel K. Lothrop, *Das vorkolumbianische Amerika und seine Kunstschätze* (Genf 1964) sind eine Reihe ähnlicher Unternehmen gestartet worden, etwa Einzelpublikationen zu besonderen Sammlungen, so ebenfalls von Lothrop in *Altamerikanische Kunst* die Sammlung Robert Woods Bliss in Washington (Olten 1959). Ferdinand Anton, *Altperu und seine Kunst* (Leipzig 1972) oder *Altindianische Textilkunst aus Peru* (Leipzig 1984) müssen auch hervorgehoben werden, wie die Behandlung von Spezialthemen durch Armin Bollinger, *So kleideten sich die Inka* (Zürich 1983) und *So bauten die Inka* (Zürich 1979), Jürgen Golte, *Bauern in Peru. Entwicklungsfaktoren in der Wirtschafts- und Sozialgeschichte der indianischen Landbevölkerung von der Inka-Zeit bis heute* (Berlin 1973) oder der Katalog *Boote aus aller Welt* (Berlin 1984) über Schiffahrt. In anderen Katalogbeiträgen wieder zu *Rausch und Realität. Drogen im Kulturvergleich* (Köln 1981) finden sich interessante Beiträge vor allem über die Coca-Pflanze, wie auch noch Rafael Larco Hoyle, *Checan. Studie über die erotischen Darstellungen in der peruanischen Kunst* (Genf 1965) oder Federico Kauffmann Doig, *Sexualverhalten im alten Peru* (Lima 1982) erwähnt zu werden verdienen, um die reiche Palette von Sondergebieten anzuzeigen, die auch in deutscher Sprache abgehandelt sind. Für Mythen und Märchen wieder erschien 1928 erstmals in der Reihe *Die Märchen der Weltliteratur* von Walter Krickeberg *Märchen der Azteken und Inkaperuaner* (unverändert neu aufgelegt Düsseldorf 1968).

Die umfassendste Übersicht zur Geschichte des vorkolumbischen Andenraumes bietet das leider bisher nicht in deutsch erschienene Werk von Federico Kauffmann Doig, *El Peru Antiguo* (Band 1 der *Historia de los Peruanos*, zuletzt Lima 1984) oder immer noch verwendbar der zweite Band *The Andean Civilizations* des *Handbook of South American Indians* (Washington 1946). Unerläßlich für eingehende Beschäftigung ist der Sammelband von Rogger Ravines (Ed.), *Tecnología Andina* (Lima 1978), der über das einst klassische deutschsprachige Werk von Max Schmidt, *Kunst und Kultur von Peru* (Berlin 1929) weit hinausgeht.

Über 30 peruanische Autoren trugen mit ihren Beiträgen in Form einer Antologie zum Katalog der Ausstellung *Peru durch die Jahrtausende. Kunst und Kultur im Lande der Inka* (Ed. Ferdinand Anders und Federico Kauffmann Doig) bei, die 1983–84 in Niederösterreich (Schloß Schallaburg), Essen (Villa Hügel) und Schaffhausen (Museum zu Allerheiligen) gezeigt wurde (Katalog: Recklinghausen 1984) und neben einer Präsentierung einer «Exposición Peruana en Paris» (1957) die umfassendste und größte jemals außerhalb Perus gezeigt Schau darstellt. Die dort aufgeführte «ausgewählte Bibliographie» rundet die hier versuchte Skizzierung ab.

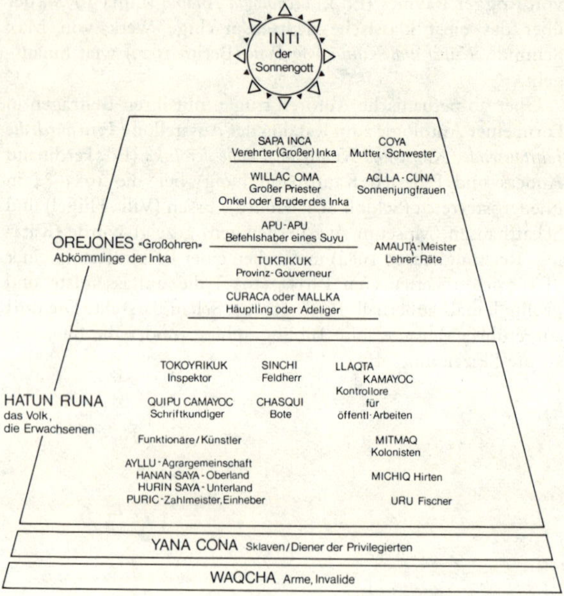

DIE SOZIALPYRAMIDE DES INKAREICHES
(NACH MARIO SARTOR, 1982)

Anmerkungen

Einleitung

1 R. Porras Barrenechea: *El cronista indio F. Guamán Poma de Ayala,* Lima 1948.
Es wird auf die 1908 durch Richard Pietschmann in der Königlichen Bibliothek in Kopenhagen erfolgte Entdeckung des kurz nach 1600 abgefaßten Manuskriptes von Guamán Poma de Ayala, *Primer Nueva Corónica y Buen Gobierno* Bezug genommen. Die reichliche Illustrierung des Werkes durch Hunderte von Handzeichnungen gibt uns eine bedeutsame Bildquelle der frühen Kolonialzeit wie der zur Abfassungszeit noch lebendig gebliebenen Vorstellungen über den vorspanischen Andenraum wieder. Paul Rivet publizierte in Paris 1936 eine Faksimile-Ausgabe; 1941–43 erfolgte durch Arthur Posnansky in La Paz (Boletín de la Sociedad Geográfica) eine reich mit Anmerkungen versehene Bearbeitung. Der Gebrauch der Bilder ist seither unerläßlicher Begleiter fast aller über die Geschichte Altperus handelnden Bücher geworden.

ERSTER TEIL: MENSCH UND UMWELT

1. Der Raum: Die Beherrschung der Natur

1 H. von Keyserling: *Südamerikanische Meditationen, 1. Kapitel,* Stuttgart 1952.
2 *El Peru en marcha,* Lima 1943. (Sehr gut belegtes Werk eines unbekannten Verfassers, herausgegeben von dem *Banco de Crédito del Perú.*)

3 Die Abgeschlossenheit ist so stark, daß nach der Sage die Stämme es einst nicht für notwendig hielten, Gefängnisse zu errichten, weil die Natur aus den Menschen ohnehin Gefangene ihres Wohnortes machte.

4 J. de Sámanos: *Relación de los primeros descubrimientos de Francisco Pizarro y Diego de Almagro,* aus *Colección de documentos indéditos para la historia de España,* Band V.

5 Thor Heyerdahl: *Die Expedition des «Kon-Tiki»,* 1951. Der richtige Name des peruanischen Gottes heißt «Tiqsi» und weicht daher von dem Namen des polynesischen Gottes ab. Über den wissenschaftlichen Anspruch der Nordländer findet der Leser eine strenge, aber gerechte Kritik in dem Artikel eines zuständigen Fachwissenschaftlers, A. Metraux: *Le Voyage du Kon-Tiki et L'Origine des Polynésiens,* in der *Revue de Paris,* Juli 1951, Seite 119, und eine nicht weniger stichhaltige in dem Aufsatz von R. Heine-Geldern: *Heyerdahl's Hypothesis of Polynesian Origins: A Criticism.* Im *Geographical Journal,* London, Dezember 1950.

6 P. Sarmiento de Gamboa: *Segunda Parte de la Historia general llamada índica,* Berlin 1906, Seite 90. M. Cavello de Balboa: *Miscelánea antártica,* französische Übersetzung Paris 1840, 7. Kapitel (unter dem französischen Titel: *Histoire du Pérou*).

7 Es ist bekannt, wie sehr die bolivianischen Soldaten des Hochlandes während des Chacokrieges in den Niederungen zu leiden hatten.

8 P. de Cieza de León: *Segunda Parte de la Crónica del Perú,* in der *Biblioteca hispano-ultramarina,* 5. Band, Madrid 1880, Kapitel CXI. J. D. von Tschudi: *Contribuciones a la historia, civilización y linguistica del Perú antiguo,* in *Colección del Perú,* Band IX, Seite 226, (deutsch: J. J. von Tschudi, Culturhistorische und sprachliche Beiträge zur Kenntnis des alten Peru, Wien 1891).

9 Ventura García Calderón: *Vale un Perú,* Brüssel 1939.

10 Dennoch haben Archäologen in Südamerika kürzlich Ackerbau-Zivilisationen ohne Mais entdeckt. W. C. Bennett: *A. Reappraisal of Peruvian Archeology,* in *American Antiquity,* Band XIII, 1948, W. C. Bennett und J. B. Bird: *Andean Culture History,* New York 1949.

11 Den besten Urkundennachweis findet man darüber bei B. Cobo: *Historia del Nuevo Mundo,* Sevilla 1890–1895, Band I, Buch IV. L. Parodi: *Relaciones de la agricultura prehispánica con la agricultura argentina actual,* in *Anales de la Academia nacional de Agronomia y Veterinaria,* 1937, Band I, Buenos Aires. L. Valcárcel: *Historia de la cultura antigua del Perú,* Band I, Buch II, Lima 1949, Seite 68. G. F. Carter: *Southwestern Journal of Anthropology,* 6. Februar 1950. G. R. Stonor und E. Anderson: *Annals of the Missouri Botanical Garden,* 1949.

2. Die Zeit: Die Nachwirkung der Vergangenheit

1 A. de Calancha: *Corónica moralizada del orden de San Agustín en el Perú,* Barcelona 1638, Buch I, Kapitel XIV.
2 Garcilaso de la Vega: *Primera Parte de los Comentarios reales,* Madrid 1723, Buch I, Kapitel XVIII. P. Sarmiento de Gamboa: daselbst, Kapitel IX und XIII.
3 R. Porras Barrenechea: *Mito, tradición e historia del Perú,* Lima 1951, Seite 25.
4 Garcilaso de la Vega: *Comentarios reales,* Buch I, Kapitel XVIII.
5 A. Ramos Gavilan: *Historia del célebre santuario de Nuestra Señora de Copacabana,* Lima 1621, Seite 5.
6 R. Porras Barrenechea: *Mito, tradición e historia,* Seite 23.
7 M. Cavello de Balboa: *Miscelánea antártica,* Teil III, Kapitel XVII.
8 J. Anello Oliva: *Histoire du Pérou,* Paris 1857, Kapitel 3 bis 5.
9 López de Gómara: *Historia general de las Indias,* in *Biblioteca de autores españoles,* Band XXII, Madrid 1852, Seite 232.
10 Die Vermutung einer Erdbebenkatastrophe wird von J. Imbelloni bestritten: *Las Tabletas parlantes de Pascua,* in *Runa* (Buenos Aires), Band IV, 1951, Seite 93.
11 J. Imbelloni: *La Esfinge indiana,* Buenos Aires 1926, Anhang von E. Palavecino: Seite 335, R. Cúneo-Vidal: *Historia de la civilización peruana,* Barcelona, Seite 85.

12 R. Porras Barrenechea: *Mito, tradición e historia,* Seite 21.
13 F. Montesinos: *Memorias antiguas historiales políticas del Perú,* in *Colección de libros españoles raros e curiosos,* Madrid 1882, Band XVI, Kapitel IV.
14 R. Larco Hoyle: *Los Mochicas,* Lima 1939, Band II, Kapitel V.
15 J. de Velasco: *Historia del Reino de Quito,* Quito 1841 bis 1844, 3 Bände.
16 Verschiedene Verfasser: *Lima precolombina y virreinal,* Lima 1938, Seite 49.
17 R. Carrión Cachot: *Ancón,* Lima 1951.
18 H. Urteaga: *Tambo Colorado,* in *Boletín de la Sociedad geográfica de Lima,* 1939, Seite 85.
19 J. Mendoza del Solar: *La evolución social y política del antiguo Perú,* Arequipa 1920, Seite 65. H. Castro Pozo: *Del ayllu al cooperativismo socialista,* Lima 1936. F. Cosio: *La Propriedad colectiva del ayllu,* in *Revista Universitaria del Cuzco,* 1948, I. J. A. Fonvielhe: *L'évolution juridique de l'Indien du Pérou,* maschinenschriftl. Dissertation, Bordeaux 1952. Die soziologische Schule Deutschlands von H. Cunow geht von dem Grundsatz aus, daß der Aufbau des vorkolumbischen Peru auf dem *ayllu* fuße. (*Die soziale Verfassung des Inkareichs,* Stuttgart 1896, Seite 39.)
20 P. J. de Arriaga: *Extirpación de la idolatría del Perú,* Lima 1621.
21 Der Streit über diesen Punkt ist lebhaft und verworren, insbesondere in bezug auf die beiden Phratrien von Cuzco. Man ziehe zur Hand: F. Montesinos: *Memorias antiguas historiales,* Kapitel I und VI. B. de las Casas: *De las antiguas gentes del Perú,* in *Colección de libros y documentos referentes a la historia del Perú,* Lima 1939, Kapitel XVII. Sarmiento de Gamboa: *Historia general,* Kapitel VIII und XIX. J. de Matienzo: *Gobierno del Perú,* Buenos Aires 1910, Kapitel XV.
22 J. Vellard: *Un village de structure précolombienne en Bolivie,* in *Annales de Géographie,* Juli 1943, Seite 206. McBride: *The Agrarian Indian Communities of Highland Bolivia,* New York 1921, Seite 14.
23 M. Kuczynski-Godard: *El pensamiento arcáico mítico del campesino peruano,* Lima 1948, Seite XXXIII. A. Miro Quesada: *Costa, sierra y montaña,* Lima 1947, Seite 400.

24 Insbesondere an der Nordküste Perus.

25 Durch ihre Heirat tritt die Frau dem *ayllu* ihres Gatten bei. A. Sivirichi: *Derecho indígena peruano,* Lima 1946, Seite 221.

26 Garcilaso de la Vega: *Comentarios reales,* Buch IV, Kapitel VIII. Vaca de Castro: *Discurso sobre la descendencia y gobierno de los Incas,* in *Colección de libros y documentos referentes a la historia del Perú,* Band III, Reihe II, Lima 1920, Seite 24. J. Mejia Valera: *Organización de la sociedad en el Perú precolombino,* Lima 1946, Kapitel IV. Für C. Levi-Strauss ist die Bestätigung des Verbotes der Blutschande ein Wendepunkt von außerordentlicher Bedeutung in der Menschheitsgeschichte: es zeigt nämlich den Übergang von der natürlichen Ordnung zur kulturellen Ordnung, vom Erduldeten zum Gewollten an, es weist kurzum auf das Heraufkommen einer neuen Ordnung hin, denn dieses Verbot entspricht der ersten Formulierung einer vom Naturgebot losgelösten Vorschrift. Diese Vorschrift ist nicht willkürlich, sie gehorcht vielmehr dem Grundsatz der Gegenseitigkeit: ich verzichte auf Schwester und Tochter, daher muß mein Nachbar desgleichen tun, damit ich mir meine Frau bei ihm holen kann. Daher die Einrichtung der Exogamie (*Les structures élémentaires de la parenté,* Paris 1949).

Hier ist nicht der Ort, um das unklare Problem der Exogamie und Endogamie bei den Inka zu untersuchen. Im allgemeinen ist die Heirat in bezug auf die totemistische Gruppe exogam, aber endogam im Sinne der politischen Gesellschaftsordnung (C. Bouglé: *Essais sur le régime des castes,* Paris 1908). Über die Verwandtschaftsgrade siehe H. Cunow: *El sistema de parentesco peruano y las comunidades gentilicias de los Incas,* Paris 1929.

27 So ist es noch mit den heutigen *fiestas* in Bolivien.

28 L. Baudin: *Der sozialistische Staat der Inka,* rororo 1956.

29 In der Stadt Ayacucho drückt sich das Andenken an *Potlatch* durch ein lästiges Jahresfest aus, das jeweils zwei Familien bestreiten müssen und das mehrere Tage dauert (M. Kuczynski-Godard: *El pensamiento arcáico,* Seite XXXII). Demgegenüber löst die gesellschaftliche Geringschätzung das Gemeinschaftsgefühl auf; wer einen Nachbarn bestohlen hat,

muß fortgehen. (J. Delgado: *Folklores y apuntes para la sociologia indígena,* Lima 1931.)

30 H. Bingham: *Lost City of the Incas,* New York 1948, Seite 186.

3. Die Gesellschaft: Das dualistische Prinzip

1 E. G. Squier: *Peru, Incidents of Travel and Exploration in the Land of the Incas,* London 1877, Kapitel VII, VII, IX. O. Holstein: *Chanchan, Capital of the Great Chimu,* in *Geographical Review* 1927, Seite 36. R. Larco Hoyle: *Los Mochicas,* 2 Bände, Lima 1938.

2 J. T. Polo: *Indios del Perú y de Bolivia,* in *Boletín de la Sociedad geográfica de Lima,* 1901, Seite 445. E. Palavecino: *Los Indios Urus de Iruito,* in *La Prensa,* Buenos Aires, 18. November 1934. J. Uriel Garcia: *Pueblos y paisajes sudperuanos,* Lima 1949, Seite 54. J. Vellard: *Contribution à l'étude des Indiens Uru,* in *Travaux de l'Institut français d'Études andines,* Lima 1949.

3 A. Posnansky: *Tiahuanacu,* New York 1946. Vielleicht hat es mehrere aufeinanderfolgende Aymara-Kulturen gegeben, die Auseinandersetzung hierüber ist lebhaft gewesen. Siehe J. Imbelloni: *La Esfinge indiana,* Seite 45.

4 G. Rouma: *Quitchouas et Aymaras,* Brüssel 1933.

5 Garcilaso de la Vega behauptet, die Inka hätten eine eigene, vom Quechua abweichende Sprache besessen, deren Gebrauch der Masse verboten gewesen sei. (*Comentarios reales,* Buch VIII, Kapitel I.)

6 Über den Unterschied zwischen Elite und Masse siehe L. Baudin: *L'Aube d'un nouveau Libéralisme,* Paris 1953, Kapitel VIII.

7 A. Oliva: *Histoire du Pérou,* Seite 22. L. Baudin: *La Formation de l'élite et l'enseignement de l'histoire dans l'Empire des Incas,* in *Revue des Études historiques,* April 1927, Seite 107.

8 M. de Morua: *Historia del origen y genealogía real de los reyes Incas del Perú,* Lima 1925. C. de Molina: *Relación de las fábulas y ritos de los Incas,* Lima 1916. F. Montesinos: *Memorias*

antiguas. R. Porras Barrenechea: *Quipu y quilca,* in *Mercurio peruano,* Januar 1947.

9 P. de Cieza de León: *Crónica del Perú,* Kapitel XLIV.

10 P. Ainsworth Means: *Ancient Civilizations of the Andes,* New York 1931. M. R. T. de Diez Canseco: *Pachacutec Inca Yupanqui,* Lima 1953. Dieses ausgezeichnete Werk ist uns besonders nützlich gewesen.

4. Die Geistesart der Indianer

1 P. J. de Arriaga: *Extirpación de la idolatría del Perú,* S. 16.

2 Man vergleiche Levy-Bruhl: *L'Âme primitive,* Paris 1927, Seite 134.

3 J. Tello: *Wira-Kocha,* Zeitschrift *Inka,* Lima 1923.

4 J. de Arona: *Diccionario de peruanismos,* in *Biblioteca de cultura peruana,* No 10, Paris 1938, Seite 233.

5 Wenn einst die Sage die Wirklichkeit verschlang, wird heute vielleicht die Sage aus dem Wunsch, der Wirklichkeit zu entfliehen, aufrechterhalten. (M. Kuczynski-Godard: *El pensamiento arcáico,* Seite IX.)

6 Garcilaso wußte genau, daß er seine Zeitgenossen damit vor den Kopf stoßen würde, hat sich aber trotzdem unmißverständlich ausgedrückt: *Comentarios reales,* Buch II, Kapitel VI. Las Casas fügt hinzu, die Indios hätten mehr gewußt von Gott als Griechen und Römer: *Apologética historia sumaria,* Madrid 1909, Band I, Kapitel CXXVI. Man lese auch nach bei W. Prescott: *Geschichte der Eroberung Perus,* deutsche Ausg. 1927. P. Ainsworth Means: *Ancient Civilizations of the Andes,* Seite 429.

7 Nichts war für die Spanier schwerer zu begreifen als eine dualistische Religionsauffassung. A. Bandelier glaubt, daß es noch heute Geheimbünde auf dem Hochland Perus gebe: *The Islands of Titicaca and Coati,* New York 1910, Seite 123.

8 B. Cobo: *Historia del Nuevo Mundo,* Band IV, Seite 47. M. Uhle: *Pachacamac,* Philadelphia 1903.

9 B. Cobo: *Historia del Nuevo Mundo,* Band III, Seite 124.

10 B. Cobo: *Historia del Nuevo Mundo,* Band III, Seite 156. J. de Betanzos: *Suma y Narración de los Incas,* in *Biblioteca hispano-ultramarina,* Madrid 1880, Kapitel XI. C. de Molina: *Relación de las fábulas y ritos.* M. R. T. de Diez Canseco: *Pachacutec Inca Yupanqui,* Seite 136.

11 Diese Standbilder besaßen ein Menschenantlitz und waren mit Kleidern angetan. Eine derartige Wiedergabe eines abstrakten Gottes ist überraschend. In allen Berichten der Chronisten gibt es noch viele Unklarheiten.

12 Man lese an späterer Stelle nach: Das Familienleben des Massenmenschen.

13 R. Porras Barrenechea: *Las Relaciones primitivas de la conquista del Perú,* Paris 1937, Seite 51.

14 L. Baudin: *La Vie de François Pizarre,* Paris 1930, S. 91.

15 R. Porras Barrenechea: *Una Relación inédita de la conquista del Perú,* Madrid 1940.

ZWEITER TEIL: VOM LEBEN DER ELITE

1. Das Leben des obersten Inka

1 Unsere Beschreibung wurde angeregt durch die Zeichnungen von Poma de Ayala und besonders von derjenigen, welche Pachacutec auf Seite 108 darstellt. Man findet diese Zeichnungen in der Pariser Ausgabe von 1936 oder in der handlicheren von La Paz von 1944. Die Handschrift von Poma de Ayala hat als Titel: *Nueva Corónica y buen gobierno.*

2 Dies war der Fall beim Tode von Huayna Capac: in diesem Augenblick entstanden Zweifel über die rechtmäßige Thronbesteigung Huascars, der von seinem Vater auf dem Totenbett bestimmt worden war, ohne öffentlich ausgerufen zu sein. Dies war einer der Gründe des Bürgerkrieges zwischen den beiden Brüdern.

3 J. de Betanzos: *Suma y Narración de los Incas,* Kapitel XVII. C. de Molina: *Fábulas y ritos,* Seite 35. De Diez Canseco: *Pachacutec Inca Yupanqui,* Seite 107.

4 M. de Morua: *Historia,* Buch III, Kapitel XXXI. J. de Betanzos: *Suma y Narración.*

5 F. de Santillán: *Relación del origen, descendencia, política y gobierno de los Incas,* in *Tres relaciones de antiguedades peruanas,* Madrid 1879, Paragraph 18.

6 B. Cobo: *Historia del Nuevo Mundo,* Buch XII, Kapitel XX.

7 L. Baudin: *L'Inca Pachacutec, réformateur du monde,* in *Annales de l'Université de Paris,* April 1953.

8 Cieza de León: *Crónica del Perú,* Erster Teil, Kapitel LXXXI. Die österreichische Kreisjagd ist in viel kleinerem Maßstab der peruanischen Jagdmethode verwandt.

9 E. Yacovleff: *Los Falconidos en el arte y en las creencias peruanas,* in *Revista del Museo Nacional de Lima,* 1932, No 1, Seite 56.

10 F. de Jerez: *Verdadera Relación de la conquista del Perú,* in *Biblioteca de cultura peruana,* No 2, Seite 59. F. Montesinos: *Memorias antiguas,* Kapitel XXII.

11 Poma de Ayala: *Nueva Corónica,* Seite 136.

12 Lope de Atienza: *Compendio historial del Estado de los Indios del Perú,* Quito 1931, Seite 58.

13 Poma de Ayala: *Nueva Corónica,* Seite 120 und folgende.

14 Uriel Carcia: *La Ciudad de los Indios,* El Cuzco 1922. R. Larco Herrera: *El Cuzco precolombino* in *Revista Universitaria de Cuzco,* 1929, Seite 224. S. Hagar: *Cuzco, the Celestial City,* New York 1902.

15 Pedro Sancho nimmt an, daß diese Rinne auf beiden Seiten gerade Raum für einen Reiter lasse: *Relación para S. M.* in *Biblioteca de cultura peruana,* No 2, Paris 1938, Seite 177.

16 Garcilaso de la Vega: *Comentarios reales,* Buch VII, Kapitel VIII.

17 Die Fachforscher der Baukunst werden des Lobes hierüber nicht müde; zum Beispiel Fergusson: *Handbook of Architecture,* London 1865, Buch III, Kapitel III. H. Velarde: *Arquitectura peruana,* Mexico 1946, Seite 44.

18 Über den Palast von Tomebamba; C. Balboa: *Histoire du Pérou,* Kapitel XI. Über den Palast von Latacunga; A. de Ulloa: *Voyage historique de l'Amérique méridionale,* Amsterdam 1752, Buch VI, Seite 387. Über den Palast von Cajamarca: F. de Jerez: *Verdadera relación,* Seite 66.

19 E. Harth-Terré: *Incahuasi,* in *Revista del Museo Nacional de Lima,* 1933, No 2, Seite 101.

20 Pedro Pizarro: *Relación del descubrimiento y conquista del Perú*, in *Biblioteca de cultura peruana*, Paris 1938, No 2, S. 291, 303, 304.
21 R. Porras Barrenechea: Einführung zum *Vocabulario* von D. Gonçalez Holguin, Lima 1952, Seite XXXIV.
22 P. Patrón und C. A. Romero: *La Tribu Tampu y la lengua especial de los Incas,* in *Inca,* 1923, Seite 432.

2. Das Leben der Oberschicht

1 M. de Morua: *Historia,* Buch III, Kapitel II und IV.
2 E. Yacovleff: *Los Falconidos en el arte y en las creencias de los antiguos Peruanos,* in *Revista del Museo Nacional de Lima* 1932, Seite 96.
3 Es ist bedauerlich, daß die Berichte der Chronisten in vielen Punkten voneinander abweichen. Garcilaso de la Vega: *Comentarios reales,* Buch VI, Kapitel XVI u. XXV. B. Cobo: *Historia del Nuevo Mundo,* Band III, Kapitel XXVII. J. de Betanzos: *Suma y Narración de los Incas,* Kapitel XIV. De Diez Canseco: *Pachacutec Inca Yupanqui,* Seite 222.
4 B. Cobo: *Historia del Nuevo Mundo,* Band III, Kapitel XXXIV.
5 Garcilaso de la Vega: *Comentarios reales,* Buch IV, Kapitel I und II.
6 R. Porras Barrenechea: *Una Relación inédita,* Seite 14.
7 M. de Morua: *Historia,* Buch III, Kapitel XXXV.
8 *Relación de las costumbres antiguas de los naturales del Perú,* in *Tres relaciones de antiguedades peruanas;* abgedruckt in der *Revista del Archivo del Cuzco,* 1953, No 4, Seite 383. Dieses Schriftstück wird dem Jesuitenpater Blas Valera, geboren 1545 in Peru, wo er bis 1590 lebte, zugeschrieben. Er starb in Spanien im Jahre 1596.
9 Ramos Gavilan: *Historia de Copacabana,* Seite 94 und 99. F. de Santillán: *Relación,* Paragraph 35.
10 C. de Castro und D. de Ortega Morejón: *Relación y declaración del modo que este valle de Chincha y sus comarcanos se gobernaban* ... und so weiter, in *Colección de documentos inéditos para la historia de España,* Band L, S. 244. *Relaciones*

geográficas de Indias, Madrid 1881, Band II, Seite 72, und Band III, Seite 217.

11 R. Cobo: *Historia del Nuevo Mundo,* Buch XII, Kapitel XV.

3. Die Verwaltung

1 P. de Cieza de León: *Segunda Parte de la Crónica del Perú,* Kapitel XXXIX. Poma de Ayala: *Nueva Corónica,* Seite 365.

2 Über diese Bemühungen liegt ein Wortlaut vor, dessen Verfasser unbekannt ist. J. H. Howland Rowe: *Inca Culture at the Time of Spanish Conquest,* in *Handbook of South-American Indians,* Band II Washington 1946, Seite 328. G. V. Callegari glaubt, daß die Peruaner Sonnenwende und Nachtgleiche errechneten: *Conoscenze astronomiche degli antichi Peruviani,* in *Rivista Abruzzese,* 1914.

3 J. Matos Mar: *Marco geográfico del area cultural del Kauke en el Perú,* Lima 1950.

4 J. Vellard: *Contribution à l'étude des Indiens Uru,* 1949, Seite 145 – 1950, Seite 51 – 1951, Seite 3.

5 J. M. Camacho: *La lengua aymará,* in *Boletín de la Sociedad geográfica de la Paz,* Dezember 1945, Seite 3. R. Porras Barrenechea, Einführungen zum *Lexicon zur Grammática* von Fray Domingo de S. Tomás, und zum *Vocabulario* von Gonçalez Holguin, Lima 1951–1952. L. J. Cisneros: *La primera gramática de la lengua del Perú,* in *Boletín del Instituto Riva-Aguero,* 1951–1952, No 1, Seite 197.

6 Folgende Worte spiegeln nach R. Porras Barrenechea die Sprachpflege des Quechua wider: «Der, welcher schlecht und zaudernd spricht; der, welcher keine angemessene Rede führt; eine feine und elegante Sprache sprechen; mit unmittelbarer Redeweise bewundernswerte Dinge vorbringen; der, welcher eine von Fremdworten untermengte Sprache gebraucht.» (Einführung zum *Vocabulario* des D. Gonçalez Holguin, S. XLI.)

7 Der Chronist bringt uns Zeichnungen zweier Sekretäre, die reich mit Schnürchen versehene Quipus tragen: *Nueva Corónica,* Seite 358 und 360.

8 L. Locke: *The Ancient Quipu,* in *The American Museum of Natural History,* 1923. E. Nordenskiold: *The Secret of Peruvian Quipus,* Göteborg 1925. P.D. Kreichgaver: *Das Rätsel der Quipus,* in *Anthropos,* 1928, Seite 322. J. G. Llosa: *La Estadística en el Imperio de los Incas,* in *Revista Universitaria de Cuzco,* 1950, I, Seite 105. Über den Quipu des *Musée de l'Homme* in Paris siehe *Bulletin du Musée d'Ethnologie du Trocadéro,* Januar 1931, Seite 16.

9 R. Porras Barrenechea: *Quipu y Quilca,* in *Mercurio Peruano,* Seite 28.

10 Über Einzelheiten bitte nachlesen: L. Baudin: *Der sozialistische Staat der Inka,* Seite 125.

11 Diese Einteilung wurde durch die uns von Poma de Ayala übermittelte angeregt, doch besteht ein Zweifel über die Tributpflichtigen, die möglicherweise die Männer von 25 bis 60 Jahren umfaßten und nicht nur bis zu 50 Jahren. Dies geht aus der Handschrift von Chucuito hervor (M. Helmer: *La vie économique au XVIe siècle sur le haut plateau andin,* in *Travaux de l'Institut français d'Études andines,* Lima 1951, Seite 128). Indessen gibt F. de Santillán an, daß die Indios von fünfzig bis sechzig Jahren das Land bestellten, aber keinen Tribut bezahlten (in dem Sinne, den wir diesem Wort geben würden). (*Relación,* Paragraph 11.) Cabeza de Vaca gibt noch eine andere Einteilung an in *Relaciones geográficas,* Band II, Seite 71.

12 Polo de Ondegardo: *De la orden que los Indios tenyan en dividir los tributos . . .,* in *Colección de documentos inéditos del archivo de Indias,* Band XVII.

13 F. de Santillán: *Relación,* Seite 52.

14 L. Valcárcel: *Historia de la cultura antigua del Perú,* Band I, Buch II, Lima 1949, Seite 192 und 197.

15 Damián de la Bandera: *Relación general de la disposición y calidád de la provincia de Guamanga,* in *Relaciones geográficas de Indias,* Madrid 1881, Seite 100.

16 C. de Castro und D. de Ortega Morejón: *Relación y declaración,* Seite 215.

17 P. de Cieza de León: *Segunda Parte de la Crónica,* Kapitel LXXVI und C.

18 P. de Ondegardo: *Relación de los fundamentos acerca del notable daño que resulte de no guardar a los Indios sus fueros,* in *Colección de documentos inéditos del Archivo de Indias,* Band XVII, Seite 69.

19 P. de Cieza de León: *Segunda Parte de la Crónica,* Kapitel XV.

20 Pedro Sancho: *Relación,* Seite 142 und 145.

21 «En limaçon», schreiben die Spanier.

22 General Langlois: *De-ci, de-là, à travers le Pérou précolombien,* in *La Géographie* 1936, Seite 29.

23 P. Feijos: *Archeological Explorations in the Cordillera Vilcabamba South-Eastern Peru,* New York 1944.

24 An der Querstraße, die vom Rimactal zum Hochland führte, steht ein solcher Markstein beim Eingang in den Berg unweit Chosica in der Umgebung von Lima.

25 Heute liegt sie mehrere Kilometer vom Meer; der Hafen, fünfzehn Kilometer entfernt, heißt, wie sich das gehört, Puerto-Pizarro.

26 Nach Cieza de León: *Crónica, Primera Parte,* Kapitel XXXVII.

27 Über einen für die Andenstraßen sehr schmeichelhaften Vergleich lese man General Langlois: *De-ci, de-là, à travers le Pérou précolombien,* in *La Géographie,* Seite 26.

28 López de Gómara zählt eine Reihe von Überschreitungsweisen von Wildbächen auf (*Historia general de las Indias,* Kapitel CXCIV). Gute Beschreibungen von Brücken findet man bei Miguel Estete: *Relación, Biblioteca de cultura peruana,* Band II, Seite 80 (die Brücke über den Santa-Fluß) und bei Pedro Sancho: *Relación,* derselbe Band, Seite 138 (Brücke über den Jauja-Fluß).

29 Einem derartigen Übergang über den hohen Pastaza im ecuadorianischen *Oriente* haben wir beigewohnt.

30 Ventura García Calderón: *Le Sang plus vite,* Paris 1934, Seite 108. Dieser ausgezeichnete Romanschriftsteller hat mit der Panne eines solchen Schiffchens, das mitten über dem Fluß hängenblieb, eine großartige dramatische Wirkung zu erzielen verstanden, da sich ein junges Paar darin befindet, das, bis zum Oberkörper im Wasser stehend, die Nacht verbringen muß, bis der Tagesanbruch eine Reparatur ermöglicht.

31 Garcilaso de la Vega: *Comentarios reales,* Buch VI, Kapitel XXXVI.

32 *Relación anónima,* in *Tres relaciones de antiguedades peruanas,* Madrid 1879, Seite 200, Gesetz 23. In Frankreich ersuchte Ende des letzten Jahrhunderts ein zum Tode Verurteilter und nachträglich vom Staatschef begnadigter Offizier den Staatsrat um Annullierung des Gnadenaktes, weil dieser eine militärische Degradierung mit sich brachte, die er als schwerere Strafe als den Tod ansah. (Staatsrat, 30. Januar 1893.)

33 B. Cobo: *Historia del Nuevo Mundo,* Band VIII, Buch XII, Kapitel XXV. H. Urteaga gibt einen Aufriß dieser Organisation an in: *La Organización judicial en el Imperio de los Incas,* Lima 1928, Seite 28.

34 P. J. de Arriaga: *Extirpación de la idolatría del Perú,* Kapitel V.

35 H. Trimborn: *Straftat und Sühne in Alt Peru,* in *Zeitschrift für Ethnologie,* 1925.

36 C. de Castro y D. de Ortega Morejón: *Relación y declaración.*

37 Poma de Ayala: *Nueva Corónica,* Seite 302ff.

38 *Revista des archivo histórico del Cuzco,* 1953, No 4, S. 91.

39 Vocabularios de Fray Domingo de Santo Tomás de D. Gonçalez Holguin.

4. Das Leben des Militärs

1 Léon Gautier: *La Chevalerie,* Paris, Seite 753.

2 H. Urteaga: *El ejercito incáico* in *El Perú,* Lima 1928, S. 111.

3 M. E. de Rivero und J. D. de Tschudi: *Antiquités péruviennes,* Paris 1859, S. 217.

4 P. de Cieza de León: *Segunda Parte de la Crónica del Perú,* Kap. XVII.

5 A. B. Gayoso: *Relación* in *Relaciones geográficas de Indias,* Band III, S. 159.

6 Die *gauchos* vom La Plata-Fluß bedienen sich dieser *ayllos,* genannt *bolas,* um Pferde einzufangen.

7 P. de Cieza de León: *Segunda Parte de la Crónica del Perú,* Kapitel XLVI.

8 E. Yacovleff: *Los Falconidos,* Seite 66.

9 Bei diesen Guaranis befand sich ein von der brasilianischen Küste gekommener Portugiese. Dieser kühne Abenteurer ist der erste Weiße, der die Grenzen des Inkareiches erreicht hat, und zwar im Jahre 1526 westlich von Chuquisaca – dem heutigen Sucre. Er hieß Alejo Garcia (E. Nordenskiold: *The Guarani Invasion of the Inca Empire in the Sixteenth Century*, in *The Geographical Review*, 1917, S. 103.

10 R. Schippee: *Air Adventures in Peru*, in *National Geographical Magazine*, Januar 1933.

11 Pedro Sancho: *Relación*, Seite 178.

12 Garcilaso de la Vega: *Comentarios reales*, Buch VII, Kapitel XXVII, XXVIII, XXIX.

13 H. Velarde: *Architectura peruana*, Seite 39. Keine der Inka-Mauern ist bei dem entsetzlichen Erdbeben vom 21. Mai 1950 eingestürzt, das zwei Drittel der Stadt zerstört hat: Intensität 7 der Mercalli-Skala, Dauer zehn Sekunden (*Cuzco*, Veröffentlichung der UNESCO, Paris 1951).

5. Das geistliche Leben

1 H. Trimborn: *Die Organisation der öffentlichen Gewalt im Inka-Reich*, Wien 1928.

2 *Tres relaciones de antiguedades peruanas*, Seiten 157ff., Wortlaut des *Revista del archivo histórico del Cuzco*, 1953, No 4, Seite 362.

3 P. J. de Arriaga: *Extirpación de la idolatría del Perú*, Kapitel III.

4 *Literatura Inca*, in *Biblioteca de cultura peruana*, Paris 1938, Band I, S. 201.

5 J. Wilbois: *Prolégomènes*, in *M. Brillant und R. Aigrain: Histoire des Religions*, Paris 1953, Band I, Seite 31.

6 L. de Gómara: *Historia general de las Indias*, Seite 232.

7 Diese Vorstellungen sind lebendig geblieben. Geschieht es, um die Freuden des Ehelebens wiedergutzumachen, daß bei den Colla der Gatte seine Frau nach der Hochzeit verläßt und mehrere Jahre lang Amerika duchwandert, um Heilkräuter zu verkaufen? Oliveira Cezar: *Leyendas de los Indios Quichuas*, Buenos Aires 1893.

8 P. Gordon: *Les Religions des Primitifs,* in *M. Brillant und R. Aigrain: Histoire des Religions,* Band I, Seite 240.
9 *Revista del archivo histórico del Cuzco,* 1953, No 4, S. 373.
10 *Revista del archivo histórico del Cuzco,* Seite 376.
11 *Poesia, música y danca inca,* in *Colección Mar Dulce,* Buenos Aires 1943, S. 57.
12 M. Uhle: *Pachacamac,* Philadelphia 1903, Seite 86.
13 J. D. von Tschudi: *Contribuciones a la historia,* Seite 217. E. J. Payne: *History of the New World,* Oxford 1892, S. 548.
14 B. Cobo: *Historia del Nuevo Mundo,* Buch XIII, Kapitel XXI–XXII. M. de Morua: *Historia,* Buch XIII, Kapitel XIII. C. de Molina: *Relación de los fábulas e ritos.* J. C. Tello und P. Miranda: *Wallalo,* in *Inca,* 1913, Seite 321.
15 Dieser religiöse Dualismus zeichnet sich in der Geschichte durch den Gegensatz zwischen den beiden Helden Montezuma und Cuauhtemoc ab, der eine «empfindet die Faszination des Selbstmordes», der andere gehorcht dem Gott des Kampfes und bringt am Tage nach der *noche triste* dem Götzenbild die noch zuckenden Herzen der spanischen Gefangenen dar. H. Perez Martinez: *Cuauhtemoc, Leben und Tod der Aztekenkultur,* Paris 1952.
16 P. J. de Arriaga: *Extirpación de la idolatría del Perú,* S. 8.
17 M. Estete: *Relación,* Seite 231.
18 P. de Cieza de León: *Segunda Parte de la Crónica del Perú,* Kapitel XLIV.
19 P. de Cieza de León: *Segunda Parte de la Crónica del Perú,* Kapitel LXXXIX.
20 A. Ramos Gavilan: *Historia del célebre santuario de Nuestra Señora de Copacabana.*
21 B. Cobo: *Historia del Nuevo Mundo,* Buch XIII, Kapitel XVIII.
22 L. Alayza y Paz Soldan: *Mi País,* Lima 1944, Band III, Seite 300.
23 Der Name ist: Catachillay.
24 Man lese eine Zusammenfassung dieser Beschreibung nach bei L. Baudin: *La Vie de François Pizarre,* Paris 1930, Seite 69. Eine Wiedergabe dieser Zeichensammlung findet man bei P. A. Means: *Ancient Civilizations of the Andes,* Seite 394.

25 R. Lehmann-Nitsche: *Coricancha, Revista del Museo de la Plata,* 1928, Seite 1. Dieser Verfasser hat festgestellt, daß die Beschreibung, die der Indio Santa-Cruz Pachacuti Yanqui Salcamayhua, wiedergegeben in *Tres Relaciones de antiguedades peruanas,* sich auf die Zeichnungen des Sonnentempels in Cuzco bezieht. Die von Vater B. Cobo gelieferten Angaben vervollständigen diese Beschreibung.

26 B. Cobo: *Historia del Nuevo Mundo,* Band III, Seite 325.

27 P. A. Means: *Ancient Civilizations of the Andes,* S. 403. Pachacutec soll die ältesten dieser Mumien haben anfertigen lassen. (Garcilaso de la Vega: *Comentarios reales,* Buch III, Kapitel XX.)

28 R. Loredo: *El Reparto de los tesoros del Cuzco,* zitiert bei M. R. de Diez Canseco: *Pachacutec Inca Yupanqui,* S. 132.

29 C. de Molina: *Fábulas e ritos:* P. J. de Arriaga: *Extirpación de la idolatría del Perú,* Kapitel V.

30 Der goldene Deckel einer dieser Brunnen wurde bei der Verteilung der Beute durch Franzisco Pizarro an Mancio Serra de Leguizamo vergeben, und nicht die Sonnenscheibe des Tempels in Cuzco, wie es fälschlich wiederholt berichtet wurde. (R. de Lisárraga: *La descripción y población de las Indias,* in *Nueva Biblioteca de autores españoles,* Madrid 1909, Buch I, Kapitel LXIII.) Es ist dieser Deckel, den jener Kavalier verspielte. Die berühmte Redewendung: «Er verliert die Sonne, bevor sie aufgeht», fußt nicht auf einer geschichtlichen Begebenheit.

31 Die Kirche Santo Domingo, von den Spaniern auf den Mauern des Sonnentempels errichtet, wurde von dem Erdbeben im Mai 1950 zerstört; ihr künstlerischer Wert war gering. Man spricht davon, ihr Verschwinden zu nutzen, um das alte Gebäude wiederaufzubauen und in derselben Art zu rekonstruieren, wie es einst stand. Leider fehlen genaue Angaben der Chronisten, und die Überreste sind verschwindend gering. (M. Chavez Ballón: *El Templo del Sol o Quoricancha,* in *Revista del Instituto Americano de Arte,* Cuzco 1952, Band II, Seite 18.)

32 Garcilaso de la Vega: *Comentarios reales,* Buch VI, Kapitel XX bis XXIII.

33 Das Sonnenfest wurde in Peru gesetzlich im Jahre 1930 wieder eingeführt und hat den Namen «Fest des Indio» empfangen. Allerwärts findet man heute im Lande die alten Riten in katholischer Form. Manche Verfasser gehen sogar so weit, von einer «Mischreligion» zu sprechen.

6. Wissenschaft und Kunst

1 J. H. Howland Rowe: *Inca Culture at the Time of Spanish Conquest,* Seite 323. Diese Säulen oder Säulenfüße heißen *intihuatana.*

2 L. Alayza y Paz Soldan: *Mi País,* Band III, Seite 301.

3 F. Buck: *Inscripciones calendarias del Perú,* in *Revista del Museo Nacional de Lima,* 1939, No 1, Seite 139.

4 Die von H. Rowe mit 1,62 m angegebene Ziffer ist ein wenig höher als das Ergebnis der heutigen Nachforschungen. G. de Crequi-Montfort und E. Senechal de la Grange: *Anthropologie bolivienne,* Paris 1907, Band II, Seite 349. G. Rouma: *Quitchouas et Aymaras,* Brüssel 1933, Seite 175. Über die Entfernungen, M. de Morua: *Historia,* Band III, Kapitel XXIV und XXIX.

5 A. Miro Quesada: *Costa, sierra y montaña,* Seite 415.

6 In der Urco-Gegend ist es heute so: Zeitschrift *Tradición,* Cuzco, Januar 1951, Seite 156.

7 Über den Zusammenhang dieser Frage mag der Leser wertvolle Hinweise finden in dem dreibändigen Werk von H. Valizan und A. Maldonado: *La Medicina popular peruana,* Lima 1922, und bei R. d'Harcourt: *La Médicine dans l'ancien Pérou,* Paris 1939.

8 L. R. Velez López: *El Clister en el antiguo Perú,* 23. Sitzung des Internationalen Kongresses der Amerikanisten, New York 1928, Seite 296.

9 W. Golden Mortimer: *Perú, History of Coca, the Divine Plant of the Incas,* New York 1901.

10 B. Cobo: *Historia del Nuevo Mundo,* Buch V, Kapitel XVII. C. W. Mead: *Old Civilizations of Inca-Land,* New York 1932, Seite 107.

11 Dieses Verfahren, das noch heute angewandt wird, ist von M. Kuczynski-Godard beschrieben in: *Estudios medico-sociales en minas de Puno,* Lima 1945.

12 Poma de Ayala: *Nueva Corónica,* Seite 279.

13 Die degenerierten Abkömmlinge der Collahuaya bedienen sich mitunter derber Kunstgriffe: sie nehmen kleine nachgemachte Schlangen, Kröten oder Spinnen in den Mund, die sie nach dem Ansaugen ausspucken, um den Zuschauern zu beweisen, daß sie die Krankheit eingesaugt haben. In anderen Fällen verfallen sie in rasende Bewegungen, um zu bezeugen, daß der dem Patienten entrissene Dämon in ihren Körper übergegangen sei. (G. A. Otero: *La Piedra mágica,* Mexiko 1951, Seite 208). Über ein geschichtliches Beispiel von Verzauberung und Heilung durch Krankheitsübertragung, dessen Opfer Pascal gewesen sein soll, lese man den Aufsatz von Dr. Mouezy-Eon in der *Revue métapsychique,* November 1953, Seite 21.

14 Garcilaso de la Vega: *Comentarios reales,* Buch VII, Kapitel VI. J. de Acosta: *Historia natural e moral de las Indias,* Madrid 1792, Buch V, Kapitel XXVIII.

15 Es gab noch eine andere, weniger strenge Form des Fastens, bei der gerösteter Mais, rohe Kräuter, Pfeffer, Salz und Chicha erlaubt waren, jedoch nur einmal am Tag.

16 R. d'Harcourt: *La Médicine dans l'ancien Pérou,* Seite 142.

17 L. N. Saenz: *La Coca,* Lima 1938, Seite 14.

18 Santa Cruz Pachacuti Yanqui Salcamayhua, in *Tres relaciones de antiguedades peruanas,* Seite 253. Das Museum de la Plata in Argentinien besitzt eine eindrucksvolle Sammlung deformierter Schädel. Siehe die *Revista del Museo de la Plata,* namentlich einen Artikel von Lehmann-Nitsche über drei Schädel, einen trepanierten, einen verletzten, einen durchlöcherten.

19 M. Helmer: *La Vie économique au XVIe siècle sur le haut plateau andin,* Seite 129. Über diese Deformationen mag der Leser auch in den Arbeiten von J. Imbelloni in den *Anales del Museo Argentino de Ciencias Naturales,* Band XXXVII, 1933, Seite 209, sowie in dem Aufsatz von R. Latcham in der ersten der beiden Zeitschriften, Band XXXIX, Seite 105, Aufklärung finden.

20 Die Fachgelehrten werden über dieses Thema des Lobes nicht müde: «Erstaunliche Fertigkeit», schreibt Fergusson, «Vollkommenheit, die weder Griechen noch Römer oder die Techniker des Mittelalters je erreicht haben.» (*Handbook of Architecture,* London 1865–1867, Band II, Seite 775.)

21 H. Velarde: *Arquitectura peruana,* Seite 56.

22 O. Nuñez del Prado: *Diferencias de paramentos inca en el Cuzco,* in *Tradición,* September 1951, Seite 4.

23 An diesem geschichtlichen Ort bestehen noch heute Bäder mit den alten Thermalquellen. (A. Miro Quesada: *Costa, sierra y montaña,* Seite 173.)

24 C. Wiener: *Pérou et Polivie,* Paris 1880, Seite 132.

25 R. Larco Hoyle: *Los Mochicas,* Band II, Seite 147. J. Tello: *Arte antiguo peruano,* in *Inca,* Band II, 1938.

26 F. Romero: *Papiros circulares del Perú,* in *Revista nacional de cultura, Caracas,* Januar 1954, Seite 40.

27 R. Carrión Cachot: *La Indumentaria en la antigua cultura de Paracas,* in der Zeitschrift *Wira-Kocha,* Band I, 1931, No 1.

28 H. Urteaga: *El Perú.* E. Yacovleff: *La Deidad primitiva de los Nasca,* in *Revista del Museo Nacional,* Lima 1932, No 2, S. 103.

29 P. A. Means: *Ancient Civilizations of the Andes,* Seite 162.

30 *Ceramografía peruana,* in *Revista del Museo Nacional,* Lima 1938, Seite 17. N. Silvetti: *Los Lagrimones de la cerámica andina y particularmente del Nordeste argentino,* in *Runa,* Buenos Aires 1952, Band V, Seite 72. M. Uhle und A. Stubel: *Die Ruinenstätte von Tiahuanaco im Hochland des alten Peru,* Breslau 1892, Seite 23.

31 Den sonderbaren rituellen Lauf, von dem indessen einer der zuverlässigsten Verfasser, der Erzbischof von Lima, P. de Villagomez, in *Exortaciones e intrucción acerca de las idolatrías,* in *Colección de libros y documentos referentes a la historia del Perú,* Band XII, Lima 1919, Seite 173, schreibt, übergehen wir stillschweigend: «Die Männer liefen den Frauen nach, die ein Ziel zu erreichen suchten, und vereinigten sich mit denen, die sie einzuholen vermochten.»

32 Eine eindringliche Abbildung findet sich in dem Artikel von P. A. Means im *National Geographic Magazine* vom Februar 1938, Seite 236.

33 R. und M. d'Harcourt: *La Musique des Incas et ses Survivances,* Paris 1925. Diese Musik ist einstimmig und besitzt keine Modulationen: «Man staunt über die Einbildungskraft der Indios, die mit dürftigen Mitteln die tiefsten Seelenregungen so vielfältig und stark auszudrücken verstehen.» (Seite 132.)

34 Garcilaso de la Vega: *Comentarios reales,* Buch II, Kapitel XXVII.

35 P. A. Means: *Ancient Civilizations of the Andes,* Seite 436.

36 J. G. Cosio: *El drama quechua «Ollantay»* in *Revista Universitaria de Cuzco,* 1941, Band II, Seite 3. Eine Handschrift des Stückes ist kürzlich in der Kirche Santo Domingo in Cuzco (dem alten Sonnentempel) gefunden worden. Die französische Übersetzung von Pacheco Zegarra (Paris 1878) ist abfällig beurteilt worden. Das Stück wurde in spanischer Fassung in der *Biblioteca de cultura peruana,* Band I, veröffentlicht.

37 V. Fidel Lopez: *Les Races aryennes du Pérou,* Paris 1871, Seite 327.

38 Den «Astrologen» der spanischen Übersetzung von Pacheco Zegarra haben wir durch «Hohepriester» ersetzt. Tatsächlich wird diese Figur von Ollantay und selbst vom Kaiser achtungsvoll behandelt, der ihn mehrmals «Hohepriester» nennt.

39 Über die verschiedenen Beweisgründe, die für das Alter des Dramas sprechen, lese man die Einführung von Pacheco Zegarra im Band I der *Biblioteca de cultura peruana,* Seite 163, nach.

40 Diese Erzählung und die folgende stammen aus dem Band I der *Biblioteca de cultura peruana,* Paris 1938. Die Unterscheidung zwischen *puna* und *pampa* ist ungenau, die eine ist eher felsig, die zweite steppenartig. Die erste ist rauher und wilder als die zweite.

DRITTER TEIL: DAS LEBEN DER MASSE

1. Das religiöse Leben

1 L. Valcárcel: *La Religión de los antiguos Peruanos,* in *Revista del Museo Nacional,* Lima 1939, Seite 75.

2 In Kalifornien und Mexiko stand der Traum noch höher im Ansehen.

3 B. Cobo: *Historia del Nuevo Mundo,* Buch XIII, Kapitel XI. A. Bandelier: *The Islands of Titicaca and Coati,* Seite 99.

4 G. A. Otero: *La Piedra mágica,* Seite 212.

5 B. Cobo: *Historia del Nuevo Mundo,* Buch XIII, Kapitel XIII und folgende. Jijón y Caamaño: *La Religión del Imperio de los Incas,* Band I, Quito 1919, Seite 381.

6 Gonçalez Holguin: *Gramática y arte nueva de la lengua general de todo el Perú,* Lima 1607.

7 M. Brillant und R. Aigrain: *Histoire des Religions,* Seite 275. Jijón y Caamaño: *La Religión del Imperio de los Incas,* Seite 32 und 74.

8 J. de Arona: *Diccionario de peruanismos,* Seite 233.

9 P. J. de Arriaga: *Extirpación de la idolatría del Perú,* Seite 20. Dieser Verfasser führt den Fall eines schönen jungen Mädchens aus der Conchuco-Gegend an, die mit einem steinernen *huaca*-Idol verheiratet ist und von diesem Häuptling zur Jungfräulichkeit verurteilt wird.

10 Poma de Ayala: *Nueva Corónica,* Seite 274 bis 282.

11 L. Alayza y Paz Soldan: *Mi País,* Band III, Seite 395.

12 H. Castro Pozo: *Nuestra Comunidad indígena,* Lima 1924, Seite 218.

13 H. Castro Pozo: *Nuestra Comunidad indígena,* Seite 287.

14 G. A. Otero: *La Piedra mágica,* Seite 203. H. Valdizan y A. Maldonado: *La Medicina popular peruana,* Bd. I, S. 131.

15 J. C. Tello: *Wira-Kocha,* Zeitschrift *Inca,* 1923, Seite 203. R. Lehmann-Nitsche: *Studien zur südamerikanischen Mythologie: Die actiologischen Motive,* Hamburg 1939. H. Trimborn: *Francisco de Avila, Dämonen und Zauberer im Inkareich,* Leipzig 1939.

16 H. Castro Pozo: *Nuestra Comunidad indígena,* Seite 185.

17 *Biblioteca de cultura peruana,* Band II, Seite 78 und 82.

2. Das Familienleben

1 F. Herrera: *Etnobotánica* in *Revista del Museo Nacional,* Lima 1942, No 1.

2 L. E. Valcárcel: *Historia de la cultura antigua del Perú,* Band I, Buch II, Seite 621.

3 Der *chuño* und der *charqui* sind noch heute in den Anden häufig.

4 M. Kuczynski-Godard und C. E. Paz Soldan sind der Ansicht, der Indio sei von Anbeginn an unterernährt gewesen: *Disección del indigenismo peruano,* Lima 1948, Seite 105. L. E. Valcárcel hingegen glaubt, die Ernährung in Peru sei einst ebenso rationell gewesen wie heute: *Historia de la cultura antigua del Perú,* Band I, Buch II, Seite 75 und ff. Die modernen Schätzungen von Cépède und Lengellé sind ungenau (*Économie alimentaire du globe,* Paris 1953, Seite 192).

5 M. Druesne: *Les Problèmes économiques de la Technocratie,* Paris 1933, Seite 16. Die Abschätzungen der Technokraten fußen auf keinerlei Grundlagen. J. Kuon Cabello gibt dem heutigen Ernährungskoeffizienten des Indio einen Kaloriengehalt von 2500 bis 3000 Einheiten (*Alimentación del Indio peruano,* in *Revista Universitaria de Cuzco,* 1948, Band III, Seite 130. In der Auffasssung von Dr. Kuczynski-Godard steigt diese Ziffer gelegentlich bis auf 3400.

6 Über die theoretischen Grundlagen lese man bei P. und L. Baudin: *La Consommation dirigée en France en matière d'Alimentation,* Paris 1942.

7 A. Posnansky: *Nuevos Datos referentes al la quina,* in *Boletín de la Sociedad de Geografía de la Paz,* Dezember 1945, Seite 132.

8 C. Vargas: *El Solanum Tuberosum a través del desenvolvimiento de las actividades humanas,* in *Revista del Museo Nacional de Lima,* Band V, No 2, 1936.

9 P. A. Means: *Ancient Civilizations of the Andes,* Seite 312.

10 B. Çobo: *Historia del Nuevo Mundo,* Buch XIV, Kapitel II.

11 J. de Acosta: *Historia Natural y Moral,* Kapitel V. L. de Atienza: *Compendio historial,* Kapitel V. J. de Betanzos: *Suma y Narración de los Incas,* Kapitel XIII. P. de Cieza de León:

Segunda Parte de la Crónica del Perú, Kapitel XLI. A. de Zárate: *Historia del descubrimiento y conquista de la provincia del Perú,* in *Biblioteca de autores españoles,* Band XXVI, Madrid 1853, Buch I, Kapitel VIII.

12 L. de Atienza: *Compendio historial,* Seite 105. Garcilaso de la Vega: *Comentarios reales,* Buch IX, Kapitel VIII. J. Imbelloni: *Deformaciones intencionales del cráneo en Sud-América,* in *Revista del Museo de la Plata,* 1924, Seite 329.

13 Jijón y Caamaño: *La Religión del Imperio de los Incas,* Band I, Seite 107.

14 R. A. de Matos: *L'Organisation sociale dans l'ile Taquile* in *Travaux de l'Institut français des études andines,* 1951, Seite 82.

15 Garcilaso de la Vega: *Comentarios reales,* Buch IV, Kapitel XI. J. de Arriaga: *Extirpación de la idolatría del Perú,* Kapitel II.

16 J. Mejia Valera: *Organización de la sociedad en el Perú precolombino,* Seite 34.

17 J. de Arriaga: *Extirpación de la idolatría del Perú,* Kapitel VII.

18 P. de Villagomez: *Carta pastoral de exhortación contra las idolatrías de los Indios del Arzobispado de Lima,* Seite 168.

19 L. de Atienza: *Compendio historial,* Seite 108. P. Sarmiento de Gamboa: *Segunda parte de la historia general llamada índica,* Kapitel XIII.

20 M. de Morua: *Historia,* Buch III, Kapitel XXXV.

21 P. M. Oliveira: *Memorandum sobre matrimonio civil y divorcio,* in *Actos de la Comisión reformadora del Código Civil,* Band II, Seite 123.

22 lV. J. Guevara: *Derecho consuetudinario de los Indios del Perú y su adaptación al Derecho moderno* in *Revista Universitaria de Cuzco,* 1924, Seite 120.

23 L. Baudin: *L'Indien dans l'économie des États andins,* in *Zeitschrift für die gesamte Staatswissenschaft,* 1949, Band 105, Heft 2, Seite 347.

24 J. de Arriaga: *Extirpación de la idolatría del Perú,* Kapitel V. E. Romero: *El Departamento de Puno,* Lima 1928, Seite 221. P. de Villagomez: *Carta pastoral,* Kapitel XLIV. L. Alayza y Paz Soldan: *Mi País,* Band III, Seite 427.

25 B. Cobo: *Historia del Nuevo Mundo,* Buch XI, Kapitel VII.

26 J. de Arriaga: *Extirpación de la idolatría del Perú,* Kapitel VI.

27 P. de Mercado de Peñalosa: *Relación de la provincia de Pacajes*, in *Relaciones geográficas de Indias*, Band II, Seite 60. M. de Morua: *Historia del origen y genealogía real*, Buch III, Kapitel XXXIII. F. de. Santillán: *Relación*, in *Tres relaciones*, Seite 24.

28 C. de Castro y D. de Ortega Morejón: *Relación y declaración*, Seite 241, M. de Morua: *Historia del origen y genealogía real*, Buch III, Kapitel XXX. J. Basadre: *Historia del derecho peruano*, Lima 1937, Band I, Seite 160.

29 L. Alayza e Paz Soldan: *Mi País*, Band III, Seite 69.

30 B. Cobo: *Historia del Nuevo Mundo*, Buch XI, Kapitel VI.

31 B. Cobo: daselbst. J. Delgado: *Folklores y apuntes para la soziología indígena*, Seite 18.

32 M. Frezier: *Relation du voyage de la Mer du Sud*, 1732.

33 B. Cobo: daselbst.

34 L. de Atienza: *Compendio historial*, Seite 43.

35 Flora Tristan: *Peregrinaciones de una paria*, Lima 1946.

36 B. Cobo: *Historia del Nuevo Mundo*, Buch XIV, Kapitel VII.

37 L. de Atienza: *Compendio historial*, Seite 40 und 67.

38 L. de Atienza: *Compendio historial*, Seite 59.

39 J. D. von Tschudi: *Contribuciones a la historia*, Seite 34.

40 R. Porras Barrenechea: Einführung zur *Grammática* von Fray Domingo de Santo Tomás, Seite XXVII.

41 J. Uriel Garcia: *Pueblos y paisajes sudperuanos*, Kapitel VI. Der eigenartigste der heutigen «geschichtlichen» Tänze ist der, in welche die als Eroberer und Inka verkleideten Indios eine Ehrenzeremonie mimen, in der die ersten den zweiten huldigen, was einer verspäteten Berichtigung der Geschichte, einer einfältigen Rache der Besiegten gleichkommen soll.

42 E. Romero: *Juegos del antiguo Perú*, Mexiko 1943, Seite 25.

43 H. Castro Pozo: *Nuestra Comunidad indígena*, Seite 162.

44 P. de Cieza de León: *Primera Parte de la Crónica del Perú*, Kapitel LXIII.

45 C. W. Mead: *Old Civilizations of Inca Land*, Seite 90.

46 H. Trimborn: *Familien- und Erbrecht im präkolumbischen Peru*, in *Zeitschrift für vergleichende Rechtswissenschaft*, XLII, 1937.

47 C. de Castro y D. de Ortega Morejón: *Relación y declaración*, Seite 244.

48 B. Cobo: *Historia del Nuevo Mundo*, Buch XII, Kapitel XV.

49 P. de Villagomez: *Carta pastoral,* Kapitel XLII. J. Mejia Valera: *Organización de la Sociedad en el Perú precolombino,* Seite 38.

3. Das Wirtschaftsleben: Ackerbau und Fischerei

1 Der beschriebene Kalender stammt zum größten Teil aus Poma de Ayala: *Nueva Corónica,* Seiten 1131 bis 1157.

2 Dieser Monat ist der «Beginn der Platzregen *(aguaceros)*», schreibt Poma de Ayala.

3 Poma de Ayala nennt den Monat Juni *Chuño Mocaya Zaroy Quilla,* das heißt der Monat, in dem man die gefrorene Kartoffel schält, indem man sie mit den Füßen zerstampft, um den *chuño* zu gewinnen.

4 Die Beförderung der Landeserzeugnisse des Inka und der Sonne in die öffentlichen Lagerhäuser fand in dieser Zeit statt.

5 J. de Acosta: *Historia Natural y Moral,* Buch III, Kapitel XVIII. B. Cobo: *Historia del Nuevo Mundo,* Buch XIV, Kapitel VIII.

6 A. Miro Quesada: *Costa, sierra y montaña,* Seite 186.

7 Ausführungen über ökonomische Systeme möge der Leser in unserem *Manuel d'Économie politique,* siebte Ausgabe, Paris 1953, Seite 288 und folgende, nachlesen.

8 Polo de Ondegardo: *De la orden que los Yndios tenyan en dividir los tributos é distribuyrlos entre si,* in *Colección de documentos inéditos del Archivo de Indias,* Band XVII.

9 Polo de Ondegardo: *Relación de los fundamentos acerca del notable daño que resulte de no guardar a los Indios sus fueros (1751),* in *Colección de documentos inéditos del Archivo de Indias,* Band XVII, Seite 46. Der Marquis von Cañete, Vizekönig von Peru im Jahre 1555, ließ nach einer Untersuchung der Provinz Chucuito die Ländereien zurückgeben, die sie zur Zeit der Inka an der Küste besessen hatte und die sie ernährte.

10 P. Rodriguez de Aguayo: *Descripción de la ciudad de Quito,* in *Relaciones geográficas de Indias,* Band III, Seite 95.

11 Poma de Ayala: *Nueva Crónica,* Seite 22.
12 R. Latcham: *La Organización agraria de los antiguos indígenas de Chile,* in *La Información,* Dezember 1926.
13 Wir sprechen nicht von den Ländereien der Kuraka, da die sie betreffenden Mitteilungen widersprüchlich sind. Die Angaben über die Provinz Chucuito stimmen nicht mit den Erklärungen von Fernando de Santillán und denen des Lizentiaten Falcón überein.
14 A. Jimenez Borja: *Imagen del mundo aborigen,* in *Tradición,* Cuzco, Januar 1951, Seite 9.
15 Eine hübsche Beschreibung findet der Leser am Anfang von *Balseros del Titicaca,* von E. Romero, Lima 1934.
16 Pedro Pizarro: *Relación des descubrimiento y conquista del Perú,* Seite 276.
17 Thor Heyerdahl: *L'Expédition du «Kon-Tiki»,* Seite 167.

4. Das Wirtschaftsleben: Handwerk und Arbeitsdienst

1 L. Capitan und H. Lorin: *Le Travail en Amérique avant et après Colomb,* Paris 1930, Seite 141.
2 *Gossypium peruvianum* mit langer Faser.
3 P. A. Means: *Ancient Civilizations of the Andes,* Kap. XI.
4 L. Capitan und H. Lorin: *Le Travail en Amérique avant et après Colomb,* Seite 150.
5 L. M. O'Neale: *Tejidos del periodo primitivo de Paracas,* in *Revista del Museo Nacional de Lima,* 1932, No 2, Seite 61.
6 F. de Santillán: *Relación,* Paragraph 73. C. de Castro y D. de Ortega Morejón: *Relación y declaración,* Seite 218.
7 R. d'Harcourt: *Le Tressage des Frondes au Pérou et en Bolivie,* in *Journal des Américanistes de Paris,* 1940, S. 103.
8 E. Yacovleff: *Arte plumaria entre los antiguos Peruanos,* in *Revista del Museo Nacional de Lima,* 1933, No 2, S. 146. J. de Acosta: *Historia natural,* Buch IV, Kapitel XXXVII.
9 R. Porras Barrenechea: *Una Relación inédita.*
10 R. Loredo: *El Reparto de los tesoros del Cuzco,* in *Revista del archivo histórico del Cuzco,* 1950, Band I, Seite 259.

11 L. Baudin: *L'Empire socialiste des Incas,* Seite 167.

12 Pedro Sancho: *Relación para S. M.,* Seite 181.

13 In Ecuador wurden die Schneidezähne gewisser hoher Persönlichkeiten mit Gold eingelegt. An der Küste halbwegs zwischen Lima und Trujillo hat man Goldgegenstände gefunden, andere an den Ufern des Titicacasees. Die in die Fliesen von Tiahuanaco gebohrten Löcher dienten zur Aufnahme von goldköpfigen Nadeln–, so erzählt man wenigstens den Besuchern. M. Saville: *The Gold Treasure of Sigsig, Ecuador,* New York 1924. Wendell C. Bennett: *Peruvian Gold, Natural History,* Januar 1932, Seite 22. P. A. Means: *The Spanish Main,* New York 1935, Seite 103.

14 In dem Augenblick seiner Thronbesteigung mußte der Häuptling Chibcha von Guatabita auf dem kolumbianischen Hochland den Göttern opfern, indem er Gold in einen Teich warf. Während der sich anschließenden rituellen Feierlichkeit wurde er mit einer klebrigen Masse gesalbt, die man mit Goldstaub bewarf, so daß er glänzte, als sei er aus Gold. (P. A. Means: *The Spanish Main,* Seite 105.)

15 J. de Acosta: *Historia natural y moral,* Band II, Buch VI, Kapitel XVI.

16 J. A. Fonvielhe: *L'Évolution juridique et sociale de l'Indien du Pérou,* Seite 165. A. Sivirichi: *Derecho indígena peruano,* Seiten 289 und 290. O. Nuñez del Pardo: *Chinchero, un pueblo andino del Sud,* in *Revista Universitaria del Cuzco,* 1949, II, Seite 201. G. Bedregal: *Nueva Organización de la comunidad indígena,* in *Revista Universitaria de Cuzco,* 1948, Band I, Seite 236.

17 M. Helmer: *La Vie économique au XVIe siècle sur le haut plateau andin,* Seite 137.

18 Poma de Ayala: *Nueva Corónica,* Seite 352. P. de Cieza de León: *Segunda Parte de la Corónica del Perú,* Kap. XXII. J. H. Howland Rowe: *Inca Culture at the time of Spanish conquest,* Seite 231.

19 Über die Figur des *hatunchasqui* herrscht bei den Chronisten keine Übereinstimmung, der bald als Leiter der Stafettenpost, bald als Langstreckenkurier angesehen wird.

20 Aufschlüsse über die Laufgeschwindigkeit und die Erken-

nungszeichen durch Stöckchen lese man bei L. Baudin: *Der sozialistische Staat der Inka.* Über die Canari: G. Suárez: *Historia general del Ecuador,* Quito 1890–1892, Band I, S. 174.

21 Pedro Sancho: *Relación para S. M.,* Seite 182.

22 B. Cobo: *Historia del Nuevo Mundo,* Buch XII, Kapitel XXXVI.

5. Das Wirtschaftsleben: Der Tauschhandel

1 B. Cobo: *Historia del Nuevo Mundo,* Buch XI, Kap. VIII. R. Latcham: *El Dominio de la tierra y el sistema tributario en el antiguo imperio de los Incas,* in *Revista chilena de historia y geografía,* Januar 1927, Seite 247.

2 J. M. Moscoso: *Los Ayllus reales de San Sebastian,* in *Revista Universitaria de Cuzco,* 1950, II, Seite 151.

3 E. Nordenskiöld: *Emploi de la balance romaine en Amérique du Sud avant la conquête,* in *Journal de la Société des Américanistes de Paris,* 1921. Vom selben Verfasser: *The Ancient Peruvian System of Weights,* in *Man,* 1930, S. 155. C. Letourneau: *L'Évolution du Commerce,* Paris 1897, S. 202.

4 Reportage des Obersten Julio Guerrero in der *Revista Universitaria de Cuzco,* 1949, Band II, Seite 127.

5 J. de Sámanos: *Relación de los primeros descubrimientos de Francisco Pizarro y Diego de Almagro,* in *Colección de documentos inéditos para la historia de España,* Band V.

6 Nicht ohne Übertreibung schreibt Ricardo Latcham, daß der Handel in Südamerika vor dem 15. Jahrhundert international geworden sei. (*El comercio precolombiano,* Santiago de Chile 1909, Seite 45.)

7 Man mag sich fragen, ob die Inka eine gewisse Verbindung mit den Azteken hatten und ob ihre Vorgänger in Berührung standen mit den Maya oder mit den Olmeken, die, noch bemerkenswerter, in ihrer Bedeutung erst um 1950 wieder entdeckt worden sind. Vermutlich wußten sie von deren Existenz, besaßen aber nur unvollkommene Kenntnisse von ihnen und über die Entfernung nur mehr oder minder genaue Aufschlüsse.

Schluß

1 B. de las Casas, der zu Übertreibungen neigt, erklärt, daß die «indischen Republiken» dank «ihrer guten Gesetze und Gesittung» alle antiken Republiken erreichten, ja überragten» (*Apologética historia sumaria,* Band I, Seite 681).
2 J. Guerrero, in der *Revista Universitaria de Cuzco,* S. 153.
3 S. Lorente: *Historia antigua del Perú,* Lima 1860, S. 332.
4 B. Cobo: *Historia del Nuevo Mundo,* Buch XI, Kap. VIII.
5 Polo de Ondegardo: *Relación de los fundamentos,* Seite 87.
6 Wir selbst glaubten dies bis zur Stunde.
7 E. Durkheim: *La Division du Travail social,* Paris 1893, Seite 268.
8 J. de Acosta: *Historia natural y moral,* Band II, Buch VI, Kapitel XV.

Bilderläuterungen

(Die Bildvorlagen für die in diesem Band enthaltenen Abbildungen stammen aus dem Fotoarchiv von Dr. Ferdinand Anders, Klosterneuburg, der auch die Bilderläuterungen verfaßte.)

Vorsatz und Schutzumschlag:
Die «Könige von Peru». Ölbild um 1750, im Besitz des Klosters Nuestra Señora von Copacabana in Lima.

Christus als «König der Könige» thront als Auferstandener über den Wolken, flankiert vom Inka-Wappen (Puma und Regenbogen) und dem Wappen der spanischen Könige (Kastilien und León). Beide Wappenbilder krönen die Symbole der königlichen Herrschaft: einerseits das Stirnband *(llauto)* mit den Stirnfransen *(mascaipacha)*, das die Federn des sagenhaften Vogels *Corequenque* trägt, von dem nach dem Chronisten Garcilaso de la Vega «immer nur ein Paar am Gletschersee des Vilcanota auftritt», und andererseits die Krone des geeinten Spanien. Der sagenhafte Gründer der Inka-Dynastie Manco Cápac und seine Gemahlin, die Coya oder Königsmutter Mama Huaco, sind in Ganzfiguren dargestellt, dann folgt die Reihe der Inkaherrscher, danach in ungebrochener Kette, beginnend mit Kaiser Karl V., die habsburgischen und die bourbonischen Könige. Ferdinand VI. (1746–1759) beschließt als 23. König von Peru das zu seiner Regierungszeit entstandene Gemälde. Die monumentale Bilderfolge symbolisiert den Machtanspruch, den die Inka-Dynastie als Herrscher über Tahuantinsuyu, das Reich der vier Richtungen, erhoben und historisch untermauern ließ; die spanischen Könige haben nahtlos die Herrschaft in den «überseeischen Königreichen» weitergeführt. Als ihre Stellvertreter standen Vizekönige an der Spitze der Verwaltung.

Frontispiz:
Die Ñusta oder Inkaprinzessin Doña Beatriz Clara Coya als Braut im Kreise ihrer Verwandten. Das Gemälde in der Jesuitenkirche in Cuzco gehört zu den besten Bilddokumenten über das Aussehen der Inka. Als Zeichen einer Versöhnung zwischen den Spaniern und den national gebliebenen «Inka von Vilcabamba» fand die Vermählung mit Martin García Oñaz de Loyola, einem Neffen des heiligen Ignatius von Loyola, in Cuzco statt. Die Aquarellskizze stammt von dem Augsburger Maler Johann Moritz Rugendas, dessen Werk in der Graphischen Sammlung, München, aufbewahrt liegt.

Seite 13:
Die Inkastadt Machu Picchu, wie sie sich dem Ankommenden beim Abstieg vom Inkapfad malerisch darbietet. Die Großzahl der Besucher benützt heute die Schmalspurbahn, deren Geleise dem cañonartigen Tal des Urubamba folgen und bald hinter dem «Tourismus-Bahnhof» im tropischen Kaffeeanbaugebiet enden. Den Regenwald des Amazonas künden bereits die grünen Steilhänge der Andenberge. 1911 entdeckte der amerikanische Forscher Hiram Bingham die schwer zugänglichen, völlig vergessenen Ruinen einer «Stadt ohne Geschichte». Bald begannen sich die wildesten Hypothesen um die Stätte zu ranken. So sollte sie eine Festung zur Abwehr wilder Urwaldkrieger, die «heilige Stadt der Inka» oder letzter Zufluchtsort der «Sonnenjungfrauen» gewesen sein. Das Fehlen jeglicher Überlieferung verlockt immer wieder zu neuen unbelegbaren Spekulationen. Seit Jahrzehnten sind Restaurationsarbeiten im Gange. Mit Sicherheit können wir ein religiöses Zentrum (links im Bild) und ein tiefergelegenes mögliches Handwerkerviertel (rechts) feststellen. Steinterrassen ermöglichten Ackerbau zur Versorgung der Stadt. Solche mühsam errichteten Bauwerke finden sich auch auf der Höhe des die Stadt überragenden Huayna Picchu, was «Junger Berg» heißt, im Unterschied zu Machu Picchu – «Alter Berg». Wie bei uns in alten Zeiten führten die Verkehrsverbindungen einst über Höhenwege und nicht entlang der schwer passierbaren Flußläufe.

Seite 32/33:
Der «Tempel der drei Fenster» im sakralen Stadtteil von Machu Picchu. Auf ihn wird immer wieder die Legende von den Brüdern des ersten Inka übertragen. Ungeachtet des Wahrheitsgehaltes der Erzählung gehört die Ruine zu den eindrucksvollsten Hinterlassenschaften der Inkaarchitektur und bildet eine der Hauptsehenswürdigkeiten der geheimnisumwitterten Stadt.

Seite 37:
Die Darstellung eines Balsa-Floßes bei Benzoni gehört zu den frühesten Abbildungen ihrer Art. Vollkommen mißverstanden war die Technik der senkrecht verschiebbaren Kielschwerter, aus denen Ruderblätter wurden, ebenso sitzen die Fischer auf ihren «caballitos», den sogenannten «Pferdchen» aus Schilfbündeln verkehrt. Aus: Girolamo Benzoni, *La Historia del Mondo Nuovo*. Venedig 1565 (1572), Seite 164v: «Die Art der Fischerei und der Schiffahrt im Südlichen Meer».

Seite 57:
Der «Alkalde von Chincheros» von José Sabogal (1888–1956) ist ein klassisches Beispiel für die peruanische Indigenisten-Malerei des 20. Jahrhunderts. Im Bewußtsein seiner Würde trägt der Bürgermeister die Tracht seines Dorfes. Den überdimensional wiedergegebenen silberbeschlagenen Alkaldenstab trägt er in den Händen.

Nach der Zeit der Inka-Renaissance um die Mitte des 16. Jahrhunderts kam es im 18. Jahrhundert zu einer neuerlichen Besinnung auf die alten Traditionen, welche den Unabhängigkeitskampf von 1815 inspirierte und bis zur Indigenistenbewegung unseres Jahrhunderts weiterführt. Die Indianer sind von der spanischen Herrschaft nicht ausgerottet und restlos versklavt worden. Chincheros unweit von Cuzco und die Insel Taquile im Titicacasee sind klassisch gewordene Beispiele für das Weiterleben der traditionellen Sippenverbände seit vorkolumbischer Zeit. Beide Gemeinschaften dienten klassisch gewordenen historisch-soziologischen Untersuchungen als Grundlage.

Seite 66:
Der Stammbaum der Inka. Ölbild, 19. Jahrhundert. Historisches Museum, Lima. Analog zur Wurzel Jesse-Darstellung wurden

seit dem 16. Jahrhundert auch die Genealogien indianischer Fürsten in Mexiko wie in Peru als rosenstrauchartige Stammbäume wiedergegeben. Vom sagenhaften ersten Herrscherpaar Manco Cápac und Mama Ocllo Huaco gehen die Wurzeln aus. Ohne auf den familiengeschichtlich-dynastischen Zusammenhang einzugehen, erfolgt die graphische Anordnung und Numerierung in Bildnisovalen als Herz von Rosenblüten.

Das Bild gehört der Zeit der intensiven romantisch-historisierenden Beschäftigung mit der Inkatradition an, wie sie teilweise aus Gründen der Identitätssuche von der Generation der jungen peruanischen Republik in der ersten Hälfte des vorigen Jahrhunderts gepflegt wurde. Seine Bedeutung liegt darin, daß es ein gewichtiges Dokument seiner Entstehungszeit und der zeitgenössischen Vorstellung in Peru ist. Aus der romantisierenden Beschäftigung erwuchs die historische Erfassung der Quellen.

Seite 69:
«Gnade des YNCA MAYTA CAPAC gegen die COLLAER». Wiedergabe eines Kupferstichs aus der französischen Ausgabe der *Comentarios Reales des Garcilaso de la Vega* (Amsterdam 1737) in einer deutschen Übertragung (1757).

Die Gnade und Großzügigkeit des Herrschers und die milde Behandlung der sich unterwerfenden Besiegten ist Vorwurf der Darstellung. Historische Fakten verschmolzen mit dem Klischee vom «Edlen Wilden» im Zeitalter der Aufklärung zu einem idealistischen Gesamtbild. Die Illustrationen wurden bis zur Mitte des 19. Jahrhunderts in Europa stereotyp nachgestochen. Die große Zahl der Ausgaben Garcilasos wirkte in ähnlicher Weise nach wie die Zeichnungen in den Werken von DeBry und Las Casas, ja sie bestimmen heute noch in unkritischen utopisch-verklärenden Sichtweisen das Bild des vorkolumbischen Amerika und der Zeit der Konquista.

Seite 99:
Männerkopf in Form eines Standgefäßes. Nordküste Perus, Inkazeit. Höhe 21,3 cm. Archäologisches Museum (MNAA), Lima. Die Tonvase zeigt einen männlichen Kopf mit gestrickter Haube und geflochtenem Rand, wie sie im Hochland getragen wird, dazu einen hohen, angeritzten Kopfputz. Obwohl stark

stilisiert, gibt sie den harten, herrischen Typus der Hochlandbewohner gut wieder. Das Gefäß entstammt der alten Töpfertradition Nordperus, wie sie sich in der klassischen Moché-Keramik wie in der spätzeitlichen Chimú-Keramik ausgeprägt zeigt.

Seite 104:
Der Inka und seine Gemahlin. Figurinen von Helmut Krauhs, Wien. Höhe 34 cm. Die Trachten wurden nach Bildern und Beschreibungen, vorwiegend bei Guamán Poma de Ayalá und erhalten gebliebenen Textilien rekonstruiert. Der Inka trägt auf dem Helm *(chucu)* als Zeichen seiner Herrschergewalt die Quaste *(púyllu)* und die Federn des sagenhaften Vogels Corequenque *(Ccorekenka)*, dazu die großen Ohrscheiben *(tulumpi)*, wie sie Symbol der herrschenden Klasse der «Langohren» sind. Bekleidet ist er mit Tunika *(uncu)* und Mantel oder verknoteten Umhang *(llaccolla)*; des weiteren sind die Sandalen *(usuta)* und der Waden- und Knöchelschmuck *(saccsa)* zu sehen. Die Unterarme stecken in einem Armschutz *(chipana)*. Die rechte Hand hält das hellebardenartige Zepter *(sunturpauccar)*, die linke den zepterartigen Streitkolben *(macana)* und den Schild mit Federnbesatz *(pulicancca)*.

Die Gemahlin und Hauptfrau des Inka *(Coya)* trägt zu einem bodenlangen Kleid *(acsu)* eine von einer Gewandnadel *(tupu)* zusammengehaltene Mantilla *(lliclla)*, das geöffnete Haupthaar schmückt ein mit einer Anstecknadel *(tupayauri)* befestigtes Kopftuch *(sukkupa* oder *ñañaca)*. In den Händen hält sie einen Tragbeutel *(chuspa)* und einen Blumenstrauß *(ttica)*. Die Füße stecken wieder in Sandalen *(usuta)*.

Seite 105:
Tupac Amaru. Anonym, Cuzco-Schule, 18./19. Jahrhundert. Öl auf Leinwand. Historisches Museum, Lima. Tupac Amaru (I.) war der vierte und letzte der «Inka von Vilcabamba», welche fernab des Machtbereiches der Vizekönige in der heutigen Provinz Apurímac bis 1572 die *resistencia incaica*, den inkaischen Widerstand, gegen die Spanier aufrechterhalten konnten. Während sich die Mehrzahl des durch den Bürgerkrieg zwischen Huascar und Atahualpa gespaltenen inkaischen Adelsstandes mit

den Spaniern verbündete oder nach langjährigen Kämpfen sich der neuen Herrschaft beugte, setzte der Rückzug in das unwegsame Bergland ein. Einem Neffen des Ignatius von Loyola sollte schließlich als Hauptmann die Gefangennahme des Inka gelingen. Nach Prozeß und Verurteilung in Cuzco erfolgte 1572 die Enthauptung des unglücklichen letzten Inka. Das um die Wende des 18. zum 19. Jahrhundert entstandene anonyme Ölbild aus der Cuzco-Schule zeigt ihn mit allen Insignien inkaischer Herrschaft dargestellt, einschließlich der goldenen Sonne auf der Brust. Bemerkenswert sind die alten Symbole *(tocapu)* auf dem bereits hispanisierten Gewand, außerdem der Schild mit Sonne und Bergzeichen.

Seite 107:
Mama Ocllo, die Gemahlin des ersten Inka in idealisierter Darstellung. Anonymes Ölbild, Ende 18. Jahrhundert. Historisches Museum, Lima. Die Beschäftigung mit der Vergangenheit seit Mitte des 18. Jahrhunderts brachte eine Renaissance der Inka-Studien mit sich, als deren Produkt historische Bilderreihen entstanden. Viele noch lebendige Vorstellungen fanden ihren Niederschlag, andererseits erhalten wir in reicher Fülle dokumentiert, wie man sich die „goldene Zeit", in utopische Ferne gerückt, gedacht hatte. Darin liegt der Wert und besondere Reiz der Darstellungen.

Seite 119:
Der berühmte zwölfeckige Stein (*Hatunrumiyoc,* «Großer Stein») im Mauerwerk der Außenwand des Palastes des Inka Roca in Cuzco. Das Gebäude beherbergt heute das Museum für Kolonialkunst.

Seite 132:
Das «Fest des Ohrenstechens» nach Jules Ferrario, *Le Costume ancien et moderne de tous les peuples.* L'Amérique, II. Partie. Mailand 1823.

Im Duktus des 19. Jahrhunderts gehalten, geben die Illustrationen in den Einzelheiten der Darstellung unverändert Bilder aus dem Werk *«The religious Ceremonies and Costumes»* (London 1731) wieder, welche ihrerseits wieder auf den Kupfertafeln von Augustin Courbé, *Histoire des Yncas, Roye du Peru* (Paris 1633) fußen. Dabei sind Texte nach den *Commentarios Reales* von Garcilaso de la Vega entsprechend der Vorstellung europäischer Illustratoren frei illustriert worden. Die Zeremonie wird wie in einem renaissancezeitlichen oder altrömischen Palast vorgenommen; die «Großohren» oder «Langohren» sind entsprechend der zeitgenössischen Auffassung dargestellt.

Unser Bild zeigt, wie Motive durch zwei Jahrhunderte kommentar- und kritiklos weitergetragen wurden. Sie stellen keine Bildquelle über Altperu dar, wohl aber dokumentieren sie die einst herrschende Vorstellungswelt über «exotische» Länder und dortige Zustände. Auch wenn diese Bildtafeln heute optisch nicht mehr weiter tradiert werden, leben historisch etwa im Zeitalter der Aufklärung geprägte textliche Fakten und Sichten bis heute in utopisch verklärten, idealistischen Bildern ohne Rücksicht auf wissenschaftlich belegbare Realitäten als «Bild vom Indianer» weiter. In diesem Sinne sind die alten Illustrationen Bildbelege zur europäischen Ideengeschichte wie für eine zu allen Zeiten anzutreffende fast unglaubliche Leichtgläubigkeit.

Seite 139:
Die inkazeitliche schmalhalsige Tonvase zeigt in charakteristischer Stilisierung Blumenmotive und eine Reihe von sich an den Händen haltenden Mädchen, die gerne als «Sonnenjungfrauen» angesprochen werden, mit ihren Papageien. Das Gefäß gehört dem Typus *ticacurana* oder *florero* (Blumenvase) an und ist in der Art eines der großen Traggefäße *(aribalo)* ausgeführt, einer für die Inkakeramik überaus typische Gefäßform. Durch die Seitenhenkel und um den plastisch ausgeprägten Tierkopf würde beim großen Wassergefäß das Seil laufen, das über Schultern und Stirn des Trägers sein Widerlager hätte. Archäologisches Museum, Cuzco.

Seite 142:
Heiratszeremonien der Elite. Jungmänner erhalten aus der Hand des Inka ihre Bräute, indem dieser die Paare symbolisch vereint. Über Quelle und Bedeutung der Darstellung vgl. Erläuterung zu Abbildung Seite 132.

Seite 178:
Auf zahlreichen Gefäßen verschiedener Kulturen findet sich die grausame Behandlung von Gefangenen dargestellt, ebenso wird sie immer wieder beschrieben. Nach einer derartigen Schilderung ist die abgebildete Illustration entworfen worden; zur Quelle der Darstellung vgl. Erläuterung zu Abbildung Seite 132. Bemerkenswert ist, daß keine «Großohren», sondern Leute der unteren Schichten wiedergegeben sind. Federschmuck und Nacktheit gehören zum Stereotyp der Indianerdarstellung seit dem frühesten Kontakt mit den Eingeborenen.

Seite 186:
Der «Tod des Atahualpa» nach einer Phantasiedarstellung in der deutschen Ausgabe des Werkes *«Über die Zerstörung der Indianischen Länder»* von Bartolomé de las Casas aus dem Jahre 1665.

In der um die Mitte des 16. Jahrhunderts geführten heftigen Diskussion veröffentlichte der später zum «Indianerapostel» stilisierte Bischof Las Casas zur Unterstützung seiner Thesen eine Streitschrift, die in der Folge neben der Sammlung von Reiseberichten von Dietrich de Bry (*Amerika* oder *India occidentalis*, 25 Bände, Frankfurt 1590–1634) zu den Hauptquellen einer gegen die spanische Kolonialherrschaft gerichteten wahrhaften «Schwarzen Legende» werden sollte. Die meisten der Illustrationen, in denen die Taten der Konquistatoren buchstäblich verteufelt wurden, entstammen deutschen und holländischen Ausgaben.

Das Bild ist in drei Ebenen eingeteilt: Im Hintergrund wird wie durch ein Fenster die Ankunft des Inka auf seiner Sänfte sowie der Überfall in Cajamarca gezeigt; rechts im Mittelgrund bringen Indianer goldene Gefäße als Lösegeld herbei, hier dargestellt wie feinstes Augsburger Tafelgeschirr; im Vordergrund wird die Erdrosselung des verurteilten Inkaherrschers dargestellt.

Seite 204:
Fast wie von Zyklopenhand erbaut muten die gewaltigen, fugenlos ineinander versetzten Steinblöcke von Sacsahuaman an, das als Festung hoch über Cuzco thront. Der Name bedeutet

etwa «Falken-Puma». Oft begegnet uns im Gedenkgebäude archaischer Kulturen die Gleichsetzung der Hauptstadt mit mythischen Phänomenen – hier wäre es eine mächtige, aus zwei Elementen gebildete himmlisch-irdische Mischgestalt. Daß die mehrstufig errichtete Zickzack-förmige Mauer an gesträubtes Federwerk erinnern soll, erscheint keinesfalls als abwegiger Gedanke, wenn wir bedenken, daß im langgestreckten, von zwei Flüssen gegebenen Bild Cuzcos zwei Stadtteile tatsächlich *Pumap Chupan* («Puma-Schwanz») und *Pumap Curcu* («Puma-Rücken») heißen und der Festungsname sich eindeutig auf den Falken bezieht.

Seite 213:
Anbetung der Sonne durch die Indianer. Illustration aus Girolamo Benzonis «Historia del Mondo Nuovo». Die Stufenpyramide scheint lediglich nach dem entsprechenden Text wiedergegeben worden zu sein. Der rohe Duktus der Ausführung führte dazu, daß die Illustrationen «geschönt» in den Reisebeschreibungen von deBrys wiedergegeben wurden. In dieser Form wurde Benzoni nicht nur textlich zu einer der Hauptquellen über das alte Amerika, auch die Bilder wirkten tief auf die Vorstellung Europas ein. In unkritischem Sinne gelten sie bis heute noch als «zeitgenössische Darstellungen» nach.

Seite 223:
Männliche und weibliche Figürchen aus Goldblech. Ohne Herkunftsangabe, aus der Nordküstenregion stammend, im Cuzco-Stil, um 1500. Höhe etwa 6 cm. Museum für Völkerkunde, München. Kleine idolartige Figürchen aus getriebenem Gold- oder Silberblech geschnitten und verlötet konnten als Opfergaben vergraben werden oder kultisch den Verstorbenen wiedergeben. Neben menschlichen Gestalten kommen häufig auch Lamafigürchen vor.

Seite 241:
Sonnenstein in Machu Picchu. Die Steinsäule mit Podesten und Stiegen wurde aus dem gewachsenen Stein geschnitten. Sie steht auf der Höhe des sogenannten «Heiligen Viertels» der Stadt und soll zum Fest des Sonnenhöchststandes dazu gedient haben, die

an diesem Tage keinen Schatten werfenden Sonnenstrahlen gleichsam kultisch anzubinden. Das Fest «Intihuatana» bildet heute wieder die Hauptfeierlichkeit des Jahres, zu der Zehntausende nach Cuzco strömen, um einem Weihespiel und Kultdrama in den Ruinen von Sacshuamán beizuwohnen.

Seite 260:
Figürlicher Tonkrug mit Steigbügeleinguß. Mochékultur, Nordperu. Höhe 25 cm. Archäologisches Museum (MNAA), Lima. Der kniende, gerüstete Krieger mit Spitzhelm und Schlagkeule gehört zum Typus «heroische Krieger», wie sie zahlreiche gemodelte und frei geformte Porträtköpfe und Ganzfiguren zeigen. Es handelt sich um Grabbeigaben. Zu Tausenden wurden sie in den Friedhöfen unweit der beiden Pyramiden der Sonne und des Mondes in Moché südlich von Trujillo entdeckt. Sie gehören der Zeit von Christi Geburt bis etwa 800 an.

Seite 293:
«Sonnenfinsternis». Illustration aus Jules Ferrario, *Le Coutume ancien de tous les peuples*. L'Amérique. II. Partie. Mailand 1823. Die Vertreibung des Ungeheuers, das die Sonne verschlungen hat, wird in der Phantasiedarstellung anschaulich geschildert. Auch hier haben Textstellen die graphische Wiedergabe stark beeinflußt. Das Fehlen zeitgenössischer Bilder hat zum Ersatz geführt.

Seite 332/333:
Die zwölf Monate. Nach Phelipe Guamán Poma de Ayala, *Nueva Corónica y buen Gobierno*, um 1600. Bildquelle: Peru durch die Jahrtausende. Kunst und Kultur im Lande der Inka. Recklinghausen 1984.

Seite 361:
Indianische Gold- und Silberschmiede bei der Arbeit. Illustration aus Giacomo Benzonis «Historia del Mondo Nuovo».

Seite 363:
Peruanische Mumien. Zeichnungen des Augsburger Malers Johann Moritz Rugendas aus seinem Albumwerk «Peruanische Mumien aus Gräbern der Küstenregion». (Graphische Samm-

lung, München.) Rugendas fertigte neben Landschaftsskizzen und Personenstudien auch Zeichnungen von archäologischen Motiven an. So finden sich neben Keramikstudien auch Darstellungen von Mumienbildern. Die umfangreichen Alben sollten offenbar die Grundlage für monographische Werke liefern.

Inhalt

Einleitung 5

ERSTER TEIL
Mensch und Umwelt

1. Der Raum:
Die Beherrschung der Natur 11

Das Hochland zwischen den Anden, ein Land der Angst · Die peruanische Küste, ein Land der Trockenheit · Der östliche Urwald, Land der Geheimnisse · Eine beschränkte Tierwelt · Die verstreute Pflanzenwelt.

2. Die Zeit:
Die Nachwirkung der Vergangenheit 26

Wir kennen die Umwelt, umreißen wir nun den Augenblick · Was der Indianer aus dem Volke wußte: Vor den Inka war das Nichts · Der göttliche Ursprung der Inka · Ein Echo kommt von der Küste: Das polynesische Geheimnis · Was dem Indianer des Kaiserreiches unbekannt war: Der Glanz Chimus · Königreiche, die der Vergessenheit anheimgefallen sind · Die indianische Gesellschaftszelle.

3. Die Gesellschaft:
Das dualistische Prinzip 61

Die vier Arten von Indianern · Elite und Masse · Was der Indianer der Elite wußte: Die wirkliche Geschichte der Inka · Die Dynastie des Hoch-Cuzco · Der Mann der Vorsehung · Der Reformator des Weltbilds · Die letzten Inka: Der Höhepunkt des Reiches.

4. Die Geistesart der Indianer 91

Die fließende und überfüllte Welt des Indio · Die beiden Religionen · Massenmensch und Elite.

ZWEITER TEIL

Vom Leben der Elite

1. Das Leben des obersten Inka 103

Der Gott-Mensch · Zwei große Persönlichkeiten: Die Schwester-Gattin und der Thronerbe · Die großen Ereignisse einer Regierungszeit · Die Arbeitsleistung des Herrschers · Das Reich der Frau · Die Kaiserstadt · Ein Palast unter vielen anderen · Die Nahrung · Was für eine Sprache sprachen die Inka?

2. Das Leben der Oberschicht 126

Wie wurde man «Langohr»? · Das persönliche Eigentumsrecht · Die weibliche Rangordnung · Die «Sonnenjungfrauen».

3. Die Verwaltung 145

Zwei schöne Sprachen wurden gesprochen: Das Quechua und das Aymara · Knotenschnüre oder die Sucht der Statistik · Die Hierarchie, ein Triumph der Arithmetik · Der Indianer lebte und starb, wo er geboren war · Am Rande der Gesellschaft · Das Schwungrad des Systems · Das übertrumpfte Rom: Das Straßennetz · Die gefährlichen Flußübergänge · Die Karawansereien · Die ethischen Vorschriften · Die Rechtsprechung · Eine spanische Wertung, die auszulegen wäre.

4. Das Leben des Militärs 185

Das malerische kaiserliche Heer · Die Manneszucht: Ein Beispiel · Die Phasen der Eroberung · Die Phasen des Kampfes · Der Triumphzug · Die Festungen · Die Zitadelle von Cuzco.

5. Das geistliche Leben 207

Der Hohepriester · Religion und Magie · Die Beichte · Die Opfer: Vom Menschen zum Lama · Zahlreiche und verschiedenartige Tempel · Der Stolz des Reiches: Der Sonnentempel von Cuzco · Das Sonnenfest.

6. Wissenschaft und Kunst 239

Die Mittelmäßigkeit der Sternkunde · Maße, Pläne und Karten · Die Entwicklung der Medizin · Der Platz der Magie in der Medizin · Der Kampf gegen die Krankheiten · Die Geschicklichkeit der Chirurgen · Das Problem der Schädeldeformation · Schönheit der Architektur · Wunderwerke der indianischen Kunst · Die Töpferkunst von Chimu · Die Gewebe von Paracas · Das Rätsel von Ica und Nazca · Töpfereien und Gewebe · Die Gebrauchsfähigkeit der Kunstgegenstände · Die rituellen Tänze der Vornehmen · Musik und Instrumente · Beispiele der Dichtkunst · Das Theater · Das Schauspiel «Ollantay». Eine Erzählung und eine Fabel.

DRITTER TEIL

Das Leben der Masse

1. Das religiöse Leben.................. 283

Die lauernden Geister · Die Menge der Huaka · Die erstaunlichen Einflußkräfte der Zauberer · Das Behexen · Die Sternkunde · Mutter Erde · Zwei Gebete.

2. Das Familienleben 297

Was aß der Indianer? · Einfachheit und Einheit der Kleidung · Die indianische Wohnstätte bietet einen ärmlichen Anblick · Der Ablauf des menschlichen Lebens · Nach dem Tode.

3. Das Wirtschaftsleben:
Ackerbau und Fischerei................ 330

Der Anbaukalender · Extensive Wirtschaft: Terrassenbeete und Kanäle · Intensive Wirtschaft: Düngemittel · Grundsätze der Verteilung · Das Land des Sonnengottes und des Inka · Mit dem Indianer bei der Arbeit · Der Fischfang.

4. Das Wirtschaftsleben:
Handwerk und Arbeitsdienst 348

Mangelhaftigkeit der Werkzeuge · Die Technik der Töpferkunst · Die Technik der Textilien · Die Federtechnik · Andere Techniken · Das Eisen war unbekannt Das geheimnisvolle weiße Gold · Andere Metalle · Die Metallgegenstände · Die Kunst der Einbalsamierung · Die Kunst der Kopftrophäen · Die Verpflichtung zu öffentlichen Diensten · Die erstaunlich rasche Nachrichtenübermittlung · Einige andere Dienste · Der Tribut der Läuse.

5. Das Wirtschaftsleben:
Der Tauschhandel 370

Der stumme Handel · Ein kurzer Blick auf den Markt Die Beziehungen zum «Ausland».

Schluß 377

Anhang

Editorische Notiz 383

Zum deutschsprachigen Schrifttum
über Peru und das Inkareich 385

Anmerkungen 391

Bilderläuterungen 421

Die Deutsche Bibliothek – CIP-Einheitsaufnahme

Baudin, Louis:
Das Leben der Inka : die Andenregion am Vorabend
der spanischen Eroberung / Louis Baudin.
Aus dem Franz. von Curt Meyer-Clason.
Bearb. und unter herausgeberischer Mitarb.
von Ferdinand Anders. –
2. Aufl. – Zürich : Manesse Verlag, 1993
(Manesse Bibliothek der Weltgeschichte)
Einheitssacht.: La vie quotidienne au temps
des derniers Incas ⟨dt.⟩
ISBN 3-7175-8090-6 Gewebe
ISBN 3-7175-8091-4 Ldr.
NE: Anders, Ferdinand [Bearb.]

Umschlag und typographisches Konzept:
Hans Peter Willberg, Eppstein

Titel der französischen Originalausgabe:
«La vie quotidienne au temps
des derniers Incas.»
erschienen im Verlag Librairie Hachette, Paris
Ins Deutsche übertragen von Curt Meyer-Clason

EFIGIES DE LOS INGAS O REYES
del PERV con su Origen y Serie Y de los
Catholicos Reyes de Castilla, y de Leon, que les
han sucedido hasta el presente que Dios guarde
que os llamó de las tinie
MANCO CAPAC INGA I
Vivio segun sus Annales 160 Años,
Sucediole su Hijo
SINCHI ROCA INGA II
MAYTA CAPAC INGA
PACHACUTI INGA IX
FELIPE II REY XVII del PERV
CARLOS II REY XIX del PERV